粤港澳

大湾区建设与广东新发展深调研

朱　颖 ◎ 主编

九州出版社
JIUZHOUPRESS

图书在版编目（CIP）数据

粤港澳大湾区建设与广东新发展深调研 / 朱颖主编.
—北京：九州出版社，2022.10
　　ISBN 978-7-5225-1320-1

　　Ⅰ.①粤… Ⅱ. ①朱… Ⅲ. ①城市群－区域经济发展
－调查研究－广东、香港、澳门 Ⅳ. ①F299.276.5

中国版本图书馆CIP数据核字（2022）第210014号

粤港澳大湾区建设与广东新发展深调研

作　　者　朱　颖　主编
责任编辑　王丽丽
出版发行　九州出版社
地　　址　北京市西城区阜外大街甲35号（100037）
发行电话　（010）68992190/3/5/6
网　　址　www.jiuzhoupress.com
电子信箱　jiuzhou@jiuzhoupress.com
印　　刷　艺通印刷（天津）有限公司
开　　本　710毫米×1000毫米　16开
印　　张　18
字　　数　330千字
版　　次　2023年1月第1版
印　　次　2023年1月第1次印刷
书　　号　ISBN 978-7-5225-1320-1
定　　价　88.00元

前　言

2017年7月1日签署的《深化粤港澳合作 推进大湾区建设框架协议》，标志着粤港澳大湾区建设正式拉开帷幕。秉承推动区域经济协调发展、构建开放型经济新体制、打造高质量发展典范和探索"一国两制"新实践等目标使命，粤港澳大湾区立足广东、携手港澳，在新时期背景下充分发挥"一国两制"制度优势、港澳独特优势和广东改革开放先行先试优势，解放思想、大胆探索，不断深化区域合作、推动区域经济发展，不仅为港澳发展注入新动能，还为全国推进供给侧结构性改革、实施创新驱动发展战略、构建开放型经济新体制提供了支撑，更为建设富有活力和国际竞争力的一流湾区和世界级城市群，打造了高质量发展的典范。

作为习近平总书记亲自谋划、亲自部署、亲自推动的国家区域发展重大战略，粤港澳大湾区承担着一"内"一"外"双重重任。对内而言，粤港澳大湾区发挥着重要的引擎辐射作用，成为全国地方城市群发展的模范参照；对外而言，粤港澳大湾区发挥着积极的桥梁勾连作用，成为中国参与全球竞争的重要载体。依托湾区特殊的历史文化、区位优势，以及国际金融、贸易、航运、信息、创新及科技中心等功能，新时期下的粤港澳大湾区将成为开展国际产能合作、联手"走出去"以及深化"一带一路"沿线国家各领域合作的重要支撑区。

而广东作为粤港澳大湾区建设中的桥头堡和前沿阵地，近年来充分发挥联通国内国际两个市场、聚集两种资源的独特优势，深入推进湾区建设进程，已成为大湾区新发展格局的重要战略支点。在此背景下，国际科技创新中心建设扎实推进，基础设施互联互通水平明显提升，跨境要素流动更加高效便捷，重大合作平台和产业项目加快建设，国际一流湾区和世界级城市群建设取得重要阶段性成效。

然而，大湾区的建设是一个持续、动态的过程。在大湾区不断融入全国发展生态、参与全球发展竞争的新时期背景下，如何消弭隔阂、寻求共性，如何用更广阔的国际视野积极对外解读中国改革开放成果，将成为未来一段时间内全球传播格局的重要命题。

基于此，广东省委宣传部于 2017 年在广东外语外贸大学设立了"广东省国际传播青年人才培养基地"，旨在贯彻落实中央关于"大力加强国际传播人才培养"的要求以及中央、省委关于精心构建对外话语体系、推动对外宣传事业发展有关要求，进一步创新青年优秀人才发现培养推介机制，促进优秀国际传播人才的成长。同时，充分发挥广东外语外贸大学外语和新闻专业人才聚集的优势，加快培育培养一批既有爱国爱党情怀又具有国际视野，既熟悉国际新闻传播实务又懂得新媒体操作技术，能够讲好中国故事、传播好中国声音、阐释好中国特色的国际新闻传播人才，为提高广东省国际形象、国际话语权和国际影响力服务，为宣传文化人才队伍储备力量。

人才基地每期选拔培养 30~40 名从事国际传播、时政新闻报道的媒体记者、编辑和高校国际传播领域教研人员，通过专题讲座、实地考察、名家指导、实战训练、学术研讨等多种方式，以马克思主义新闻观、对外报道、外语沟通、国际公关和国际政治经济关系、国际舆情监测等内容为切入点开展培训。

此外，为推进学员的科研创新能力，人才基地会对每届学员进行论文和调研报告写作技巧培训，指导学员参加主题调研和论文写作，产出高水平的科研论文和调研报告。广东省国际传播青年人才基地第二届学员在培养期间完成了一次"讲好广东故事"主题的调研。本调研报告集汇编了第二届学员的调研报告，立足粤港澳大湾区建设，对如何讲好广东故事中的各种实践问题展开探讨，内容涉及城市形象建构与传播、媒体融合创新发展、区域文化传播、建设人文湾区、对外传播、县级融媒体建设等论题，以期对大湾区建设背景下如何更好地讲好广东故事提供一定借鉴。

目 录

CONTENTS

下篇　广东新发展系列

上篇

粤港澳大湾区建设系列

探索大湾区城市形象助推城市发展升级路径

——基于 5W 模式的东莞城市形象传播分析

华鸿敏　陈海鹏　钟智维①

一、引言

提升城市形象对外传播力是贯彻落实"习近平新时代中国特色社会主义思想"的重要要求。作为独特的信息传播内容，良好的城市形象逐渐成为各城市的无形资产，是城市"软实力"的重要组成部分，在吸引资金、人才、技术，加速城市的现代化建设等方面具有举足轻重的作用。与此同时，城市形象也是评价城市对外传播工作成效的重要指标。

城市区域竞争，归根结底是包括城市形象在内的"软实力"的竞争。如何提升城市形象的对外传播力，如何优化城市形象，将城市的开放度、知名度、美誉度转化为强大的生产力和竞争力，从而赢得城市和区域竞争主动权，这是摆在每一座城市面前的问题。

东莞市作为粤港澳大湾区九市之一，在粤港澳大湾区建设的战略机遇期中，抢抓机遇，根据自身发展的定位和地方特色，成功驱散"扫黄"阴霾，蜕变为中国制造重镇，成为全球闻名的"世界工厂"，在产业升级的道路上一路狂奔。数据显示，东莞2019 年前三季度 GDP 同比增长 7.2%，增速排名广东全省第二、珠三角第一，一举超

---

① 华鸿敏，男，东莞日报社执行副总编辑兼东莞时报执行总编辑、东莞报业舆情与智库研究院执行院长；陈海鹏，男，清远广播电视台党建人事部副主任；钟智维，男，深圳报业集团港澳台中心港澳事务部主管。

越广州和深圳。

本调研小组于 2019 年 12 月至 2020 年 2 月，深入东莞市政府部门、企业、园区等地，考察东莞市在粤港澳大湾区建设中的城市形象推广、招商引资、产业转型升级等有关情况。本文基于拉斯韦尔的"5W"传播模式，从结构功能主义的角度出发，辅以案例分析，对东莞的城市形象传播体系进行梳理，并提出了相应的传播策略，以求为粤港澳大湾区各市提供借鉴参考。

二、拉斯韦尔"5W"传播模式概述

美国学者哈罗德·拉斯韦尔于 1948 年，在《传播在社会中的结构与功能》中提出"5W"传播模式——Who（谁）、Says What（说了什么）、In Which Channel（通过什么渠道）、To Whom（向谁说）、With What Effect（有什么效果），并按照一定的结构顺序将它们排列。后来的学者们将该模式称为"5W 模式"或"拉斯韦尔模式"。该模式所包含的传播的 5 个基本要素又被称为传播者、信息、媒介、接受者以及传播效果。该模式表明了传播是一个有目的性的行为过程，具有企图影响受众的目的。而将此模式运用到传播城市形象的研究中，可将研究问题概括为——城市形象的传播主体是谁（who）、呈现了什么内容（what）、以何种方式进行传播（in which channel）、预期受众是谁（to whom）以及产生了怎样的传播效果（with what effect）。

三、"5W"模式下的东莞城市形象传播策略分析

（一）传播主体

1. 东莞市政府

市政府是城市的职能管理机构，具有向外界介绍、推广城市的责任，同时具有市场监管、发展文化事业、提供公共产品及公共服务等职能。在所有传播主体中，政府起掌控、分析、引领全局的作用。东莞市政府策划开展城市推广工作，举办各类涉外大型展会、行业峰会、高端论坛、文体赛事等活动，广泛邀请境内外媒体来东莞采访报道，展现充满活力、国际化的东莞形象。此外，东莞市政府配合市内重大经贸和外事活动安排，联合市商务、外事、文化、旅游等部门，策划赴国内重点城市及海外重点国家地区开展城市形象推介活动，通过图文展览、文艺作品展播、文体项目展演等形式，展现"湾区都市，品质东莞"形象。

案例：东莞市纪念虎门销烟180周年暨庆祝新中国成立70周年快闪活动

2019年，东莞结合中华人民共和国成立70周年和虎门销烟180周年契机，联合广东广播电视台举办以"铭记历史、歌唱祖国"为主题的东莞市纪念虎门销烟180周年暨庆祝中华人民共和国成立70周年快闪活动，于国庆前夕先后3次登上学习强国平台，并被央视、广东卫视、澎湃新闻等主流媒体重点播放报道。此次报道传递了东莞人民的爱国热情，引起全国关注。

2. 东莞市民间组织/企业

企业是城市经济发展的基础。东莞市包容开放，有"世界工厂"之称。东莞市各企业、民间组织在推动本地经济发展的同时，也为城市形象传播贡献了一份力量。

3. 东莞市居民

城市居民的形象是城市形象的一部分，其精神面貌、道德修养、行为举止诸方面都会影响到外部公众对该城市的印象。传统媒体时期，人们接收和传递信息都是通过报纸、杂志、广播、电视等传播媒介，获取的信息量以及获取信息的渠道比较局限，且民众多为信息的接受者而非传播者，其作为传播主体的机会相对有限。新媒体的出现使民众成为重要信息的传播主体之一。随着QQ、微博、微信等移动App的兴起，东莞市市民可随时随地分享和传播东莞的相关信息，参与到城市形象的传播活动中。

4. 来访者

东莞是历史文化名城，也是著名的文化旅游胜地。利用此优势，东莞策划开展了媒体采风、市民摄影周、摄影名家看东莞、文体节庆、城市快闪等形式多样的城市形象推广主题活动。在提升活动的丰富性、参与度和影响力的同时，积极引导社会各界特别是市外人群踊跃参与，顺利地通过二次传播把东莞形象推广出去。在2019的"风物之旅·东莞"活动中，数十位具有全国影响力的自媒体达人、摄影师、作家来到东莞实地走访，并在主流新媒体平台密集发布了逾千条信息，活动总传播量高达7418万次，引发广大网民关注东莞的自然环境、人文历史、民艺传承、特色物产等丰富的城市内涵。

案例：德国《商报》"看东莞"专题

邀请德国《商报》驻中国首席代表、著名中国问题专家弗兰克·泽林来莞深入调研考察，并在德国《商报》发表两个对开整版的署名文章以及五个系列专题，以西方主流媒体视角看中国、看东莞，这在海外引起了较大反响，提高了"东莞故事"的影响力和传播力。

（二）传播内容

1. 东莞历史文化形象

东莞选取既有地方特色又有国际视野的题材，策划推出一系列城市主题丛书，以通俗易懂的形式、国际化的语言，讲述东莞人文历史和自然生态的故事。近年来，东莞市先后围绕"鸟与城市生态"题材推出《鸟颜色》中英文图书；围绕"传统与现代"题材邀请著名文化学者王鲁湘撰写《记忆东莞——王鲁湘走读东莞》；围绕"质朴东莞"主题推出《世界遗产地理》杂志《质朴东莞》专刊；围绕"城市与古村"题材推出《回望故园：东莞村落记忆》中英文图书。其中《回望故园：东莞村落记忆》图书在海内外发行热卖并亮相伦敦、法兰克福国际书展，向国际社会展示了以东莞为代表的中国工业城市绿色、协调、传统与现代共融的发展之路，被业界认为是中国城市形象传播的一次有益创新。

2. 东莞的自然风光形象

东莞聚焦花、树等自然物种，推出《花秘密》《树故事》两本生态系列图书，在海内外发行并参加国际书展。同时，东莞还以特色建筑材料红砂石为题材，推出了人文系列图书；以"地、道、风、物"为框架，推出《风物中国志·东莞》专题图书并在全国发行。此外，2020年东莞以《品质东莞》城市画册新书首发为契机，联合相关单位和镇街，策划开展《品质东莞》新书首发暨"市民摄影周"系列活动；对相关图书进行统一设计包装，在全市各级图书馆、公共场所设立东莞城市主题系列丛书专柜专架。

3. 东莞的重大节事活动

重大国际时政、经贸、文化、体育活动向来是全球瞩目的焦点。东莞则将国际热点与东莞本土特色相结合，力求在国际重大节事活动中展现不一样的东莞形象。

案例：2019国际篮联篮球世界杯

通过精心策划城市灯光秀、短视频挑战赛、城市体验之旅等创意活动，以高标准做好赛时媒体服务，让东莞获得了外界一致好评，境内外新闻媒体刊播篮球世界杯的东莞相关报道7000多篇，其中境外媒体报道5000多篇，在篮球世界杯的8个赛区中报道量仅次于北京和上海位居第三，传播覆盖全球 40 多个国家和地区、10 多个语种，新媒体总传播量逾亿，通过赛事成功对外传播了东莞形象。

4. 东莞的世界工厂形象

东莞以产业特色为城市形象推广的着力点。随着"科技东莞工程""机器换人""智能制造全生态链"等重大战略相继实施，"东莞制造"的印象标签不断加深。首部东莞题材大型纪录片《制造时代》讲述的就是东莞制造业从业者奋斗成长以及东莞制造企业参与国际竞争的故事。该片被央视、腾讯等全国平台重点推介，并获得"南派纪录片"最佳作品奖，被业界评价为中国最具时代感的纪录片之一，彰显了东莞制造乃至中国制造的魅力。

（三）传播媒介

在传播媒介方面，东莞重点选择了国内新媒体平台作为传播媒介。具体做法为结合当下短视频传播热潮，挖掘既易于网络传播也有东莞特色的主题，策划创编一系列精品短视频，在微信、微博、快手、抖音、腾讯、今日头条等主流新媒体平台传播推广，通过故事化、话题化、视频化的方式讲述东莞故事。并与抖音和快手等大流量平台开展专题合作，策划开展以推广东莞城市形象为核心的传播活动，如邀请短视频达人来莞采风拍摄、开展城市地标打卡拍摄活动、开展东莞精彩瞬间短视频挑战赛等，扩大传播覆盖面。

1. "莞香花开"官微官博

东莞市政府新闻办公室官方账号"莞香花开"是东莞市新闻发布、推广东莞城市形象的权威平台，策划推出了各类接地气、聚人气的网络文宣作品。截至 2019 年 12 月，"莞香花开"微信公众号粉丝超过 285 万。2018 年，"莞香花开"微信公众号保持全年每日更新，共发布文章 1500 多篇，月均总阅读量超 40 万，并在"2018 广东政务新媒体创新发展论坛"上，斩获"广东最具影响力政务新媒体奖"和"融媒创新优秀案例奖"两项省级荣誉。

2. "东莞发布"抖音号

东莞市委网信办官方抖音号"东莞发布"，通过短视频对外传播东莞好声音，推介东莞好形象。截至 2019 年 12 月，"东莞发布"抖音号已有粉丝 30 万，获赞数超过 550 万，视频总播放量超 3 亿次。

3. 东莞海外媒体矩阵

"今日东莞"英文网，为服务在莞外籍人士、对外传播东莞正面信息，推出了《乐活在东莞》、"Dongguan LIVE"等外国人体验东莞的专题节目，举办了东莞市英语口语大赛、英语歌曲大赛、"外国人眼中的美丽东莞"摄影作品征集活动等多项品牌活动。在全国网站国际化程度测评中"今日东莞"英文网曾取得"全国地级市第五、广东省地级市排名第一"的佳绩。据统计，"今日东莞"英文网 2018 年共发布转载稿件 13865 篇，原创稿件 983 篇；2018 年，网站日均点击量达 13.25 万次、最高日浏览量达到 470.9 万次。

从 2018 年起，东莞联合新华社，搭建包括亚洲网（全球通讯社联盟）、新华社脸书、推特账户"New China"在内的东莞海外传播矩阵，选取既反映东莞发展特色也符合海外受众兴趣的题材，推送到海外主流媒体。东莞先后将重大招商政策、以东莞为代表的中非合作、莞港产业合作、海丝博览会、东莞建设粤港澳大湾区重要节点等经济社会发展亮点推送到亚太和欧美地区的 400 多家媒体。东莞与新华社、中央广播电视总台等央媒合作，借助其海外频道节目、海外社交媒体账号、海外合作伙伴等资源开展国际传播，持续推送东莞正面新闻信息。选准具有广泛影响力、立场客观的境外主流媒体开展合作，邀请来莞实地采访，推出专题专栏专访，以国际主流媒体视角，向海外受众深度解读东莞发展路径。结合我国参与和举办的重大涉外活动，选准国际热点和东莞特色的结合点，在外国主流媒体国传专版上同步推出东莞专题。

4. 系列纪录片

2016 年，东莞与国际知名纪实媒体"探索频道（Discovery）"合作推出《沉香珍品：莞香》纪录片。该片于 2016 年 6、7 月在探索全球 7 个频道、全国 20 家地方电视台以及主要视频网站播出，覆盖全球 16 个国家和地区受众。《沉香珍品：莞香》通过丰富的纪实镜头、深入的人物采访，展现不为人所熟知的神秘香木——莞香的价值所在，及其背后这座国际制造名城——东莞底蕴深厚的历史文化。该片在上线腾讯、乐视、爱奇艺三大视频网站的一个月内，全网播放就超过 200 万次。而发布在探索频道官方微博及微信号的多条节目预告和正片，吸引了数十万网友阅读观看，网友们通过留言点赞，表示通过该片了解到莞香独特的文化和历史。

2018 年，东莞邀请《舌尖上的中国》第一、二季总导演陈晓卿团队开拍《寻味东莞》美食主题纪录片，于 2020 年重点推出。东莞大力推动该片在央视、腾讯等全国主流平台播出，积极策划赴海内外参展参评、邀请业界大 V 点评等推广活动，推动该片成为热门焦点，展示东莞美食文化和人文特色。

2019 年，东莞联合省委宣传部、广东广播电视台制作推出两集纪录片《搭上中欧班列的快车》。推动东莞城市主题纪录片形成系列、做成精品。

此外，东莞围绕粤港澳大湾区建设、东莞生态等题材，力邀央视联合策划制作，探讨生态建设、篮球等东莞题材纪录片的可行性，争取入选央视选题和立项开拍，进一步形成题材多样、内容丰富的城市主题系列纪录片。

5. 系列城市宣传片

东莞城市宣传片《湾区都市、品质东莞》于 2018 年 1 月推出，内容表现了东莞现代化的城市建设和生态环境、现代化的人文生活和城市活力、现代化的制造产业和科技创新，以"湾区都市、品质东莞"为主题，推介东莞的城市形象。该片有 15 秒、50 秒、3 分钟 3 个版本。其中，15 秒版和 50 秒版短片于 2018 年上半年在中央电视台的 4 个频道的重点栏目累计播出 1238 条次，覆盖人群约 4 亿；3 分钟短片供市内各部门、镇街在各种公务活动、会议等中播放使用。

除此之外，为配合短视频渠道的内容分发，东莞推出了 4 部 1 分钟短片：制造之城、机遇之城、坚守之城、勇气之城，分别讲述了家庭 4 位成员各自的故事。1 部 3 分钟统合版短片：彩蛋式揭秘 4 个故事的关联，整体呈现"湾区都市，品质东莞"的主题。

6. 系列文创产品

近年来，东莞积极探索市场化开发推广城市纪念品，针对当前东莞城市纪念品种类少、覆盖面小、大众化不够等问题，探索公开招标、授权制作、定期监管等运作模式，委托有资质有经验的企业，开发设计和面向市场推广销售东莞城市形象系列文化衍生品和纪念品。例如，结合龙舟、麒麟、醒狮、可园、虎门炮台、篮球等东莞特色元素设计制作摆设装饰品、家庭日用品、文具、特色手工艺品、电子产品等，并在市内各文体活动场馆、旅游景点、交通口岸以及网络平台落地销售，充分利用城市窗口展示东莞形象。

（四）传播受众

城市形象传播面向的受众，可以分为城市内部的受众与城市外部的受众。城市形象传播受众既是信息的接受者，同时也是信息的反馈者和传播者。[①]

---

① 郭婷. 城市形象传播策略探析［D］. 西安：陕西师范大学，2012.

1. 内部受众

内部受众即指东莞市居民，他们既是信息的接受者，又是信息的传播者。内部受众在城市中的所听、所见、所闻、所感，都可由其以人际传播的方式传达给外部受众，从而达到对外传播的效果。东莞常住人口1000万左右，户籍人口200多万。近年来，东莞迁入人口逐年增加。针对东莞市本地居民的传播活动也日益丰富，上述传播活动大部分面向内部受众进行。

2. 外部受众

外部受众即来自其他城市、国家或地区的投资者、求学者、打工者、旅游者等。他们因其与东莞市没有地缘关系，故而对东莞城市形象的评价会较为客观，且他们心中的东莞城市形象大都受第一印象的影响。

外部受众会基于第一印象，对城市形象进行二次传播。对外界而言，会认为来自这些外部受众的信息更为客观，更具有可信度。因此，注重对外部受众的城市形象宣传，在他们心中留下良好的印象是一个城市对外发展、吸引游客的重要手段。

东莞制造业发达，外来人口中打工者居多。东莞市发展改革局2020年4月发布的《东莞市人口发展规划（2020—2035年）》显示，东莞外来流动人口由1986年的15.62万人增至2018年的453.45万人，其中2001—2008年出现跳跃性上升。2018年，东莞常住人口就已达到839.22万人。占常住人口总数70%以上的外来人口是东莞经济社会发展的重要力量，除此之外，他们更是对外宣传、展示东莞形象的一个个流动的"窗口"。

（五）传播效果

传播效果是传播对人的行为产生的有效结果。传播效果依其发生的逻辑顺序或表现阶段可以分为三个层面：认知层面、心理和态度层面、行为层面。东莞目前的传播策略，既展现了以城市形象助力城市升级发展的内在逻辑，也展示了东莞城市形象传播的显著效果。

2014年，正经历转型波折的东莞，遭遇了一场前所未有的舆论危机——"性产业"被央视曝光。面对"性都"声名远扬的状况，东莞决定主动出击，改变这种城市形象。在上述城市形象推广活动的作用下，东莞逐渐挥别污名，在招商引资上有了长足进步，经济增加更加亮眼。东莞也从原来与香港构成的"前店后厂"组合，向与深圳构成"研发设计＋生产制造"组合过渡，又朝着"深圳＋东莞"双研发中心转变。OPPO长安研发中心、OPPO智能制造中心、华为终端总部、vivo新总部等多个项目先后落地东莞，带来科技、资本、人才力量，成为推动东莞产业向高层次迈进的重要力量。

东莞有中国国家自主创新示范区——松山湖高新区，示范区内集聚了散裂中子源、华为终端总部、国际机器人基地等重大科技装置、著名跨国企业和创新孵化平台，是东莞强大的"创新引擎"。地处粤港澳大湾区几何中心的滨海湾新区，总面积84.1平方公里，这是东莞未来融入大湾区城市群的桥头堡。这里拥有5798家中国高新技术企业，总量稳居广东省地级市第一，还有111家科技企业孵化器、32家新型研发机构、74个创新科研团队和1家国家重点实验室，聚集了良好的创新资源要素。

2017年8月28日，位于东莞的中国散裂中子源成功打靶并输出了第一束中子。以这一国家大科学装置为核心，东莞高标准规划建设了约53.3平方公里的中子科学城。此后，由中科院院士王恩哥领军的松山湖材料实验室、中国科学院物理研究所珠三角分部率先成立，松山湖材料实验室粤港澳交叉科学中心也应运而生。东莞还争取到南方光源落户，旨在打造粤港澳大湾区大科学装置集群。

在已经建成的华为松山湖总部，这个占地1900亩的总部被修成了欧洲风格，所有地名均以欧洲城市命名，区内交通靠小火车。作为华为的终端总部，大部分的研发业务都将在这里进行。东莞市商务局、东莞市委宣传部、当地媒体人士及商界人士都表示，华为松山湖总部不仅已经成为东莞产业转型升级的极佳样本，还成为东莞城市形象推广的最有效载体。而东莞市科技局提供给调研组的数据也显示，东莞R&D（科学研究与试验发展）研发占GDP比重达2.55%，已超过中等发达国家水平；先进制造业增加值占比迈过50%的关口。

近年来，东莞市地区生产总值持续增长。据数据显示，初步核算，2017年东莞生产总值（GDP）7582.12亿元，比上年增长8.1%。2018年东莞GDP（全市生产总值）达8300亿元，按年升约7.4%，2019年前三季度，东莞实现地区生产总值6592.01亿元，按可比价计算，同比增长7.2%，明显超过同期全国的6.2%、广东全省的6.4%。但更值得注意的是，东莞前三季度经济增速排名广东全省第二、珠三角第一。这也意味着，此番东莞经济增速一举超过了广州、深圳这两座实力强劲的一线城市，作为对比，2019年前三季度广州经济增长6.9%、深圳经济增长6.6%。

城市形象的改善与经济的发展相互借力，彼此促进，诠释了东莞城市形象助推城市发展升级的内在路径。从虎门销烟到东莞智造，东莞印证了中国百年的求索和成就。在粤港澳大湾区发展的蓝图下，东莞凭借"海纳百川、厚德务实"的城市精神，正在致力于把东莞建设成为国际一流湾区和世界级城市群中高品质现代化都市。

四、薄弱环节和不足之处

东莞市委宣传部方面也坦言，近年来，东莞市在对外传播推介东莞城市形象方面进行了一系列探索，取得了一定成效，市内外受众对东莞形象的认知得到显著改善，并且趋向积极正面。但总体来看，东莞市城市形象的对外传播力依然存在很多薄弱环节和不足之处。调研发现，主要体现在以下几个方面。

（一）全市"大外宣格局"薄弱

一是主观能动性不足。长期以来"低调""务实"的性格特征使东莞人埋头做事，较少考虑对外宣传、形象传播。近年来，随着东莞市委市政府的大力推动和有效统筹，各级各部门的对外传播意识不断增强，但是基层特别是企业不想宣传、不愿宣传、不会宣传的情况还是普遍存在。二是统筹力量不足。机构改革后，自上而下均撤销了外宣办的牌子和编制，而东莞市保留的城市形象推广办公室仅在市委宣传部外宣科加挂牌子，级别较低、人员也少，在整合全市资源、统筹开展城市形象推广工作上的能力相当有限。三是未能充分有效整合资源。对外宣传和城市形象传播工作仍以"单打独斗""各自为政"为主，一些部门、镇街和园区即使投入人力物力财力开展形象传播活动，但也多局限于本地、本部门和本领域，条块分割、重复建设的现象仍存在，未能形成合力，造成资源浪费，在一定程度上影响了宣传效果。

（二）挖掘故事能力不强

讲故事是国际传播的最佳表达方式。提升东莞城市形象的对外传播力，重点是要讲好"东莞故事"。尽管近年来东莞市的宣传部门在讲好东莞故事方面想了很多办法，也有一定成效，但总体来说还有很大的提升空间。在实际宣传工作中，传播方式上仍以小活动、外宣品、新闻报道、硬广等为主，内容上对经济、政策、指标、数据等硬实力的体现较为充分，从百姓视角挖掘普通人物故事的力度还不够，且主要由政府部门推动，官方色彩较浓，尚未能充分利用本土知名企业、名人和民间舆论领袖的影响力，扩大城市形象传播的效果，以致对外传播的感染力和吸引力不足。

（三）传播平台范围有限

一是本地媒体对外传播力不强。东莞作为地级市，与北京、上海、广州、深圳等一线城市相比，能够利用的本地媒体（包括市直媒体、驻莞媒体和镇街媒体）数量不多，其自身设置外宣话题的能力一般，且对外影响力和传播力也非常有限，使得东莞形象没有非常有效的对外"输出渠道"，新闻传播效果大部分局限在市内，难以真正有效地走向全国乃至全球。二是海外宣传力度不够大。近年来，东莞虽逐步重视和加强海外宣传，但主要依靠新华社海外传播中心等中央外宣媒体的相关渠道资源，直接与西方主流媒体的交流合作不多，主动"走出去"开展以城市推介交流为主题的活动不多，覆盖面不够广，力度不够大。三是新媒体宣传手段不够丰富。东莞对于当下最为流行的短视频传播手段应用不多，缺乏非常有趣、具有广泛传播力的城市推介创意内容，较少挖掘和培育喜爱东莞、乐于传播东莞的网络意见领袖，与抖音、快手等主流短视频平台的交流合作不多。

（四）品牌活动影响有限

活动是城市形象对外传播的重要形式。近年来东莞市政府每年各级各部门均会举办一系列主题活动，承载了大量城市元素，吸引了媒体关注，但活动主要面向国内省内，且小活动众多，比较缺乏具有国际影响力的大活动，缺乏持续多年在莞举办、与城市关联度大、有广泛影响力的重大活动，"满天星星、不见明月"的情况比较突出。

（五）传播队伍建设有待加强

一是全市对外传播队伍建设力度还不够大，相关专业培训少、外出交流考察少，外宣干部队伍在传播观念、传播方式、策划能力等方面与先进城市对比仍存在较大差距，导致对外传播工作主动性和创新性不足，效果不够理想。二是缺少既熟悉地方情况又能对外讲好故事的"代言人"，这跟东莞人低调的气质有关，也跟长期忽略和不重视挖掘故事的做法有关，给很多传播项目的执行造成了一定的限制。三是本土策划团队水平一般。由于东莞市特殊的产业结构和人口结构，高层次文化人才相对比较缺乏，尤其是缺少文化名人以及策划、传媒、咨询、创意行业方面的高水平人才和机构，导致工作中较为依赖不熟悉东莞情况、沟通成本较高的外来团队。

五、结语

随着经济社会不断向高层次、高水平发展，城市之间、区域之间的竞争日趋激烈，每个城市都希望能够吸引国内外高端人才、产业、资本、技术等高层次要素落户扎根。在这个以"形象论输赢"的外部环境之下，东莞以提升城市形象助推经济发展的模式取得不俗成效，是值得其他城市借鉴和学习的路径之一。尤其是对于广东省其他 8 个大湾区城市，如何找准自身在该战略机遇期的定位和角色，又如何开展有针对性、有特色的形象推广，是一个值得深思的考题。

参考文献：

［1］郭婷.城市形象传播策略探析［D］.西安：陕西师范大学，2012.

［2］罗德希.新媒体环境下东莞城市形象传播策略探究［J］.兰州教育学院学报，2017（5）：45-47.

粤港澳大湾区区域形象在东南亚
主流媒介呈现的调研

欧阳妍　胡　南　谭　铮　谢淑娟　赵思颖　周　明　马悦荷[①]

一、前言

（一）调研的背景和意义

粤港澳大湾区由香港、澳门两个特别行政区以及广东省的 9 座城市——广州、深圳、东莞、珠海、佛山、江门、惠州、中山、肇庆组成，总面积 5.6 万平方公里，是中国经济最发达、开放程度最高的区域之一，是继美国纽约湾区和旧金山湾区、日本东京湾区之后的世界第四大湾区。2017 年 7 月 1 日，《深化粤港澳合作 推进大湾区建设框架协议》在习近平总书记的见证下于香港签署[②]。打造粤港澳大湾区，建设世界级城市群，既是新时代推动形成全面开放新格局的新尝试，也是推动"一国两制"事业发展的新实践。做好粤港澳大湾区的区域形象传播，打造湾区国际名片，对构建湾区软实力和营造有利的国际舆论环境具有重要的现实意义。

粤港澳大湾区位于中国的华南地区，而东南亚各国与华南山水相连，海陆贯通。近代以来，大量的中国华南地区人民移民到东南亚落地生根，岭南文化、闽南文化

---

① 欧阳妍，女，南方报业传媒集团南方英文网副主任；胡南，女，南方报业传媒集团南方英文网高级主管；谭铮，女，羊城晚报报业集团羊城晚报社政文编辑部记者；谢淑娟，女，广东外语外贸大学新闻与传播学院本科生；赵思颖，女，广东外语外贸大学新闻与传播学院本科生；周明，女，广东外语外贸大学新闻与传播学院本科生；马悦荷，女，广东外语外贸大学国际关系学院本科生。

② 刘笑冬，潘子获 . 习近平出席《深化粤港澳合作 推进大湾区建设框架协议》签署仪式［EB/OL］.（2017-07-01）［2021-10-08］.http://www.xinhuanet.com/politics/2017/07/01/c_1121247167.htm.

在东南亚各国深入人心①。因此，粤港澳大湾区与东南亚各国可谓地缘相近、人缘相亲。同时，东南亚是中国周边外交的优先发展方向和"一带一路"涵盖的重要区域之一，是我国实现和平崛起的重要依托地带，是发挥大国影响力的重要平台。粤港澳大湾区临近东南亚地区，它的建设是中国区域内的重大发展举措，是"一带一路"全球命运共同体的重要示范，同时对于在东南亚地区推进"一带一路"建设有着重要的意义。

此外，粤港澳大湾区与东南亚各国的经贸来往密切，在教育、科技、旅游等方面均有合作。东南亚国家的许多媒体也都对粤港澳大湾区进行过不同程度的报道。而东南亚主流媒体如何呈现粤港澳大湾区区域形象，影响着东南亚地区民众乃至整个亚洲地区的民众如何看待粤港澳大湾区的发展以及中国与东南亚各国的合作关系。但笔者在查阅资料时发现，关于东南亚主流媒体对于粤港澳大湾区区域形象建构的研究尚处于空白的状态，与此相关的研究少之又少。

因此，此次调研的目的在于：第一，通过梳理相关报道，研究东南亚主流媒体在传播中所构建的粤港澳大湾区形象，并针对不同媒体呈现的形象进行比较分析；第二，通过分析区域形象传播现状，为粤港澳大湾区在东南亚的形象传播和构建提供可行性的建议，促进粤港澳大湾区区域形象建构策略的改进以及粤港澳大湾区区域形象的改善，并为我国在东南亚地区的传播策略和形象塑造提供参考。以期推动粤港澳大湾区和东南亚的互动发展，使粤港澳大湾区更好地服务于"一带一路"建设。

（二）调研对象

在此次研究中，我们选取了新加坡、马来西亚、泰国 3 个东南亚国家的各一家华文媒体和英文媒体，分别是：新加坡的《联合早报》和《海峡时报》，马来西亚的《星洲日报》和《星报》，泰国的《星暹日报》和《曼谷邮报》，共 6 家在东南亚地区具有一定影响力的主流媒体作为我们主要的样本收集对象。

东南亚是海外华文媒体最早的发源地，全球海外华文媒体重要集中地，总体数量占全球华文媒体的 44.5%②。作为海外华文媒体的重要分支，历史上东南亚华文媒体在团结、密切东南亚华侨华人与祖国或祖籍国的联系、促进中华文化传播等方面，发

① 李永杰.聚焦粤港澳大湾区和东南亚互动发展［Z/OL］.（2019-11-18）［2021-10-08］.http：//www.cssn.cn/zx/bwyc/201911/t20191120_5045416.shtml?COLLCC=1654190108&COLLCC=2614063544.

② 郭熙.汉语的国际地位与国际传播［J］.渤海大学学报：哲学社会科学版，2007（1）：54-59.

挥着举足轻重的作用①。虽然华文媒体在20世纪六七十年代在总体上由鼎盛转为衰落，地位渐不如前，但是20世纪70年代末以来，尤其是近年来，随着国际形势的缓和、东南亚各国局势的变化及我国国际地位的提高，东南亚华文传媒得到了恢复和进一步的发展②。基于华文媒体在东南亚国家的重要的历史地位以及东南亚地区作为海外华侨华人最大的聚居地这一基本现实，笔者与东南亚媒体研究领域中创造了丰富成果的学者一样，赞同并且重视华文媒体的研究意义。

然而，同样因为华文媒体的重要地位，有学者认为东南亚媒体研究多集中在华文媒体这一现象的不妥之处——"这种偏向华文报纸研究的单极化现象，易使得学界对东南亚报章的研究面临以偏概全的风险"③。此外，英文为当今世界上使用范围最广的语言，有着跨文化传播的优势。暨南大学专攻东南亚媒体研究领域的彭伟步教授在接受我们的采访时也表示，出于历史的原因，英文媒体在东南亚地区有着强大的影响力。因此，研究中加入英文媒体将使得我们的研究更加全面且客观。

具体到每一个媒体样本，我们的选择均经过慎重考量，研究所选的华文媒体均来自2019年中国新闻社和中国传媒大学联合评选的海外世界华文传媒影响力榜单，新加坡的《联合早报》更是该榜单东南亚地区媒体中的第一名。而研究所选取的英文媒体中，《海峡时报》是新加坡历史最长的第一英文大报，报道理念坚持客观，且对于中国的关注日益加强，相关报道丰富。马来西亚的《星报》是当地著名的英文报，对于粤港澳大湾区也表现出了高度的关注。泰国的《曼谷邮报》则差不多每隔一两个月就会有一篇粤港澳大湾区的报道，对大湾区有着持续关注。

而我们之所以选取新加坡、马来西亚和泰国作为主要样本国家，一是这三个国家都是东盟成员国，是东南亚地区综合实力较强的国家，在"一带一路"建设以及粤港澳大湾区建设中都与中国有着重要的合作关系。它们国际地位较高，在东南亚国家掌握着主要的话语权。二是从传媒产业发展程度和样本量考虑。新加坡资深媒体人韩咏红指出，在当地华社以及当地政治领导人的支持的直接关系下，泰国和马来西亚关于粤港澳大湾区的报道明显更多④。而马来西亚本身的华文传媒业十分繁

① 蔡梦虹.东南亚华文媒体的发展进程、困境与思维转型［J］.青年记者，2019（9）：92-94.

② 周丰峨，陈雷.东南亚华文传媒的历史与现状［J］.东南亚纵横，2004（6）：62-66.

③ 张昆，陈雅莉.东盟英文报章在地缘政治报道中的中国形象建构——以《海峡时报》和《雅加达邮报》报道南海争端为例［J］.新闻大学，2014（2）：72-82.

④ 钱瑜.《联合早报》副总编辑韩咏红：要打造好粤港澳大湾区的品牌［Z/OL］.（2019-10-22）［2021-10-08］.https://www.sohu.com/a/348674878_119778.

荣，目前即便受到了新媒体的强烈冲击，仍稳定发展①。新加坡地处马六甲海峡的核心地带，更是亚太地区的资讯中心，在东南亚地区乃至全球传媒界都有着举足轻重的地位。无论是在新闻业界还是学界，这三个国家关于粤港澳大湾区的媒体报道都有着较高的研究价值。

（三）调研方法

本研究样本收集区间从 2017 年 7 月 1 日《深化粤港澳合作 推进大湾区建设框架协议》正式签署起至 2020 年 5 月 1 日。主要以粤港澳大湾区作为关键字进行搜索，从 6 家媒体的官方网站，以及慧科新闻数据库中获取研究样本，排除重稿后共取得样本 799 个。6 家媒体样本数量详见表 1。

表 1　样本数量总表

		样本数量（篇）	粤港澳大湾区（篇）	占比（%）
新加坡	海峡时报	8287	133	1.58
	联合早报	22907	317	1.35
新加坡媒体		31194	450	1.42
马来西亚	星报	9997	88	0.87
	星洲日报	14362	141	0.97
马来西亚媒体		24359	229	0.93
泰国	曼谷邮报	14556	51	0.35
	星暹日报	1128	69	5.76
泰国媒体		15684	120	0.76

本次调研的方法主要采取内容分析和文本分析为主，并结合深度访谈为研究提供借鉴和参考，简要说明如下。

1. 内容分析法

内容分析法是一种定量分析法，是对显在传播内容进行客观、系统和定量的描述的一种研究方法②。本研究通过内容分析法，全面把握 2017 年 7 月 1 日至 2020 年 5 月 1 日期间样本媒体中涉及粤港澳大湾区报道的数量、体裁、形式等整体情况，厘清东南亚主流媒介在报道中呈现出的粤港澳大湾区的区域形象。此外，在关键词词频分析中，本研究采用了中华人民共和国统计局的行业分类标准，用涵盖第一产业、第二产

---

① 彭伟步. 东南亚华文传媒业极化现象探析［J］. 中国新闻传播研究，2016（2）：54-64.

② 陈阳. 大众传播学研究方法导论［M］. 北京：中国人民大学出版社，2007：10.

业、第三产业的 45 个关键词作为关键词库，分析关键词词频，从更全面的视角来把握东南亚主流媒介对于粤港澳大湾区的认识和了解程度。

2. 文本分析法

文本分析，又被称为文本挖掘，指的是对具有丰富语义的文本进行分析从而理解其所包含的内容和意义的过程①。本研究运用文本分析法探究 6 家样本媒体报道倾向，从粤港澳大湾区的五大战略定位出发，分析不同媒介对湾区定位和区域形象的具体呈现及区别，分析形象建构背后的影响因素。

3. 深度访谈法

深度访谈法是定性研究中经常采用的资料收集方法之一，主要是利用访谈者与受访者之间的交流达到意见的交换。本研究通过深度访谈的方式，了解业内人士和专家对于粤港澳大湾区在东南亚主流媒体形象传播的看法和建议，为本研究提供借鉴和参考。

二、新加坡、马来西亚、泰国主流媒体报道分析

（一）粤港澳大湾区形象在新加坡媒体上的呈现情况

1. 新加坡《联合早报》报道分析

梳理新加坡《联合早报》此间的报道发现，数量上，《联合早报》涉及粤港澳大湾区相关报道的 317 篇稿件中有 158 篇与政治领域密切相关的文章，侧重讨论香港与粤港澳大湾区的关系。其次是经济领域的文章，共 85 篇，文化和军事话题的文章报道相对较少。

如图 1 所显示，《联合早报》关于粤港澳大湾区的报道高峰期在 2019 年的 12 月，其次相对较集中的发稿时间为 2019 年的 6 月与 2 月。

---

① 袁军鹏，朱东华，李毅，等 .Survey of Text Mining Technology 文本挖掘技术研究进展［J］.计算机应用研究，2006（2）：1-4.

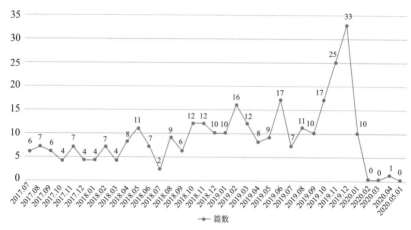

图 1 新加坡《联合早报》报道数量及月度分布

2019 年 12 月，《联合早报》一共有 33 篇报道与粤港澳大湾区关系密切，其中以政治及经济相关话题为主，主要报道内容为领导在公共场合发表的讲话、"修例风波"后对香港经济的影响等内容。

此外，由于 2019 年 12 月是澳门回归祖国 20 周年的重要节点，在此期间，《联合早报》涉及澳门内容的稿件有 9 篇，占当月粤港澳大湾区报道发稿量的将近 1/10。

2019 年 12 月成为报道粤港澳大湾区的高峰期，除了澳门回归 20 周年纪念外，香港"修例风波"久未平息也引起东南亚媒体的持续性关注，且中国台湾地区 2020 年也将举行领导人选举，从"一国两制"在香港的实践来观望中国台湾的前景，是不少境外媒体关注的角度。

2019 年 6 月粤港澳大湾区报道内容较多，则是因为在此期间新加坡与广东有媒体往来活动，报道内容较集中在两地媒体互动与合作的内容。

2019 年 2 月关于粤港澳大湾区相关度较高的报道，主要以《粤港澳大湾区发展规划纲要》出台后的政策解读为主。

从图 2 中不难看出，政治议题成为《联合早报》报道中当之无愧的"主角"。香港的"修例风波"引来持续性关注，在谈及粤港澳大湾区的报道时，与中国台湾相关的内容在此期间也有所呈现。虽然报道数量只有 2 篇，但其关注的内容相当重要，文章通过探讨"修例风波"对香港带来的影响，由此关联中国台湾。如《两岸议题韩国瑜须转守为攻》的文章中，把中国台湾政治问题与香港进行联系，探讨民主发展——战略正确、战场失利，就需要检讨战术。此外，内容还涉及香港在粤港澳大湾区中的角色以及两岸的融合发展。当中提到港人对大湾区融合战略的疑虑与诉求、台湾民众对融合发展政策的期望，是否传达给了大陆主管部门、建制派或国民党在与大陆交往中究竟扮演了何种角色等问题。

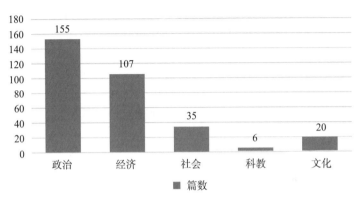

图2　新加坡《联合早报》在粤港澳大湾区报道中关注的领域

再看此间《联合早报》涉及的与澳门相关的9篇报道，多注重突出澳门回归后，依据自身特点，寻找发展之路，如《郑浩：澳门成功秘诀初探》《虽取得靓丽数据澳门特区政府仍面对不少经济民生问题》等，无形中与香港的报道形成了对比。此外，《联合早报》对于新加坡与澳门之间的动态合作也予以充分报道，如《月底签备忘录我国与澳门将延续医疗合作》。

《联合早报》在政治或与政治相关的内容报道中，有47篇报道是关注领导人或者政客在公开场合发表的对于大湾区的意见的，约占总体的1/3。政策解读的报道也有40篇，关注粤港澳大湾区战略建设的政策解读以及湾区内城市的政策发展。

在经济的议题当中，《联合早报》对于深圳建设中国特色社会主义先行示范区的内容尤为关注，较多地将香港与深圳进行比较，如在《深圳将建示范区打造全球标杆城市分析：香港在大湾区地位或下降》的文章中就将深圳与香港进行了对比。但标题所提到的"地位下降"的问题，仅在导语中体现，在正文中仍是较为客观、中立地表述这一变化对深圳及粤港澳大湾区的意义。

在《联合早报》的经济报道中，贸易业最受关注，共被提及413次，其次是科技行业，被提及370次，第三多的行业关键词是投资，被提及311次。最少关注的行业是，航空行业，仅被提及14次。

在关于粤港澳大湾区的城市报道中，香港是最受关注的城市，被提及2794次（见图3）。接着是广州，被提及512次。然后是澳门，被提及460次。"广东"这一词语也常被提及，共被使用452次。港澳地区以及深圳、广州等国际城市是备受关注的，其余城市的提及频率较低。

图 3　新加坡《联合早报》报道词频图

探究其原因发现，由于香港与新加坡一直都被外界看作亚洲的金融中心，新加坡一直都对香港这个"对手"予以高度的关注。且从 2019 年起，香港的"修例风波"对其政治生态、经济发展、人民生活等都带来了巨大的影响，所以香港毫无疑问成为《联合早报》在粤港澳大湾区报道中关注的第一位。

广州由于是广东省省会城市，且广州与新加坡在中新知识城这一项目上有长远且密切的合作，所以广州成为《联合早报》在粤港澳大湾区报道中第二关注的城市毫不意外。此外，深圳、东莞等地，因为机器人、互联网等新兴产业的兴起而受到关注也属于常理之中。

从图 4 可以看出《联合早报》关于粤港澳大湾区的报道以中立的态度为主，其中中立稿件达 200 篇之多，多为消息和评论，当中不乏采用如郑永年等知名教授的专栏内容，作为粤港澳大湾区，甚至是中国相关报道的主要内容。

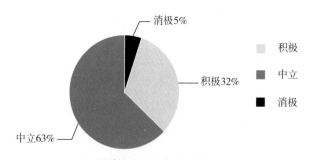

图 4　《联合早报》报道倾向图

总体而言，《联合早报》对粤港澳大湾区规划的推出较为认可，他们更关注粤港澳大湾区的"宜居宜业宜游的优质生活圈"这一定位，共有 26 篇报道提及。此外，他们也将目光深入中国内地，"内地与港澳深度合作示范区"的相关报道有 23 篇。此外，"具有全球影响力的国际科技创新中心""充满活力的世界级城市群"等内容也有较多关注。

2. 新加坡《海峡时报》报道分析

如图 5 所示，在 2017 年 7 月到 2020 年 5 月期间，《海峡时报》针对粤港澳大湾区的报道高峰期出现在 2019 年的 2 月和 3 月。2 月一共推出了报道 11 篇，3 月推出报道 12 篇，以领导讲话及粤港澳大湾区建设规划纲要的内容为主。其中，粤港澳大湾区对香港的影响最受关注，有多篇涉及了专业人士对于香港在粤港澳大湾区中的发展的预测。

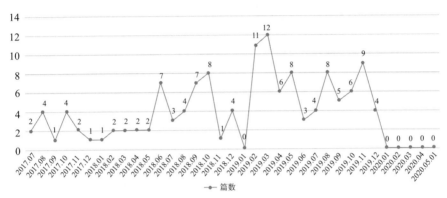

图 5 新加坡《海峡时报》粤港澳大湾区报道月度图

《粤港澳大湾区发展规划纲要》于 2019 年 2 月 18 日正式对外公布，由此间开始，《海峡时报》对粤港澳大湾区的报道数量开始攀升。在《规划纲要》公布的第二天，《海峡时报》就从政策解读的角度，刊登了名为 "China charts timeline for Greater Bay Area integration plan"（《中国绘制大湾区规划时间表》），虽然只有 555 个英文单词，是一条较为短的消息，但 2 月 18 日的这条消息，无疑引起了《海峡时报》的关注。

在 2 月 20 日，经过两天时间发酵，《海峡时报》转载了《中国日报》名为 "Greater Bay Area to be showcase for opening up"（《中国开放的新窗口》）的评论，同时做出了自采稿件 "China's Greater Bay Area plan seen as boon and bane for Singapore"（《粤港澳大湾区是新加坡的机遇还是挑战》）的评论。

在 2019 年 3 月 5 日，因为我国全国两会的召开，这一重要的政治事件历来是外媒关注的焦点。此间，《海峡时报》对全国两会及两会期间涉及粤港澳大湾区的内容给予多角度的报道，并给予相当积极的评论，如 "Greater Bay Area can be 'Silicon Valley and Wall Street'"（粤港澳大湾区有可能成为下一个硅谷和华尔街）。

《海峡时报》的报道涉及最多的领域是政治，以政治为主题的文章有 54 篇，其中涉及大湾区的政策讨论的文章有 21 篇，其次是领导或者政客对于大湾区的公开讨论。

其次，经济领域也备受关注，44篇以经济为主题的报道中，有15篇文章关注的金融行业的动态，粤港澳大湾区战略吸引了不少国际银行的目光。而被报道得最少的内容主题是文化主题以及军事主题。

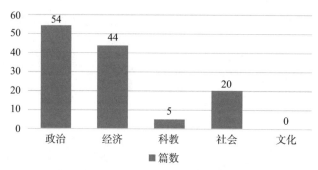

图6　新加坡《海峡时报》在粤港澳大湾区报道中关注的领域

在政治议题中，高层互访是媒体关注的一个主要环节，报道的侧重点多放在"加强新加坡与中国的合作关系"。此外，在高层互访和粤港澳大湾区交叉的内容中，《海峡时报》更关注在新粤双方签署的协议、在法律上的合作等议题。

除政治以外，《海峡时报》另外一个关注的焦点为经济。从词频分析来看，贸易在所有样本中被提及的次数最高，共有224次，其次是金融业，为151次。

从图7中不难看出，粤港澳大湾区内的城市群中，最受关注的城市是香港，共被提及1217次，其次是澳门，被提及270次。此外，多篇文章提到了广东。《海峡时报》关注香港的贸易融资、房地产发展、香港高铁和港珠澳大桥如何与内地联通等内容，在香港与内地的关联中，《海峡时报》把大部分精力放在了经济发展的类别上。对于香港"修例风波"的报道，更多是在2019年8月后，以援引彭博社、法新社的内容为主，自采内容相对较少。

图7　新加坡《海峡时报》粤港澳大湾区报道词频图

在《海峡时报》135 个有效样本中，报道以中立倾向为主，占 89 篇，他们更关注政治与经济的关系，且对粤港澳大湾区的报道相对较正面。分析样本发现，粤港澳大湾区的"充满活力的世界级城市群"这一定位较为突出，共有 30 篇相关报道；与"具有全球影响力的国际科技创新中心"定位相关的报道有 26 篇；"内地与港澳深度合作示范区"相关的报道有 17 篇，有 10 篇报道对粤港澳大湾区定位的认识是"一带一路建设的重要支撑"，"宜居宜业宜游的优质生活圈"的相关报道最少，只有 3 篇。可见，在《海峡时报》中"充满活力的世界级城市群"和"具有全球影响力的国际科技创新中心"这两个定位是较为突出的。

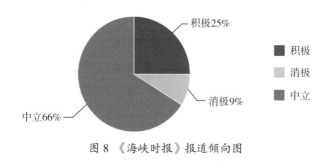

图 8 《海峡时报》报道倾向图

（二）粤港澳大湾区形象在马来西亚媒体上的呈现

1. 马来西亚《星报》（*The Star*）报道分析

从图 9 可以看出《星报》对粤港澳大湾区的报道高峰期出现在 2019 年 8 月和 2019 年 12 月，主要集中在香港"修例风波"对香港经济及社会的影响。8 月"深圳成为中国特色社会主义先行示范区"和 12 月"澳门回归 20 周年"等重大事件都引发了较大关注，有报道称"一国两制"在澳门的成功实践值得香港借鉴。此外，12 月有多篇报道讲述初创企业及青年企业家的故事，提及"前海粤港澳大湾区青年创意大赛"及"岭南创意周"等活动。

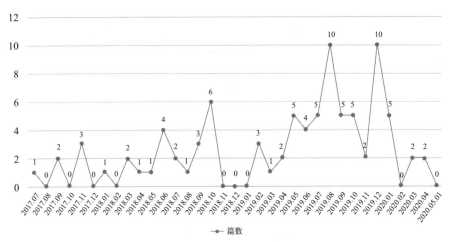

图 9 《星报》报道数量及月度分布

从图 10 可以看出《星报》报道最多的是政治领域,一共有 36 篇,多次报道习近平主席在不同场合的有关粤港澳大湾区的讲话,体现出该报对粤港澳大湾区政策方面的关注,特别是马来西亚和粤港澳大湾区的投资和合作机会。其次是关于经济领域的报道共 31 篇,从词频分析可以看出其对金融、投资、贸易、5G 技术的关注要远远高于对于其他行业的关注。相较而言,《星报》对于科教和社会话题关注度较低,而对于文化领域基本没有关注。

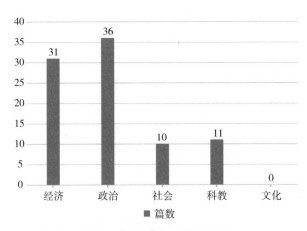

图 10 《星报》报道类别比较

从图 11 可以看出,《星报》对粤港澳大湾区城市群中香港的关注最多,在两年半的时间内报道中共提及了 820 次,对香港"修例风波"是否会影响香港国际金融中心的地位表现出极大关注。关注较多的城市还有澳门和深圳，但在其相关报道中对于中山、佛山和江门提及次数很少。

图 11 《星报》报道词频图

从文本分析来看，《星报》的中立性报道共有 48 篇、积极性报道共 35 篇、消极性报道共 7 篇，内容以消息和评论类文章为主。《星报》的新闻来源大部分为转载，其中超过 2/5 的报道转载自路透社、彭博社，其次来源最多的是中国日报，转载量占总数的 1/5 左右。

从图 12 可以看出，《星报》对于粤港澳大湾区的经济发展潜力是十分重视的，总体持积极和中立的态度。通过对粤港澳大湾区经济领域的报道来为马来西亚的政府、企业家等提供参考。而来源为中国日报的报道多呈现出中立和积极的态度。

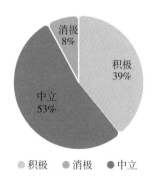

图 12 《星报》报道倾向图

消极性报道主要围绕香港问题抨击中国，其中有 6 篇来源均为路透社。

2. 马来西亚《星洲日报》报道分析

从图 13 可以看出《星洲日报》对于粤港澳大湾区的报道高峰期和《星报》趋势一致，均出现在 2019 年 8 月和 12 月。8 月的报道一共有 19 篇，主要关注的内容是马来西亚与粤港澳大湾区之间的合作交流活动，例如，2019 年度马中论坛——马来西亚与中国广东企业家双边企业家理事会会议、2019 广东 21 世纪海上丝绸之路国际博览

会等，其次是深圳建设中国特色社会主义先行示范区和香港问题。12 月对澳门回归
20 周年和国家主席习近平同志的发言都进行了较大篇幅的报道。

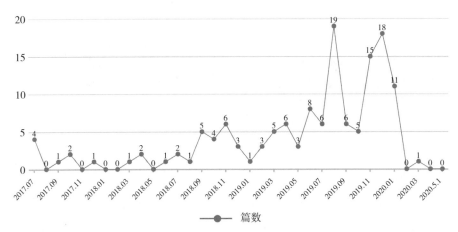

图 13 马来西亚《星洲日报》报道数量及月度分布

《星洲日报》对于大湾区的报道主要集中在政治和经济领域（见图 14），一共有
96 篇，而其中投资和贸易政策及机遇的内容最受关注。文化方面的题材也有所提及，
但总体报道较少。从报道内容来看，《星洲日报》非常关注中国和马来西亚政要以及
工商界领袖的意见，例如，马来西亚对华特使、马来西亚各地商会领袖及参与的交流
活动都是《星洲日报》重点报道的题材。

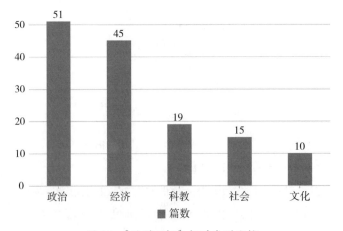

图 14 《星洲日报》报道类别比较

在粤港澳大湾区的城市中,《星洲日报》对于香港的关注远远超过对于其他城市的关注,香港在其报道中共被提及了 1067 次。其次比较关注的是澳门和深圳。此外,对于侨乡梅州和汕尾也有所关注。(见图 15)

图 15 《星洲日报》报道词频图

在报道中可以看出,《星洲日报》对于粤港澳大湾区是"内地与港澳深度合作示范区"这一定位得到比较充分的表现,而对"宜居宜业宜游的优质生活圈"这一定位体现较少。

《星洲日报》对大湾区的报道总体呈现积极的态度(见图 16),看好大湾区带来的投资合作机会。《星洲日报》新闻绝大多数来源于自采,报道持续关注领导人讲话、政策解读、商务合作交流等政治话题,对华人华侨的交流合作也比较关注。负面和消极的报道较少,主要体现在担忧香港"修例风波"带来的不确定性。此外,有报道讨论华人餐饮文化中的陋习。

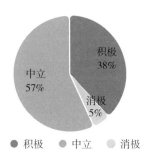

图 16 《星洲日报》报道倾向图

总体来看,马来西亚的两家媒体对大湾区的发展机会和前景都持积极的态度。但英文报纸《星报》对于香港"修例风波"表现出来的担忧更多,而华文媒体《星洲日报》对于马来西亚以及粤港澳大湾区之间的合作交流问题更为关注,希望"通过香港这个窗口,全方位地参与粤港澳大湾区的建设",相对来说关注的面也更广。但普遍对于粤港澳大湾区"宜居宜业宜游的优质生活圈"这一定位的关注和认识都存在着严重的不足。

（三）粤港澳大湾区形象在泰国媒体上的呈现

1. 泰国《曼谷邮报》（*Bangkok Post*）报道分析

从图 17 可以看出《曼谷邮报》对粤港澳大湾区的报道高峰期出现在 2019 年 2-3
月和 2019 年 10-11 月。

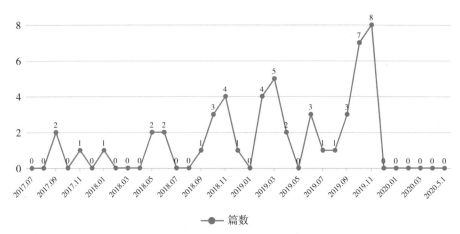

图 17 泰国《曼谷邮报》报道数量及月度分布

2019 年 2 月，中国公布《粤港澳大湾区发展规划纲要》，2 月底香港在曼谷设立
贸易办事处，随后香港特区行政长官林郑月娥来访泰国。因此《曼谷邮报》对粤港澳
大湾区发展规划及泰国如何利用这个新规划与大湾区，尤其是香港加强经贸合作进行
了集中报道。

2019 年 10 月下旬，泰国主管经济的副总理颂奇率领经贸团队出访中国，其间与
广东签署合作备忘录，计划加强泰国东部经济走廊（EEC）与广东省之间的经济合
作。随后，中国总理李克强出席东盟峰会并访问泰国、泰国与香港进行自贸谈判和香
港特区行政长官林郑月娥再度访泰等重要时政经贸交往事件，引发了《曼谷邮报》的
重点关注。

从图 18 可以看出《曼谷邮报》报道最多的是经济领域，一共有 48 篇。根据词频
分析（见图 19）可以看出，《曼谷邮报》对粤港澳大湾区的关注重点领域是投资、贸
易、金融、旅游等。

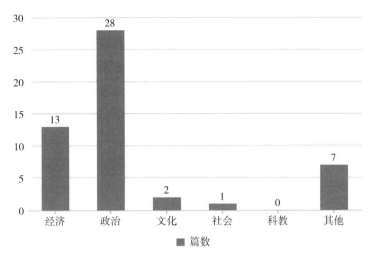

图 18　泰国《曼谷邮报》报道类别比较

除少数几篇涉及香港"修例风波"引发的社会事件,《曼谷邮报》其他的报道基本都是聚焦中泰经贸合作,尤其是泰国东部经济走廊和粤港澳大湾区对接合作,以及泰国与香港加强经贸合作两个重头合作项目。

从图 19 可以看出,《曼谷邮报》对粤港澳大湾区城市群中香港的关注最多,在两年半的时间内报道中共提及了 515 次,究其原因,是泰国与香港非常频繁地互相来往,其中包括香港特区行政长官林郑月娥两次访泰、香港在泰国曼谷设立办事处以及香港泰国自贸协定谈判等。此外,《曼谷邮报》关注较多的城市还有深圳和广州,报道中分别提及 60 次和 34 次。泰国东部经济走廊与粤港澳大湾区加强合作对接,很多合作项目也将重点落户在大湾区几个核心城市,也因此《曼谷邮报》会更关注广深两地。

图 19　泰国《曼谷邮报》报道词频图

从文本分析来看,《曼谷邮报》的中立性报道共有 29 篇、积极性报道共 17 篇、消极性报道共 5 篇,报道以消息和评论类文章为主。《曼谷邮报》的新闻来源大部分为自采,仅有 9 篇稿件为外部稿件,外部稿件主要来源包括香港《南华早报》、法新社和美联社等。值得注意的是,其中有一篇稿件是中国驻泰王国大使吕健的署名文章。

从图 20 可以看出，总体上《曼谷邮报》很认可粤港澳大湾区的经济发展潜力，报道上更加关注泰国如何抓住中国建设粤港澳大湾区的机会，通过加强与该地区经贸合作往来获得更大的发展。在大湾区 9 个城市和 2 个特区中，《曼谷邮报》更加关注泰国和香港的经贸合作，尽管有两地高层互访、签署合作协议、开启自贸协议谈判等利好消息，《曼谷邮报》也对香港"修例风波"引发的不太稳定社会形势表示担忧，消极性报道大都聚焦香港的相关问题。

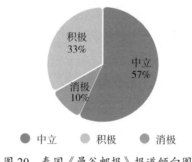

图 20　泰国《曼谷邮报》报道倾向图

2. 泰国《星暹日报》报道分析

图 21 可以看出，《星暹日报》对于粤港澳大湾区的报道也主要集中在 2019 年 9-12 月，其中 9 月、11 月和 12 月的报道数量分别为 10 篇、10 篇和 8 篇。《星暹日报》对粤港澳大湾区的关注重点是两地经贸文化往来的重大事件，例如，该报记者受邀参加的"活力湾区 世界共享"东南亚主流网络媒体湾区行联合采访活动、"2019 广东 21 世纪海上丝绸之路国际博览会"，以及在两地召开的各类经贸推广活动等。

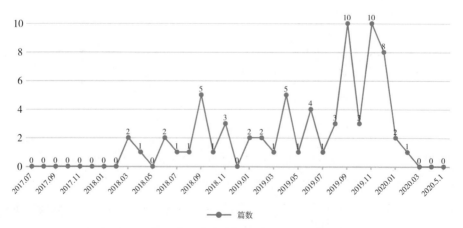

图 21　泰国《星暹日报》报道数量及月度分布

但是与《曼谷邮报》不同的是，《星暹日报》作为华文媒体，更加重视报道泰国华人社团和广东之间非常频繁的侨乡联系，对包括华侨华人粤港澳大湾区大会、世界惠州（府署）同乡恳亲大会、粤东侨博会等各类侨乡间文化经贸交流活动关注度非常高，对此进行了较大篇幅的报道，以同宗同源的文化作为切入点，引发两地人民情感共鸣，并以此为基础强化两地经贸文化合作往来。

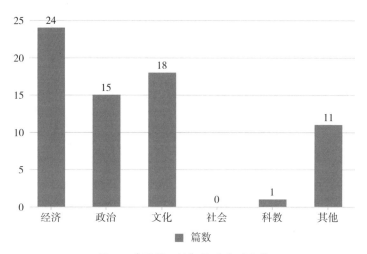

图 22 《星暹日报》报道类别比较

在粤港澳大湾区的城市中，《星暹日报》提及深圳的次数最多（见图 23），为 160 次，其中大部分是同乡会相关的经贸文化交流新闻，例如，泰国深圳总商会等。其次是澳门，在报道中被提及的次数为 129 次。香港被提到了 119 次，广州为 83 次。值得一提的是，广东省内非湾区城市的汕头和潮州被提及的次数也比较多，这应该是因为大多数在泰国的侨乡来自潮汕地区。

图 23 《星暹日报》报道词频图

《星暹日报》是泰国历史最悠久的华文报纸，2013 年与广东省南方报业传媒集团签订战略合作协议，进行深度合作。也因此，《星暹日报》对粤港澳大湾区的报道更多地采用"局内人"的视角来看待，同时出于华人同根同源的共鸣情感以及泰中华人合作互利的现实情况，《星暹日报》对大湾区的报道几乎没有负面态度，新闻绝大多数来源于自采，报道持续关注领导人讲话、政策解读、商务合作交流等政治话题，对华人华侨的交流合作也比较关注。

总体来看，泰国两家媒体对大湾区的发展机会和前景都持积极的态度（见图24）。英文报纸《曼谷邮报》对粤港澳大湾区的报道，更多的是以一种局外人的国际视角，抽离式客观地剖析这个计划给泰国带来的影响和机遇。例如，《曼谷邮报》既为泰国东部经济走廊和粤港澳大湾区建设对接而欢呼，也冷静地思考因香港"修例风波"带来的社会不稳定因素是否会影响泰国和香港的合作。华文报纸《星暹日报》背靠广东南方报业传媒集团，用"局内人"的视角热情洋溢地拥抱粤港澳大湾区建设，在主动向当地华人社区介绍粤港澳大湾区规划纲要的同时，大篇幅报道泰国华人华侨通过侨乡会等机构，充分利用同宗同源的情感纽带，积极与大湾区沟通交流，继而开展经贸等多方面的合作。

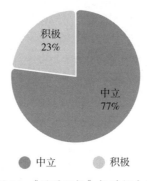

图 24 《星暹日报》报道倾向图

三、新加坡、马来西亚、泰国三国媒体呈现比较

本研究样本收集区间从 2017 年 7 月 1 日《深化粤港澳合作 推进大湾区建设框架协议》正式签署起至 2020 年 5 月 1 日。主要通过搜索该区间内 6 家媒体官方网站，以及慧科新闻数据库中以上媒体涉及粤港澳大湾区报道获取研究样本，排除重稿后，共取得样本 799 个。此项调研通过文本挖掘和深入访谈，在探究 6 家样本媒体相关报道内容的基础上，进一步了解业内人士和专家对于粤港澳大湾区在东南亚主流媒体形象传播的看法和建议，为本研究提供借鉴和参考。

3个国家的报道样本总量来源于以"中国"为关键词搜索所得。相关报道发布时间在 2017 年 7 月 1 日到 2020 年 5 月 1 日之间，涉及粤港澳大湾区的稿件是基于这一样本上，以"大湾区"或者"Great Bay Area"为关键词进行再次搜索。(见图 25)

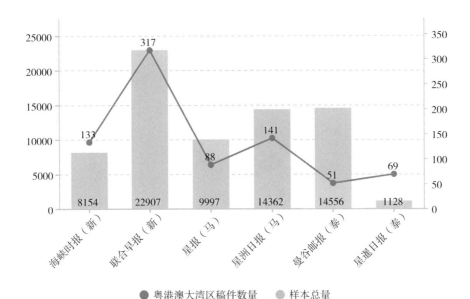

图 25　三个国家关于粤港澳大湾区稿件的占比样本数量图

新加坡媒体总样本数量为 31061，粤港澳大湾区总稿件数量为 450，占比 1.44%。其中《海峡时报》样本数量为 8154，粤港澳大湾区稿件数量为 133，占比 1.63%；《联合早报》样本数量为 22907，粤港澳大湾区稿件数量为 317，占比 1.38%。(见图 26)

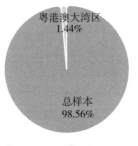

图 26　新加坡媒体在粤港澳大湾区相关报道中占比

马来西亚媒体总样本数量为24359，粤港澳大湾区总稿件数量为229，占比0.94%。其中马来西亚《星报》样本数量为9997，粤港澳大湾区稿件数量为88，占比0.88%；《星洲日报》样本数量为14362，粤港澳大湾区稿件数量为141，占比0.98%。（见图27）

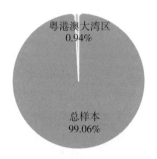

图27　马来西亚媒体在粤港澳大湾区相关报道中占比

泰国媒体总样本数量为15684，粤港澳大湾区总稿件数量为120，占比0.76%。其中《曼谷邮报》样本数量为14556，粤港澳大湾区稿件数量为51，占比0.35%；《星暹日报》样本数量为1128，粤港澳大湾区稿件数量为69，占比6.11%。（见图28）

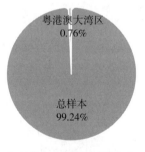

图28　泰国媒体在粤港澳大湾区相关报道中占比

从三国主流媒体对粤港澳大湾区报道的占比来看，新加坡报道的数量最多，涉及的内容也更为丰富。产生此现象的原因，在于新加坡是一个华人社会，且长期以来对中国高度关注。暨南大学新闻与传播学院彭伟步教授在接受采访时也提到，新加坡70%的人口由华人构成，华人关心中国的发展动态。且新加坡是出口导向型国家，中国于新加坡而言是一个重要的贸易伙伴，许多企业在中国有大量的投资。他说："新加坡在东南亚是一个区域的经济文化中心，商界和政府都关心在中国是否有更好的投资合作机会。比如，知识城的中心支撑就是新加坡跟广州市政府投资的合作项目，现在变成了非常重要的医药生产研发的区域。而且新加坡历来与香港是合作且竞争的关系。因此，公众、商界、政府都很关心这方面的信息，媒体自然需要报道。"

再对比研究区间内三国媒体对于中国的相关报道，可以明显看到，无论是新加坡、马来西亚还是泰国，在《粤港澳大湾区发展规划纲要》提出后，对此话题或围绕此话题的报道迅速提高。可以预见的是，粤港澳大湾区将在未来成为东南亚媒体报道中国的重要窗口。

（一）三国媒体对粤港澳大湾区前景持积极态度

分析三国媒体对粤港澳大湾区的报道不难发现，大家对粤港澳大湾区的发展前景持中立或积极态度，报道多以正面报道为主。三国的报道在关注政府高层交往的同时，更多聚焦在所在国与粤港澳大湾区乃至中国政府能促成什么样的合作，粤港澳大湾区的规划能为新加坡、马来西亚及泰国的发展带来什么样的机遇与挑战，关注粤港澳大湾区规划纲要实施后，中国以此为契机进一步实行改革开放的政策。

广东外语外贸大学大湾区研究院院长申明浩此前在接受采访时也提到，在他看来，粤港澳大湾区的建立，在国际上是比较认可的。他说："从全球贸易中心的角度看，香港本身就是世界贸易中心，广州也是一个贸易中心，深圳则成为一个智能硬件和电子信息技术汇集的发展中心。再加上东莞，它也是一个世界贸易中心。所以粤港澳大湾区在贸易方面，是全世界公认的。"

（二）"香港"内容是相关报道"高频词汇"，态度从中立走向消极

在梳理相关报道的过程中，笔者也注意到，无论是新加坡、马来西亚或是泰国都对香港的报道比较集中，"香港"已经成为粤港澳大湾区相关报道中的"高频"词汇。

香港，之所以成为粤港澳大湾区中的关注焦点，一是由于历史原因使然，二是因为 2019 年以来发生的香港"修例风波"。

一直以来，香港作为亚洲金融中心和高度国际贸易聚集地引发周边国家和地区关注。以新加坡为代表的亚洲国家对香港的经贸发展尤其重视。《粤港澳大湾区发展规划纲要》提出后，以新加坡、马来西亚、泰国为代表的三国主流媒体主要从政治和经济的角度对香港在粤港澳大湾区中扮演的角色进行了解读与探讨。

不可否认的是，随着香港"修例风波"的持续进行，三国主流媒体对香港的报道

从中立偏向消极的方向转变。这当中有政治局势发展的客观原因，也有国际媒体对于中国报道的"惯性"使然。申明浩说："一方面西方这些媒体它的风格是'好事不出门，坏事传千里'。它还是喜欢报道负面的东西多，另外一方面，港澳的国际化程度比我们内地要高，这是它获得信息来源的一个差异。"

在关于香港的报道中，还有一点值得注意的是，相关媒体会关注香港局势的变化及其所谓政治"诉求"对台湾地区造成的影响。新加坡媒体在谈及香港局势时，就关联到这有可能会对台湾地区领导人选举造成的影响及有可能会对两岸关系造成影响。总体而言，在粤港澳大湾区的形象塑造的过程中，香港对国际社会所起的作用不可忽视。

（三）粤港澳大湾区形象塑造有助于中国全面形象提升

从三国主流媒体对粤港澳大湾区的报道中，偶尔会发现对中国除广东以外更深入地区的报道。尤其是在泰国媒体的报道中，不少内容涉及广西、青海等政府领导在粤港澳大湾区与泰国有关部门的友好往来活动。进一步凸显了粤港澳大湾区在"一带一路"建设中的重要支撑作用。

新加坡媒体也曾转载粤港澳大湾区与长三角经济带的对比，以求更全面地让其受众看到中国的发展趋势。

由此不难看出，粤港澳大湾区的形象塑造，从某种程度而言是对外传播中国形象的一个新契机，如果能做好相关形象塑造和宣传工作，对于"一带一路"建设将起到巨大助力。

四、启发与建议

作为我国对外开放的重要平台，粤港澳大湾区承担着打造国际一流湾区、推动形成新时代全面开放新格局的重要使命，这就要求大湾区从建设伊始就要谋划构建良好正面的国际形象。然而多数国际公众无法直接置身于粤港澳大湾区的环境中感受湾区形象，其对湾区形象的认知和构建主要通过所在国媒体构造的拟态环境获取，进而展开联想和建构[①]。粤港澳大湾区和东南亚地区地缘相近、人文相通，经贸合作密切，文化交流频繁。相对于世界上其他国家和地区的国际公众，东南亚地区的民众更能直接

---

① 杜明曦，侯迎忠.外媒镜像下粤港澳大湾区对外传播路径选择探析——基于182家外媒报道的实证研究［J］.对外传播，2020（4）：75-78.

感知粤港澳大湾区建设发展，也更容易受益于粤港澳大湾区建设成为国际一流湾区所带来的好处。这也更有利于在该区域构建正面良好的湾区形象，打造良好的国际名片。

通过此次调研，我们发现尽管新加坡、马来西亚和泰国三国的中英文主流媒体对粤港澳大湾区发展都抱着积极正面的态度，并对本国与粤港澳大湾区的合作持肯定和期待的心态，但不少媒体仍对中国，对粤港澳大湾区存在不少"刻板印象"，且由于受众定位不同，中英文媒体对大湾区的态度截然不同，英文媒体像客观冷静的局外人，中文媒体更像热情参与的"自己人"。这就对继续推进粤港澳大湾区发展、建构良好的湾区国际形象提出了更高的要求。

首先，正如广东外语外贸大学国际关系学院周龙博士所说，"中国要把自己分内的事情做好"，建设好粤港澳大湾区，就是树立良好的国际湾区形象的最好举措。粤港澳大湾区本身在国际舞台上是有良好形象的，不管是在贸易还是产业方面，基础都非常雄厚，"Made In China"其实广东是最典型的注脚。未来的发展应当要向更高端层次的产业去发展，并努力拓展国际产能合作，尤其是以深圳为典型代表的科技创新产业，用先进技术和东南亚地区进行深度合作，争取实现新消费终端、新技术、新业态的全方位合作，继而带动大湾区在东南亚地区的影响力。

同时要谨慎处理香港和澳门与内地融合问题，发挥香港和澳门独特的地位和优势，让香港和澳门充当正面良好湾区国际形象的"先锋队"。建设湾区的其中一个用意是丰富"一国两制"的内涵，从而将该区域打造成"内地与港澳深度合作示范区"。粤港澳大湾区"一国两制、三关税区"当中的规则衔接和要素流动问题，依然是一个重要的关键点。粤港澳三地因为市场制度不一样，很多规则和标准，以及市场、运营和监管的方式都有区别，这些方面实际上还是有比较大的需要规则进一步去对接的空间。对接的效果如果不好，就很容易出类似香港的"修例风波"。港澳地区过去和东南亚的联系非常密切，而广东真正发展的时间只有最近十几二十年的时间，并且侧重于经济方面，对东南亚的影响没有那么大，加上一些媒体看待中国大陆是带有"有色眼镜"的，所以一旦香港或者澳门有什么风吹草动，就很容易被东南亚地区媒体关注，继而对粤港澳大湾区国际形象构建产生不良影响。

其次，华人华侨是中华文化传播的一个重要的中转载体和枢纽，同时我们也需要对中华文化的国际传播的话语体系进行一个重构。不妨将岭南文化、广府文化、客家文化作为纽带，对三地文化资源进行整合，以"粤港澳大湾区文化"整体形象进行国际传播，通过饮食、粤剧、潮剧、杂技、书画等共同的文化符号和文化记忆，引起东南亚地区华人华侨的情感共鸣，让他们成为搭建粤港澳大湾区与东南亚当地国家联系的桥梁。

东南亚地区的华人华侨在经济上比较有实力，可以跟当地的政界进行联系、澄清、游说。例如，在"一带一路"基建等方面，可以为政府提供很多建议，甚至亲自去融资、参与，跟中资集团在当地的基建的一些工程合作。再例如，关于香港问题，可以通过媒体向华人来传播真实的情况，讲透彻"一国两制"的情况，先取得华人的理解和帮助，华人再作为中介去游说，从而加强对当地政府说明香港真实情况的能力。

再次，可以加强大湾区，尤其是广东新闻传媒的国际化程度。应当要更国际化、更开放、有意识地去推动传媒国际化，让西方各界能够接触到更多元化的大湾区信息传播媒介，而不仅仅是通过港澳的信息传播来了解粤港澳大湾区。媒体的国际化话语体系的建设，要能够以西方人的口吻，以外国人的视角、外文的语言来讲述中国故事，讲述粤港澳大湾区的美好故事。

从内容上来说，很多东南亚国家已经比较初步了解粤港澳大湾区的经济建设成就，但是对更具体的情况，诸如粤港澳大湾区的经济开放度、市场化程度、营销环境，包括新型的政商关系、企业在这个市场当中的主体作用等，外界的了解是缺位的，甚至被不少西方媒体颠倒黑白，所以在讲述湾区美好故事的时候，需要对这些内容进行更加细致的报道，同时还可以把包括影视剧、短视频等更有文化感染力和影响力的产品对东南亚地区进行推广，使得东南亚国家，甚至其他地区的民众对粤港澳大湾区有更深的了解，增加对大湾区的亲近感。

同时，媒体作为文化机构，更应该发挥文化交流领军的作用，主动务实推进与东南亚国家主流媒体间的友好合作，为对外讲好"粤港澳大湾区"建设故事、带动更多国际优质资源参与到一流湾区建设搭建媒体桥梁。例如，邀请东南亚当地媒体记者前来粤港澳大湾区进行采访，帮助东南亚的媒体和公众对大湾区发展的了解与认识。

参考文献：

[1] 高徽，曾勇.西方媒体对中国国家形象的双面建构——以《经济学人》2019年涉华报道为例［J］.国际传播，2020（3）：56-68.

[2] 王文.对外打造软实力 中国投入仍太少［J］.对外传播，2020（7）：21-23.

"粤港澳大湾区媒体融合创新发展"调研报告

张　巍　罗频洋　黄　敏[①]

一、调研背景及目的

随着粤港澳大湾区的不断建设，粤港澳三地媒体在相关交流互动上不断提升。通过一个共同的平台，三地媒体可以互相补充其缺失的部分，无论在信息交流还是在技术融合上，都走进了快车道。

媒体的融合发展始终是我们一直所面临的难题，然而随着大湾区具体建设不断加速，媒体的融合也有了更多的发展方向，为三地各自的融合以及转型带来了更多的机会。香港、澳门的电视频道节目以及广播节目在广东沿海城市广泛传播，这样的媒体关系融合发展模式已逐渐展露，并通过良性的市场竞争以及区域间协同发展的模式，使大湾区媒体融合进程不断推进。

各类媒体从单一介质向多种媒介、多种渠道融合创新发展，在此基础上形成多元化的媒体平台，从体制、技术等因素不断深化融合发展的改革，寻找标准化融合的方式，构建当前大湾区媒体发展的核心竞争力。当前，大湾区的媒体融合发展是多种媒介的共同生存模式，媒体融合与其他合理竞争关系也带给了大湾区媒体一种新发展思路。媒体融合的目标是将用户的聚合度不断提升，追求标准化的平台以及相关聚合媒体内容的整合，不断加强其核心内容的建设，形成粤港澳大湾区媒体的核心内容，不断整合用户数目，提高媒体关注度。

在当前时代，大湾区传统媒体与新媒体相辅相成，媒体融合是信息时代高速发展的必然需求。随着中国媒体行业的不断发展，除了大众最为熟悉的传统媒体、网络媒

---

① 张巍．男，广东广播电视台电视新闻中心记者，《今日一线》主编；罗频洋，男，广东广播电视台电视新闻中心记者，《今日关注》主编；黄敏，男，南方财经全媒体集团记者。

体和移动媒体等之外，新媒体的出现使得当前大湾区的媒体格局不断发生改变，新媒体用户量不断增多，当前新媒体的发展速度已远超大湾区的传统媒体。

本文通过对 80 家粤港澳媒体以及 50 份人群调查问卷相关数据的分析，调研大湾区媒体融合创新发展的道路。

二、调研内容

（一）媒体融合历史

粤港澳大湾区本身由香港、澳门以及广东省 9 个城市组成，已成为中国开放程度最高的区域之一，而在地域文化发展之中，粤港澳三地的文化交流始终没有间断，随着交流频率的加快以及交流方式的增多，奠定了不同地区媒体融合关系构建、探寻协同发展道路的基础。

媒体融合的道路在世界范围内已经历了 40 年风雨，而在当前社会实践中，媒体融合已不像从前只追求信息融合，如今的媒体融合方式结合了时代科技，加入了很多崭新的理念；其目标也更加考虑包括平台化融合的开发建设、新闻传播模式的主导方向、群众化的接受范围。随着社群信息的崛起，信息内容传播也更加追求真情实感。

媒体间的融合发展，更多体现在媒介上的融合发展，因为媒介融合相当于是将不同地区的优质媒体技术手段进行融合创新，不断进行媒体信息文化传播手段的交流，加强各地区之间的技术拓展，使得媒体边界不断缩小，信息化交融的程度不断上升。

大湾区的媒体合作有着悠久的历史，自从 20 世纪 70 年代开始，广东的沿海居民就开始收看香港的电视节目，广东广播以及香港广播的在本地收听率已经到达了 3:7。而直到广东有线电视广播成立之后，广东省开始通过相关线路传播香港的节目，香港地区高质量、高水平的节目迅速吸引了广东地区的大量观众。因此，其市场的占有比率始终保持在一个较高的位置，而广东也随之成为当时全国唯一一个拥有香港电视频道公开落地的省份。粤港澳地区的媒体共同发展的早期模式，构成了与其他地区不同的合作理念，为媒体深度合作建立了坚实的基础。

粤港澳媒体融合发展的进程之中，强大的市场体制和发展形势起到了至关重要的作用。经济和市场都较为发达的港澳地区媒体参与广东省的竞争时，表现出了较强的市场化思维模式，这种良性的竞争模式给广东省媒体带来了积极的促进作用，这一点也体现在了广东省媒体的发展策略以及相关政策的制定当中。

（二）大湾区媒体发展概况

由数据图 1 可以看出，2014 年以来大湾区的媒体产业集聚程度稳定提升，相关媒体公司不断涌现。虽然其增速较为缓慢，且变化不是很大，但是随着经济发展，不断有新生代粤港澳地区的媒体公司出现，信息的多元化交融与世界的前流信息在大湾区不断汇集，对新主流媒体力量的吸引力也在增强。

图 1　媒体产业聚集情况

面对粤港澳大湾区当今的发展情况，调研到的媒体大都对大湾区发展高度重视。例如，深圳晚报提高站位，以独到的敏感性和准确性，专门开辟了一个大湾区栏目进行报道，突出关注大湾区的新闻动向。而在融合布局上，大湾区各家媒体构建了相关交流平台，第一时间对大湾区发展的具体情况进行详细探讨，保障新闻时效性。

在发展数字上，也可以准确表现出粤港澳大湾区媒体数量的新增态势。当前调研的 80 家媒体之中，传统媒体的数目仍占据了很大一部分。但是，通过新增的数目来看（见图 2），虽然新媒体占据数目较少，但新增的大多数为新媒体。这表明在当前的粤港澳大湾区的媒体发展之中，新媒体传播已经成为当前一种不可忽视的力量。

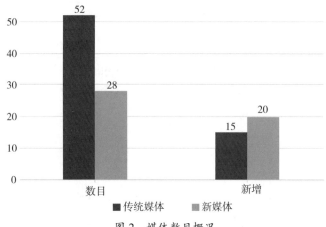

图 2　媒体数目概况

从分发的调查之中可以看出，随着当前人们生活节奏的不断加快，大多数人选择了利用手机等新型媒介方式快速接受媒体信息，而较少选择借用报纸等传统媒介。根据分发的 50 份调查（见图 3），可以发现手机的使用占据了绝大部分。可见随着流媒体时代的来临，人们更习惯用最简单快捷的方式去获得媒体信息，复杂且麻烦的获取方式逐渐淡出人们的视野。因此，传统媒体需要结合自身实际做出改革，需要与新媒体保证交流，并在不放弃自身优势的同时，保证对新媒体相关传播手段的实现。

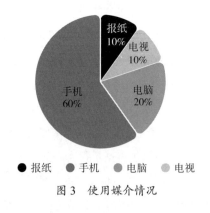

图 3　使用媒介情况

相关调研数据显示，当前传统媒体与互联网的具体融合形式也较为积极，例如，相关传统媒体纷纷推出了自己的网站平台，同时采用了多种方式的宣传方法，登录微视频平台等。香港媒体更多采用了境外社交软件，而澳门媒体则主要采用了多类型社交平台，具有更为复杂的特质。

（三）大湾区媒体发展环境

1. 发展环境概况

要进行有效的媒体融合，需要先对具体的媒体环境进行细节化的考察，尤其是了解相关主流媒体的运行状态。广东省内的南方报业集团、羊城晚报报业集团等官方媒体具有较大的影响力，然而港澳地区媒体更多是以公司私营为主，宣扬自由文化的新闻观念，在具体的新闻内容选择上更为开放。若从具体的媒体报业发展情况来看，则情况更为复杂。

依照相关评估体系来看，用户使用时间、公众关注度以及潜在参与者共同形成了当前媒体融合发展的内在竞争因素，媒体机构的管制以及不同媒体传播的具体情景成为媒体融合的外部原因，而具体价格以及媒体的技术应用又成为媒体融合的推动力。大湾区媒体间的具体合作，在上述用户使用时间、价格以及应用技术等指标上有着相似之处，但是在媒体机构的管理以及媒体内容的传播情景上产生了较大差异，这些因素都直接影响到了媒体融合的发展进程。

首先，粤港澳"一小时生活圈"的相互关联性给当前不同地域间的媒体合作提供了足够的前置条件。历史的发展进程之中，大湾区具有早期的地质基础，地区之间的交流从未中断，而从文化统一角度来考虑，粤语构成了当前大湾区的话语体系，在大湾区内语言、文化相交融，具有认同感和亲近感，这都促进了当前大湾区媒体文化融合。因此，无论是对外抑或是在内部通过媒体传播文化内容方面，大湾区内部都具备了强大的先天优势。

同时，粤港澳大湾区三地可以将各自的优势条件进一步发挥。大湾区本身就具有地理位置优势，又得益于"一国两制"，可在三个关税区以及三种流通货币的环境下建设；同时，大湾区内的组成部分各具专长，好比香港的金融，澳门的旅游，深圳的科技技术，东莞强大的制造业，广州的物流系统都具有世界性的显著优势。可见，大湾区具备了资金和人力的双重条件。所以，当前大湾区的发展之中，媒体信息的流动成为上述条件持续发挥其特长的稳定支撑力量，而大湾区媒体就成为其中的中坚力量。在媒体信息的内容方面，香港有全球资讯中心的优势，广东则是靠近于内地拥有较为广阔的资源，而澳门有着先进的服务理念，三地的不同优势也为大湾区媒体融合发展提供了便利条件。

大湾区媒体在媒体技术、管理模式、传播理念上都有了沟通的具体渠道，媒体产业的重构也将大湾区传统媒体推向了互联网平台。大湾区三地媒体在良性竞争、积极合作的背景下探讨媒体运营的新方法，不同媒体融合创新发展。大湾区三地的媒体用户也比较适应不同媒体间的转换。香港传统媒体仍然在社会中具有较大的影响力，比如，香港广播行业就不断积极发展自身内容价值，通过议政等方面的话题来吸引到社会中的年轻群体，据调查香港有 41.9% 以上的人群每天收听广播超过两小时。

当前，国内开展的媒体融合手段范围大多停留在同一个媒体机构的不同媒介间，但随着大湾区建设的提速，未来的融合方式更多的是不同媒介、不同行业、不同地区进行交流促进，将传统的资源分配方式打破，推动全新的发展力量，不断促进当前大湾区媒体产业发展。

2. 发展环境主要特点

目前，媒体发展的公信力与相关影响力匹配并不相等。尽管相关讯息可以从政府部门获得，确保了媒体内容的精确性；在线下软新闻的获取中，则是综合了自身发展的循环渠道，保证信息的权威性。但是，港澳地区相关权威性与具体影响力想要实际达成一致，就较为困难。例如，《东方日报》和《苹果日报》的权威性和影响力均为垫底位置，但《南华早报》等有较强公信力的媒体，销售量很少。

在香港媒体的具体约束中，新闻法规并没有很多额外的约束条例，大多数情况下可自由发布信息。因此在具体新闻媒体传播实践中，相关政府部门没有管控新闻的真实性，导致香港媒体更多自主管理媒体发展内容，甚至采取了一些反政治等的言论。在澳门相关地区则由于城市规模以及环境因素的原因，媒体各类信息内容更多地集中在本地讯息报道上。

在发放的 50 份调查问卷中可以显著发现（见图 4），在对于信息获取平台的使用上，香港更偏向于国外的相关软件，国内的社交软件则较少有人使用，普及率较低；然而微信等软件在澳门则具有很高的普及率和存在感，港澳两地的平台使用习惯存在明显的差异。因此，在现代化媒体媒介的选择上，粤港澳大湾区的媒体融合更应该根据当地的不同实际情况，选择较多应用的媒介融合创新，将自身的媒体内容传播途径进行不断扩增，不应仅满足于当前的一小部分内容。

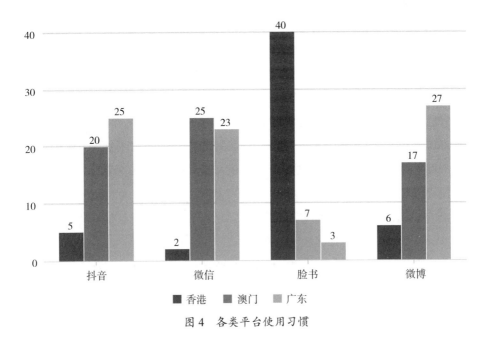

图 4　各类平台使用习惯

　　然而，当前各类媒体不断增加，网民的选择也越来越多。粤港澳大湾区的信息本就具有多来源、多角度的复杂性，因此，我们就更需要加紧各传统媒体进行新型媒体传播方式整合的进程。

（四）传播空间与传播格局

1. 当前传播范围

　　当前内地媒体在大湾区的传播数量很少，哪怕在港澳地区有了落地的成果，但是能够真正达到传播有效讯息的内容依然有限，其影响力微乎其微。其中最主要的原因是国内媒体在港澳地区并没有真正意义上的立足，仅仅只是开设一些分支机构等，因此这些媒体并没有被重视。在这种背景下，中央广播电视总台粤港澳大湾区之声正式进行开播。作为首个专门面向粤港澳大湾区播出的国家级广播频道，不仅加大了内地媒体规格，也能一定程度提升内地媒体在港澳地区的传播地位。只有进一步加大资源投入，丰富建设相关媒体传播渠道，才能在传播空间和格局上有更为彻底的融合改变。

2. 媒体机遇及挑战

对大湾区的媒体而言，大湾区的相关新闻一直是一块没有经过仔细开发的"富饶土地"，而当前，在这块"土地"上有着广阔的新闻空间，媒体可以通过自由发挥，通过不同角度和内容进行相关报道；媒体可以通过打破传统思维，进行重新布局，同时通过挖掘广阔内容富矿，不断加快大湾区媒体的融合创新进程。2019 年 5 月 19 日，首届粤港澳大湾区的媒体峰会之后，三个地区的媒体合作正在不断加强，从竞争走向合作。目前，传播好大湾的媒体声音是当前大湾区媒体的头等大事，更是媒体的担当与使命。

但大湾区合作也具一定的风险要素，需要考虑粤港澳大湾区媒体本身所处的敏感环境。因为其地理位置的特殊性和信息传播的自由性，关于政治内容的把握则是媒体传播信息的重要内容，需在进行内容传播时严格把关，切忌为了独家首发等目的而发送不符合政治原则的相关内容；同时，也需要保证媒体内容的公正性，不含有主观意愿偏袒任何一方，同时在相关快捷分享信息的平台中，更需要提升媒体发布内容的审查力度，保证媒体的公信力以及相关影响力。

港澳地区本身就拥有成熟的经济体制和市场环境，在这些因素影响下，相关媒体需要更高要求的限制，媒体传播内容更讲究专业性。而在这个方面，粤港澳大湾区的媒体就可以进行合作探究，不仅将报道内容多层次呈现，也要不断增强新闻采编队伍的专业性。在信息报道的时候，这种媒体融合后所呈现出的新闻采集内容会具有更高的专业性。

在报道的形式上，粤港澳大湾区的媒体也有很大的上升空间。不同媒体采取了不同的报道方式，对传统媒体而言，往往呈现的就是相关内容的文字叙述；而对一些新媒体而言，更多的是以相关图片、视频进行呈现。媒体融合发展可以进行优势互补，将详细报道的场面进行内容性结合，例如，港珠澳大桥正式通车的时候利用各方的优势进行报道，则可以将令人震撼的场景进行最完美的呈现。

3. 传统媒体人力资源优势

传统媒体需要利用已有的人力资源优势进行资源整合。当前是流量视频风口的时代，各类媒体相关人员都将工作转向了社交平台，强大的人力资源始终是传统媒体的具体优势。对于媒体融合的发展推进，传统媒体首先需要结合其资源优势，在大湾区本地新闻上再深挖，不断贴近日常生活，结合当前的信息化平台技术进行报道。要想把受众吸引到媒体平台来，抓住生活化的媒体讯息始终是不可缺少的部分。

在人力资源的调配上，传统媒体始终具有巨大的优势，因为其大多数都有深厚的发展底蕴，在人员调配上都能够最大限度保证媒体报道的需要。而对新媒体而言则可能没有充足的人力资源可供调配，在员工数目比率上，明显是传统媒体具有更多的数额。因此，在采集数据以及相关技术支持上，传统媒体始终具有较快的反应以及处理速度，在进行媒体融合阶段时，我们更需要充分结合大湾区媒体融合内容，把握传统媒体所具有的人力资源优势，深化其创新发展趋势。

（五）传播方式以及形式的发展变化

1. 形式变化范围

在当前的信息时代之中，媒体传播方式已发生巨大变化，而对大湾区的媒体融合而言，媒体内容传播可以说是将任务分散到了每一个人的手里，新闻传播具有了更大的可能性，而在这个传播过程之中，具体的传播模式打破了传统的限制，媒体内容的传播边界不再固定，相关报道可以进行更为直观的内容展示。因此，我们就更需要保证信息的传递内容进行深层次加工，提升内容报道的价值内涵。

2. 人工智能及短视频推动粤港澳大湾区媒体融合

当前粤港澳大湾区的媒体融合在不断进行新变革，而短视频的内容时长受限，需要在很短的时间内精准地传播内容，这也成为当前互联网时代媒体内容传播的主要形式。相较于图文以及传统的媒体传播形式，短视频传播形式具有很大的优势，根据2019年第44次《中国互联网络发展状况统计报告》可以看出，2019年我国的网络视频用户已经迅速增长到了8.45亿，短视频用户有6.48亿，由此可见，短视频是当前媒介传播的强劲风口。

在过去的几年时间里，传统媒体通过基本的图文形式转型，但效果并不显著，很快就停滞不前，没有办法将媒体内容继续传播扩散。然而媒体的传播覆盖的特点可以通过短视频传播焕发新活力。因为短视频门槛较低，没有多方面专业条件的限制，同时具有快速传播和精准推送的特点，可以在最短的时间内满足大部人对于信息的获取以及娱乐爱好的追求，这种大众化的媒体传播方式更有利于推动媒体的覆盖范围最大化。

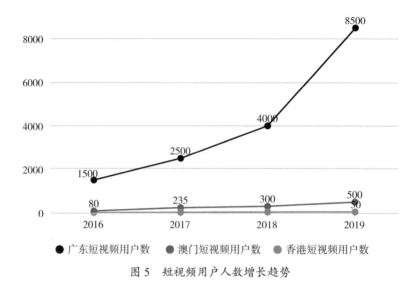

图 5　短视频用户人数增长趋势

　　据有关数据显示（见图 5），大湾区短视频用户基数正在不断上升，而当前媒体更需要的是抓住大湾区市场主体的基础，不断精炼相关内容的提炼，在传统媒体的融合发展上，更需要加强其数据量庞大的分享特点，不断发挥数据优势，在融合发展的模式上综合发展底层优势，将短视频平台作为发展的新阵地，在内容创作上不断寻求新的合作。同时，短视频的媒体商业价值也十分显著，其市场规模不断扩大。媒体融合要想走向成功，基础便是经济上的提速发展。短视频具有强大而丰富的变现能力，能够给传统媒体带来更多的发展机遇，通过不断结合自身优势，在竞争之中不断突围新的方向。

　　人工智能对于大湾区媒体行业的转变集中表现在了三个方面。首先是机器人智能写作的模式，人工智能的智能化数据分析带来了全新的转变趋势和发展方向，尤其是相对应的 VR 以及 AR 技术，使得新闻传播有了向智能化转变的趋势。当前最凸显的融合方式就是机器人替代写作。人工智能紧密结合的相关应用，在最大限度上提高了媒体传输的效率以及相关热点的传输，对媒体融合发展具有深远的影响。

　　机器人的写作方式可以快速完成新闻报道撰写。它通过人工智能自身的灵活性以及算法的相关调整，通过不断学习当前新闻的结构和构成方式，将内容最大限度地提升到较高的可阅读性，同时将新发掘的热点新闻快速形成完整的高质量报道，并根据机器人自身的学习特性，在新闻报道过程之中又可以最大限度保证新闻内容不会失真。

　　在媒体内容传播上，人工智能可以加大新闻内容的可视化程度，将新闻中出现的相关具体数据进行抓取，通过可视化分析方式，让新闻报道内容具有强烈的观感效果。机器学习的相关方法应用，可以替代传统数据收集方式，大大提高数据获取的真实性以及可靠性。在机器学习的算法基础之上，媒体信息传播的智能化推送也成为其中的重要内容。媒体讯息通过受众的点击偏好等分析来推送用户想要看到的媒体内容，这成为当今内容发展的一种常态。在未来技术的不断发展之中，信息可视化已成为媒体发展的具体化方向。

AI主播也成为当前媒体融合发展的一种新技术。当前新闻节目具有较高的主持难度，AI主播在新闻播报信息的精准性上体现出了强大的优势。在强大的工作量下，AI能够不惧疲劳，实现更高的工作效率，也能够在一定程度上减少成本需求。但是，当前AI主播仍然存在一些机器化的缺点。虽然在准确性上具有很大的优势，但是在具体化情感输出上较为冷漠，很难触动观众的内心，同时也不能够根据当前新闻的播报现状进行内容上的及时转变，较为死板的播报模式还需要进一步提升。AI技术与媒体发展结合是当前媒体融合发展的必然趋势，可以让AI技术研究更偏向于媒体技术融合，保证大湾区媒体融合建设始终走在前列，同时要进行新的尝试与探索完善其技术模式，推动媒体融合创新发展走出新路径。

3. 大数据推动媒体融合发展

当今世界已进入大数据时代，人们通过多种方式获得相应的数据内容，传统媒体的原有传播形式受到了巨大冲击，需要充分与新媒体进行融合。传统媒体与新媒体通过大数据进行深度融合，更有利于粤港澳大湾区的媒体融合发展。一方面，这样的深度融合提高了传统媒体的信息获取效率及速度；另一方面也使得新媒体的公信力大大提高，推动两者共同稳定发展，将各自的价值通过大数据融合的方式最大化展现，这种有机融合发展还将为多元化的媒体发展态势提供强大的基础支持，推动媒体行业健康持久发展。

当前媒体工作与人们的日常生活结合越来越紧密，影响广度也越来越大，人们可以快速在移动端获取自身需求的信息，这逐步取代了传统的信息发送方式。政府有关部门也同样可以利用新媒体平台进行政务信息发布，新媒体大大增强了新闻的时效性。

传统媒体的局限性在于其覆盖人群相对固定，而新媒体则能够最大限度地满足不同人群的需求，拥有互联性和即时性的优点。例如，微博就成为一个具有极大用户基础的平台（见图6），其功能含有很高的自由度，可以在短时间内实现媒体内容的大量扩散，能扩大传播路径、提升媒体的影响力。大湾区传统媒体与新媒体的融合也便于进行更大范围的媒体内容传播。

单位：万人

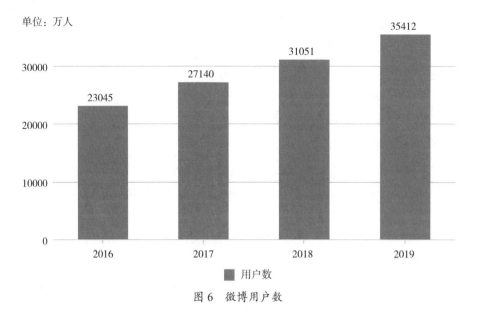

图 6　微博用户数

4. 5G 在媒体上的应用

5G 网络技术对于大湾区媒体融合具有崭新化的发展意义。随着不同媒体的持久发展，5G 技术将促进其融合发展，促进媒体边界的消融。而在大湾区巨量信息融入媒介当中时，粤港澳媒体更是采用了当前先进的 AR 以及 VR 技术进行相关媒体内容播报，低延时成为其很大的亮点。将虚拟化场景最大限度上与媒体内容业务进行结合，也是粤港澳大湾区媒体融合的一种创新。可以预见的是，5G 网络的应用将在各种媒体应用场景中不断涌现，媒体融合的创新战略在 5G 时代的背景下发展也将更加迅速。

5. 当前粤港澳大湾区媒体融合实例

大湾区内部媒体的合作探索构建了媒体讯息交流的开放平台，推动建设了"粤港澳大湾区广电联盟"，推动了 4K 超高清视频的落地，打造了粤港澳三地的产业新生态，搭建了内容共享的开发平台，冲破媒体间的堡垒，将不同地区的优质信息快速流转于不同地区。

借由先进技术推动大湾区媒体融合也是其中一个重要的发展实例。例如，科大讯飞（智能语言软件）在媒体工作中的应用使得媒体工作效率不断提升，能够让媒体工作者更加注重形式与内容上的传播。而广东综艺频道更是作为全国首个省级 4K 超高清频道，为大湾区三地媒体的内容创新创作提供了基础性服务。未来三地媒体可以不断探索新技术，通过技术推动媒体进一步融合创新发展。

数字媒体产业已经成为当前粤港澳大湾区发展的重要引擎，当前大湾区传统的媒体形式已转向数字化，基于当前信息技术发展的大湾区数字媒体产业正在成为一个强大的主体。

当前传统媒体开始进行新思想转变融合，惠州报业传媒集团通过多年来的探索以及相关实践，取得了自己预期化的具体效果，在各类收益上都有了显著的提升。惠州报业与30多家党政机关签订了相关服务业务，面向粤港澳大湾区致力于当前的创新化媒体内容传播，提升大湾区的国际影响效力。当前，惠州报业传媒集团更是积极建设自身的基础建设，在全国报纸收入处于下滑阶段的背景下，惠州报业的报纸收入则上涨了将近50%，创新发展始终都是惠州报业传媒集团所坚持的理念。

又以南方报业为例，2019年《南方日报》日均发行量超过了80万份，目前居于全国各城市党报之首。当前整个集团开始推进移动媒体方式改革，客户端下载量突破了5400万，已经成为广东第一权威发布媒体信息的平台。

三、调研结论

（一）大湾区传统媒体与新媒体融合发展的必要性

新媒体的发展依托于当代信息技术的不断提高，通过各类电子设备进行媒体信息的传播，在时间以及空间上具有更大的自由度，因此新媒体涵盖了大量的可获取媒体信息，同时新媒体在信息交流上具有很大的即时性，传统媒体的媒介选择也有了更大空间，其形态也因为大量的新技术出现而多样化发展。

大湾区传统媒体与新媒体的融合创新发展是在大湾区发展进程之上的必然趋势，两者在长期的时间之内有着良性的竞争模式，同时在时代发展之中，发展新媒体也并不需要摒弃掉传统媒体，两者需要在发展之中相互融合，让两者的优势不断得到扩大。而当前大湾区的传统媒体受到新媒体的冲击，导致其流量迅速下降，人才也在不断流失，因此粤港澳大湾区也在调整自身的发展策略，对传统媒体要求能够在自身内容上不断进行改变，但其主导地位不能下降，舆论的主体仍应该由传统媒体承担，但在发展的历史进程中，传统媒体需要考虑的是怎样将流量向自身进行转化，将自身的公信力以及精确的信息传递内容与新媒体的即时性进行融合，实现当前大湾区媒体产业发展方向的新变化。

传统媒体要应用当前新媒体中不断发展的新技术来促进大湾区媒体的融合发展，同时根据其具体技术进行自身媒体传播方式和内容上的创新，构建一个新的媒体内容传播平台，依靠其强大的资源基础并结合当前大湾区新媒体的相关特点，实现不同渠道的多角度信息传播，提高其信息传播的精准性及权威性。

（二）粤港澳大湾区媒体合作机制

粤港澳的媒体发展都处于起步阶段，因此形成了一批具有强大影响力的媒体机构，但三地所具有的复杂信息内容又使得当前的信息流动并没有那么流畅。因此，为了推动当前粤港澳大湾区的媒体建设增速，我们需要开展三地媒体的深度融合与创新合作。

信息化技术的迅速更新带来了一系列的机遇和挑战，媒体行业融合创新建设有很多新方向、新思路的启发。粤港澳大湾区当前的媒体建设需要将原有媒体框架突破改造，转变区域格局，以当前大湾区文化为基础，市场需求为主要目标，实现媒体融合发展创新的全面协同。

首先应该打造一条完整的全媒体产业链。面对当前大湾区媒体媒介的融合发展，需要协同的就是海量的新闻数据，将生产资料内容与相关素材进行区域内媒体的分享。粤港澳三地媒体同时兼顾影像、文字等多内容产品，同时需要有统一化的新闻交流中心平台，提供不同内容，这样有利于降低总体成本，不断提升媒体传播效率。在不同的媒体媒介之间横向融合，可以围绕当前粤港澳大湾区的建设议题进行内容传播，协同创建新的平台。

另外，我们也需要更大化引入市场化机制以及竞争模式，以促进媒体间的融合创新。在融合过程之中，相关媒体内容在不同平台、媒体媒介之间进行相互交换，也可以跨不同范围进行媒体合作，实现不同媒体之间的支持。例如，对不同媒体机构的媒体内容，可以实现广告播放的统一化营销运营，提高经营效益。

在技术创新层面，我们始终都要认识到当前人工智能、大数据等时代产物时刻影响并且改变着当前媒体信息传播的速度和具体途径，也有效推动了当前媒体融合发展创新的进程。大湾区媒体虽然信息内容较为先进，拥有全面化的讯息覆盖面，但仍然受到传统媒体的思维限制，受制于旧时代的生产原理，并没有投入足够的科技手段。同时，我们应该不断鼓励三地媒体间持续进行技术层面的交流，将媒体技术创新更多地运用到媒体融合发展当中。

媒体融合目前已成为大湾区媒体发展的主要方向。它凭借当前社会的先进技术作为强有力的支持基础，通过相关内容建设与不同媒体要素的全面整合，推动当前传统媒体的影响力、公信力的提升。通过具体化的融合途径，将三种不同地区的媒体深度内容生产融合以及创新体制协同发展。

目前三地媒体对于粤港澳大湾区新闻的重视程度不断提升，报道内容正在持续升温，而9+2城市媒体之间的合作也在不断进行。当前，粤港澳大湾区的媒体融合发展已有了很多崭新化的成果，例如，广东省文化厅等三方合作建立的"粤港澳文化资讯网"为代表的区域文化传播性网站，以及相关移动App和公众号服务等，粤港澳媒体在内容的深度挖掘上加强相关合作，将当前大湾区建设的典型经验与做法不断进行总结，多层次、多角度、多方面地展现当前大湾区建设的实践经验，不断拓展当前媒体产业的生存空间。在这个具体过程之中，不断推动当前大湾区问题解决的具体措施。

粤港澳大湾区本身就受限制于当前区域的复杂融合，因此，当前媒体融合发展的道路就更需要打破不同地区之间的空间、时间限制，不断保障信息流动的快速性，以粤港澳大湾区作为一个整体研究对象，共同查找媒体传播的方向与力度。同时向深层次挖掘当前文化价值，不断强化文化认同，在文化具体建设的层面之中，让三个地区的优势互补，形成不同区域跨媒介发展的崭新格局，缩短媒体结构边界，打破固有思维。

（三）媒体融合创新机制

近年来，随着媒体融合发展的速度不断提升，当前构建全媒体传播形式已经成为历史驱动的必然趋势，而大湾区媒体如何更好地融合发展，则需要在内容、技术上都进行创新发展，推动媒体的深度融合。

媒体的主要发展方向还是以媒体内容为主。大湾区媒体融合更要强调内容创新，强调守住内容基本框架上的再创新，提高媒体的传播影响力。要做到这一点，就要保证媒体传播内容的原创性。当前大湾区信息来源广泛，媒体拥有足够优势去创建属于自己的原创性话题，这也是媒体融合发展的关键步骤。内容生产要保证紧跟时代潮流，同时内容生产方向要紧跟当前时政相关话题，推出当前大湾区民众更为关切的媒体内容，采取人们愿意读取的媒体内容形式，逐渐扩大媒体影响力。

当前，媒体融合创新发展存在着相当大的产能过剩问题，不能够有效利用媒体所积累的受众基础。在融合发展过程当中，媒体往往对某一个热点内容大范围重复报道，媒体内容上不能够满足不同人群对不同内容的具体需求，在内容深度上也没有进行更深的挖掘，导致没有传播足够优质的信息。因此，在创新融合发展上，媒体需要最大化地结合新型传播形式。通过当前信息化时代的管理模式采集相关数据，根据年龄和内容偏好将受众进行具体分类，不断扩展传统媒体融合的深度和广度，最大程度给粤港澳大湾区的受众带来更优的媒体信息接收体验，同时提高信息推送的精准性。

要最大程度利用好当前媒体的资本优势内容，在传统媒体不断发展的进程之中加强资本的投入，建设强大的媒体信息传播平台，通过相关社交平台的内容分享，增加人们对媒体融合的关注度。大力建设新时代的媒体融合体系，加强当前媒体融合的时代价值，提升部分高公信力媒体平台的竞争力，淘汰不符合规定的媒介，推动媒体融合创新的良性循环。

在媒体创新融合发展进程之中，不同种类平台能够将新媒体所具有的优势特点进行转化利用，也要坚持始终将官方媒体的创新发布放在首位，将传统媒体信息平台与抖音等新媒体平台相结合，提高大湾区当前新闻信息的传播速度。

大湾区媒体融合创新发展的基础是媒体技术，建设好自己的媒体传播平台，在数据探索获取上加强成本和技术投入，从不同角度不同渠道进行数据积累和分析，加强自身媒体数据的积累，开设不同板块内容，重新定位媒体内容，实现定制化内容推送。

（四）媒体融合本质及问题

1. 媒体融合的本质

媒体融合是时代进步的标志，大湾区正在进行的媒体融合并不是简单相加，而是将媒体的传播机制进行融合，而这也是媒体融合的核心部分。当前人类的发展已经从现实转向线上网络主导的新时代，我们不能仅仅还限制在老旧思维当中，需要一定的思维创新。

当前媒体融合布局还有很大改善的空间。媒体在信息传播的视角上要移到线上，要对准大湾区的庞大网络用户，不要将媒体信息的传播局限在线下受众。而在媒体融合的过程之中又受到很多技术方面的限制，这更是对粤港澳大湾区的技术建设提出了新的挑战，需要我们不断发展媒体技术，用以支撑当前的媒体融合创新发展。

2. 给大湾区传统媒体带来影响

当前信息技术快速发展，传统电视以及广播的方式已经难以满足当前社会的具体需求，在年轻群体中需求下降，转而代之的是智能手机为代表的移动端；而在年龄较大的人群中，电视仍然是当前娱乐重要的工具之一，每个家庭都会有电视机这个大件，但是在当前电视机的使用率已大幅降低，可以看出当前电视的具体影响力已经不能和以前相比。传统媒体内容传播形式枯燥单一、播放形式较为固定、用户没有办法通过自身的喜好进行调整等劣势比较凸显。

新媒体仅需要一部智能手机等移动设备就可以实现具体内容观看，人们也更习惯于使用这种方式来获得信息内容。传统媒体由于相关传输资源的限制，失去了最为直观的互动性，导致当前传统媒体的用户数在不断流失，而年龄较大的人群也会因为无法使用更高科技的遥控器等原因，无法适应当下的传统媒体。

大湾区传统媒体在一定量的衰退之后，亟须抓住时代的转折点来对自身进行不断优化，以便适应当前时代的发展内容。优化范围不仅仅包括营利方式和传播方式的改变，还要不断放大自身的优势进行内容上的深刻挖掘。媒体要往能够获得更多深化的新闻内容、能够提供权威的媒体报道内容、结合相关线下品牌的推广等方向努力，进行传统媒体收益上的扩大增收。

四、总结

粤港澳大湾区的媒体发展具有前所未有的机遇和挑战，信息来源广泛能使媒体获得海量的数据内容，但也面临着互联网时代转型发展的难题。当前大湾区信息正在不断深度融合，当前大湾区的媒体人能够运用到丰富的媒体资源进行新闻产出，媒体内容的深挖探索要始终成为媒体融合创新发展的研究方向。在此基础上，传统媒体面临着转型变革，当前新媒体又需要在时代的风口上，把握机遇，发展壮大。大湾区媒体融合创新发展需要粤港澳三地媒体共同担当、紧密合作，保持媒体融合的经验交流，同时建立一种系统化合作机制，保证媒体内容能够快速传播，凝聚媒体力量，不断创新当前产品形态。

媒体在当前时代传播讯息、推动社会发展，对大湾区建设具有举足轻重的作用。因此，我们应该进一步加强全媒体合作交流，围绕粤港澳大湾区媒体融合发展议题进行更多的探讨，找出粤港澳大湾区媒体融合创新的具体措施，共同探索当前媒体融合发展的路径方向，为推动大湾区建设位于世界先进地位做出应有的贡献。

参考文献：

［1］唐铮.粤港澳大湾区媒体融合的逻辑与进路［J］.学术研究，2019（10）：71-75.

［2］揭志刚.助力粤港澳大湾区发展，媒体面临的机遇与挑战浅析［J］.新闻传播，2019（14）：151-153.

［3］陈星.推动大湾区广电协同发展，助力共建人文湾区［J］.广电时评，2019（11）：

58-60.

[4] 杜鹏.粤港澳大湾区城市政务新媒体旅游信息传播效率研究［J］.特区经济，
  2019（10）：28-32.

[5] 张志安，林仲轩，赖凯声.从大数据看粤港澳大湾区的信息传播与网民画像［J］.
  科技与金融，2018（6）：16-19.

[6] 胡树涛.湾区文化共融与区域媒体崛起——广东卫视《学而思大师课》的积极意
  义［J］.2022（8）：22-23.

[7] 于泽，何万明.媒体智库助推粤港澳大湾区建设［J］.中国报业，2019（19）：
  70-71.

[8] 刘波.珠江频道:打造粤港澳大湾区核心主流媒体［J］.中国广播影视,2019（1）：
  74-75.

[9] 孟建，赵元珂.媒介融合：粘聚并造就新型的媒介化社会［J］.国际新闻界，
  2006（7）：24-27.

[10] 蔡雯.媒介融合前景下的新闻传播变革——试论"融合新闻"及其挑战［J］.国
  际新闻界，2006（5）：31-35.

[11] 许颖.互动·整合·大融合——媒体融合的三个层次［J］.国际新闻界,2006(7)：
  32-36.

[12] 谭天.从渠道争夺到终端制胜,从受众场景到用户场景——传统媒体融合转型
  的关键［J］.新闻记者，2015（4）：15-20.

[13] 刘奇葆.刘奇葆:加快推动传统媒体和新兴媒体融合发展［J］.党课,2014(10):6.

广东广播电视台对港澳宣传报道的调查报告

陈乾章　陈　瑜　王秀娟①

一、广东广播电视台对港澳宣传报道的基本情况

（一）调研背景与意义

突袭而至的新冠疫情拉开了 2020 年"百年不遇之大变局"的序幕，国际形势正在发生深刻变化，全球化发展形势遭挫，世界经济下行拉力加大，中美贸易纷争不断，反华势力持续全球发力，香港街头暴力频现、社会生态遭受严重破坏。但是，机遇也在危机中隐伏初现，在新冠疫情的大考中，"中国制度"的优势、完整工业体系的抗疫能力获得世界认可，国家也在努力实施"大国担当"，在全球抗疫行动中起到积极的作用。国家对外宣传在世界交流中将承担着更大的责任。

自香港和澳门地区相继回归祖国之后，如何更好地发挥媒体对港澳宣传的优势，正确、及时、有针对性地做好对港澳民众的宣传，是广东各级媒体的重要任务。做好对港澳民众的宣传是中央政府新时期爱国统一战线工作的重要组成部分。其核心是以"一国两制"方针为指导，高举爱国主义旗帜，壮大爱国、爱港、爱澳力量，宣传和贯彻落实两个基本法，支持特区政府依法施政，为维护港澳地区的长期繁荣、稳定和发展服务，为促进祖国的改革开放和现代化建设服务。②

2020 年是《粤港澳大湾区发展规划纲要》颁布实施的第二年，省委、省政府做出

---

① 陈乾章，男，广东广播电视台，惠州（汕尾）记者站站长；陈瑜，女，广东广播电视台国际频道记者，纪录片导演；王秀娟，女，广东广播电视台融媒中心记者。

② 陈东明.文化认同的渗透、亲和与凝聚——谈如何加强对港澳广播的贴近性和针对性［J］.中国广播，2007（7）：3.

统一部署，要求持续加强对粤港澳大湾区的舆论宣传引导，进一步强化内地主流媒体在港澳地区的传播力和影响力。在粤港澳大湾区发展建设中，广东广播电视台既是舆论导向的主号角，也是媒体生态建设的参与者。

由于覆盖地区的特殊地域环境和文化背景，各级媒体要抢占宣传舆论的高地并非易事，特别是因香港特区政府拟修订《逃犯条例》而发生的多起游行示威和暴力事件，引起了中外广泛关注。经调研小组调研，除了事件背后的"西方势力"插手培训组织等工作，反对派控制的香港媒体和外国媒体也在其中扮演了极不光彩的角色。他们不断宣扬仇警、反政府、反基本法、反"一国两制"、反中反共思想，煽动香港年轻人越发激进，终于走上暴力违法的道路。

2020年6月30日，《中华人民共和国香港特别行政区维护国家安全法》（简称《香港国安法》）正式刊宪生效。这部法律既坚守"一国"原则，也充分尊重了"两制"。对海内外"港独"组织、外部势力都有针对性的打击。《香港国安法》的实施是香港回归以来的重大节点，起到了拨乱反正的作用。为应对香港社会舆论环境的日益复杂，中央和各级媒体积极应对，增加派驻驻港、驻澳新闻报道力量，加强对港的宣传报道工作，抢占舆论高地，掌握话语权，为建设粤港澳大湾区提供一个健康的舆论生态。

本次调研拟对中央、广东省和临近港澳地市的主要对港澳宣传电视和广播节目进行摸底调研，了解目前对港澳宣传报道的现状和存在的问题，为提高对港澳传播效果，营造良好的舆论氛围提供现实参考。

（二）调研对象与方法

对港澳宣传报道需要一定的人力物力和财力作为保障，主要由中央、省级媒体和临近的地市媒体来完成，本调研小组就选取广东广播电视台的节目来作为样本进行分析。

广东广播电视台国际频道（简称：广东国际频道）于2011年1月18日试播，是广东广播电视台通过卫星传送面向全球播出的全新电视频道，其中就包括了港澳地区。而珠江频道（境外版）是专为面向港澳地区宣传而特别编排版面的粤语电视综合频道，全天24小时播出，覆盖香港240万户电视用户。频道以新鲜的新闻资讯、热辣的点评为特色，在香港电视观众里获得了较高的认知度和满意度。2018年2月，广东国际频道进入澳门，澳门观众可以收看到广东国际频道的节目，丰富了当地百姓的业余生活。南方卫视（上星版）是国内唯一一个覆盖全球的粤语卫星频道，2004年7

月上星播出。2004 年起，南方卫视（上星版）入网香港宽频播出，2005 年同步通过香港电讯盈科 NOW TV 543 频道播出，覆盖香港约 145 万用户。南方卫士（上星版）通过各共用天线公司和澳门有线电视落地播出，覆盖澳门地区。

本次调研的方法，主要采取样本分析和深度访谈相结合，简要说明如下。

样本分析方面，分析"广东国际频道""珠江频道（境外版）""南方卫视（上星版）"涉港澳节目编排、传播效果等。

深度访谈方面，与"广东国际频道""珠江频道（境外版）""南方卫视（上星版）"的相关负责人员进行沟通，了解频道在人员配置、新媒体布局等方面的情况。

（三）调研的分析框架

基于外宣报道的基本架构以及港澳地区的特殊情况，本次调研主要围绕以下 4 个指标进行综合考察和评估。

1. 舆论引导力

这是对港澳地区宣传的核心，港澳问题，本质上是统一问题，关乎国家稳定发展的政治大局。广东广播电视台的"广东国际频道""珠江频道（境外版）"和"南方卫视（上星版）"都承担着及时有效地宣传解读中央政府方针政策，服务国家统一大局，引导港澳受众凝聚对国家的心理归属感、荣誉感的任务。特别是就香港的局势而言，对港宣传还承担着止暴治乱、维护香港和平稳定的任务。

2. 传播影响力

该项指标主要是从尊重新闻传播的规律出发，具体可以从节目编排、服务受众，以及传播能力等几个维度进行传播效力的评估。

3. 融媒创造力

根据香港政府网站的统计数据显示，香港总人口约 744 万，网民总数为 597 万，18 岁以上网民为 534 万，其中直接登记的选民为 381.4 万。可以说，香港 18 岁以上网民与登记选民高度重叠。因此，新媒体平台应成为我们对港宣传工作的主阵地。我们的对港澳报道是否能善用香港人喜闻乐见的新媒体形式，直接决定了在香港青年中的传播效果。

4. 市场竞争力

港澳地区市场开放、媒体众多、市场竞争日趋激烈，受众选择的范围更加广泛，且港澳本地多为商业性媒体，因此我们在港澳市场的占有率直接决定了传播影响力。（见图 1）

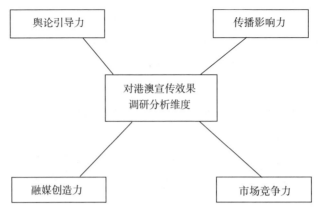

图 1　对港澳宣传效果调研分析维度图

二、广东广播电视台对港澳宣传报道的特色

（一）舆论引导力：弘扬爱国主旋律 传播主流价值观

广东台珠江频道（境外版）主要依托现有的珠江频道的节目为主，特别为境外制作《英语新闻》，在节目的内容上以广东的新闻为主要内容。作为时政性比较强的《广东新闻联播》栏目则承担了主要的舆论引导的作用。在《香港国安法》立法的进程中，《广东新闻联播》栏目每天都有一到两条关于《香港国安法》的新闻或者评论，报道量比较大，同时这些新闻在《英语新闻》中还将以英语来播出，宣传面更广。从表1可以看出，该栏目还特地开设了"珠江时评"和"港澳青年创业在湾区"两个小栏目，从不同的层面进行报道，全方位多层次深刻阐释了涉港国安立法的重大意义，指明实施《香港国安法》是民心所向，万众期待，将给香港发展带来信心与机遇，为香港再出发保驾护航。同时，还对乱港分子和部分西方政客的丑恶行径进行鞭挞，表达了中国政府坚定不移维护国家安全的意志和决心。

表1 《广东新闻联播》关于香港国安立法的报道专题

日期	栏目标题
2020.6.21	香港维护国家安全法守护特区扬帆远航 香港各界支持涉港国家安全立法 【珠江时评】国安立法为香港长期繁荣稳定提供根本保障
2020.6.22	国安立法是确保"一国两制"行稳致远的定海神针 香港各界欢迎并全力支持香港维护国家安全立法
2020.6.23	"港区国安法"将有效保障香港长治久安 早日实施"港区国安法"是民心所向
2020.6.24	"港区国安法"护佑香港重建秩序重启信心
2020.6.25	香港各界：维护国安立法 让香港繁荣发展行稳致远
2020.6.26	香港维护国安法为"一国两制"行稳致远提供强大支撑 【港澳青年创业在湾区】香港青年广州创业：在大湾区追逐足球训练梦想
2020.6.27	香港各界：维护国安立法确保香港长治久安和长期繁荣稳定 【港澳青年创业在湾区】香港青年张淑玲：在广州创业很幸福
2020.6.28	香港各界："港区国安法"为香港长远发展保驾护航 【港澳青年创业在湾区】香港青年扎根广州 追逐电影梦
2020.6.29	香港各界人士支持涉港国安立法 【港澳青年创业在湾区】香港青年王赋源：把港式"迷你仓"推广到大湾区
2020.6.30	"港区国安法"为香港发展带来新机遇 【港澳青年创业在湾区】港澳青年之家：让港澳"后浪"们乘风破浪
2020.7.1	香港各界组织丰富多彩活动 喜迎香港回归23周年 港澳青年：欢庆香港回归祖国 亲身融入湾区发展 【珠江时评】国家安全有保障 香港发展更美好
2020.7.2	香港各界人士：香港背靠国家 无惧美国制裁
2020.7.3	香港爱国爱港团体：香港国安法是"及时雨"带给香港新生机

在相继推出珠江频道境外版、香港版、打造马来西亚家娱频道、香港点心卫视后，广东广播电视台继续"走出去"的步伐。广东广播电视台精心准备，倾力打造，于2011年1月18日在广东广播电视台国际频道隆重启播。作为广东省文化强省十大重点工程项目之一的广东广播电视台国际频道，将肩负重托，成为立足广东、面向全国、放眼世界的大平台，充分发挥电视媒体的话语权，向外传播本土文化和中国人最新的价值观，架构中西文明沟通理解的桥梁，为广东乃至中国的发展创造良好的国际舆论氛围。

南方卫视（上星版）通过卫星通道覆盖广西壮族自治区全境、海南省全省、贵州省南部、湖南省南部、香港、澳门，甚至覆盖新加坡、澳大利亚、美国、加拿大等国家和地区。该频道是一个以粤语播送为主的卫星电视频道，是中国大陆获国家广电总局批准上星的地方语言电视频道。

（二）传播影响力：节目编排多样化 多方言播报满足受众需求

广东与港澳地区同属于粤语文化，珠江频道（境外版）又主要是以粤语和英语进行播出，港澳地区受众的接受程度高，播出的内容主要为广东地区的新闻、风土人情、美食节目以及综艺，在节目内容上与港澳地区息息相关，是广东面向港澳乃至海外的一个重要外宣堡垒、主力电视频道。纪录电影《港珠澳大桥》由广东广播电视台参与制作，于 2018 年 11 月在香港和澳门举办了首映式，得到社会强烈反响。拍摄的《粤港澳大湾区》和《十三行》纪录片，广泛涉猎港澳题材和内容，主题鲜明，不遗余力为香港和澳门做正面宣传。综艺娱乐节目《粤语好声音》是广东广播电视台珠江频道与音乐之声频道倾力打造的年度大型歌唱比赛，以宣传粤语文化、振兴粤语歌坛、打造乐坛新星、新作品为宗旨，是近年粤语乐坛新力量的始发站与年度盛事，具备了强大的明星资源整合力。往届比赛不仅吸引了香港著名音乐制作人梁荣骏、舒文、冯翰铭参与音乐创作，还邀请到著名歌手谭咏麟、李克勤、林子祥、容祖儿、杨千嬅、吕方、古巨基、邓紫棋、欧阳靖等前来撑场与竞演。多地歌手的加入，充分促进了粤语歌曲的音乐交流。《粤语好声音》是目前全球唯一一档粤语歌唱大赛，多年来积累的不仅是粉丝人气，同时在粤语歌坛的影响力也在不断扩大。每一年大赛的赛况、赛果都深受省内和港澳乐坛的关注，众多歌手与音乐人越来越看重这个平台，主动寻求合作，而《粤语好声音》也成为香港艺人进军内地市场的桥头堡。

广东国际频道采取普语与英语的双语播出方式，以国际化的视野以及对外宣传报道方针为总指导，高屋建瓴，立足广东，辐射粤港澳并走向世界。其节目特色，更呈现出国际化、时代性与创新感，将我国的"一带一路""粤港澳大湾区"等有机融入宣传报道当中。

南方卫视（上星版）在语言上采取粤语的方言特色，辅以岭南本土文化极浓的民生新闻以及粤语短剧等节目进行传播。

（三）融媒创造力：抢占新媒体高地 善用"短平快"的传播方式

第 45 次《中国互联网络发展状况统计报告》显示，截至 2020 年 3 月，我国网民规模达 9.04 亿人，使用手机上网的网民比例达 99.3%。因此，新媒体平台的建设和活泼有趣的传播方式，在港澳宣传中的重要性不言而喻。

广东广播电视台则主要借助自主手机客户端"触电"App 进行新媒体宣传。触电新闻客户端 2016 年 12 月 30 日上线，通过自主研发的智能推荐技术、解决用户的泛资讯收看需求,提供千人千面的用户体验;上线仅半年时间,已排名全国广电客户端第三位。截至 2019 年 6 月底,触电新闻客户端累计下载量达 6510 万,日活跃用户超过 430 万,触电传媒的影响力还在逐渐扩大。2020 年 6 月,经省委宣传部批准,"粤听"App 首次引入了香港新城电台的节目《带你走入大湾区》,这也是《粤港澳大湾区发展规划纲要》发布后首个引进的香港媒体制作的广播节目。另外,"粤听"更成为由新城财经台、香港中小型企业联合会合办的《大湾区杰出女企业家奖 2019》内地唯一支持媒体,并将以该项目为契机,进一步探讨双方多样化、跨地域的媒体合作。

除此以外,在深度访谈过程中我们也了解到这三家媒体均在港澳地区设立了记者站,如广东广播电视台香港办事处(记者站),2016 年 10 月 20 日在香港成立。在香港中联办的指导下,它立足港澳,通过电视、网站、社交媒体等多媒体综合平台,互通粤港澳三地最新资讯,加强三地联动。这些记者站的记者除了报道日常的新闻外,另一个重要的任务就是运营该媒体的脸书号。

三、广东广播电视台对港澳宣传报道:现状与分析

总体看,目前广东广播电视台对港澳宣传报道已形成普语、粤语并重的双线外宣阵列:广东国际频道,以普语和英语为主,上传长城平台对境外播出,面向海外华人华侨,重点完成总局的外宣任务。广东国际频道同时在 IPTV(交互式网络电视)播出,可以尝试广告经营,反哺对外传播。南方卫视(上星版),以粤语为主,是国内唯一覆盖全球的粤语卫星频道,重点照顾港澳地区、北美地区和遍布全球的 3000 多万粤语观众。具体表现在以下几个方面。

(一)纪录广东,传播中国:广东国际频道结合广东省经济、文化发展,立足广东、服务全国,向世界传播广东声音,推介中国形象,讲述中国人的故事和中国梦

2011 年 5 月 6 日,广东国际频道是中国第一家以英文为主的省级国际频道,是面向全球 24 小时播出的电视频道。作为文化出口产品,广东国际频道对外传播华夏文化和中国价值观,将带动本省和国内电视行业节目向世界推介,实现文化出口,提升文化软实力和广东国际知名度,为广东经济社会发展助力。自开播以来,广东国际频道节目以新闻资讯、纪录片为主,每天滚动播出动态新闻,报道全球要闻。频道自制了一批全高清脱口秀、纪录片、旅游节目、美食节目和政经类访谈节目,同时整合广

东广播电视台最新的电视剧、综艺娱乐、财经专题、少儿教育、真人秀等，为海外观众提供多元化的节目选择。

其中，1997 年开播的《今日广东》是全国最早的省级电视外宣专栏，是广东省在海外开办时间最长、有效覆盖最广、传播效果最好的电视外宣栏目。该栏目由广东省政府新闻办、广东广播电视台联合主办，对外传播中心·国际频道与 21 个地市电视台联办，在亚、欧、美、非洲和大洋洲 30 多个国家 50 多家电视台同步播出，受众人口达 5 亿。《今日广东》以版块型短纪录片的形式展现给观众，擅长通过一个个生动传神、有血有肉的人物讲述中国故事和中国梦，同时真实展现南粤大地的风土人情、人文景观。力求通过易读易看的形象解读发生在今日广东的最新信息。节目配以中英文字幕，分普语版和粤语版向广东国际频道、珠江频道海外版以及境外电视台提供播出。《今日广东》栏目开办以来，不仅深受海外华人、华侨的欢迎，更成为外国友人学习粤语和普通话的一个重要渠道。

《广东报道》栏目于 2003 年 12 月在广东广播电视台正式开播。栏目在 2011 年12 月全新改版，现为每天 10 分钟的综合性新闻栏目。作为广东省第一档，也是唯一一档以全英文播出的对外宣传电视新闻栏目，《广东报道》经过 10 年的探索与磨砺，已成长为一档全方位多角度对外报道广东省内大事的新闻栏目。《广东报道》成功将收视群体由广东省内拓展至香港、北美以及欧洲国家，覆盖观众数量超过千万。据北美长城平台收视统计，《广东报道》收视率在广东国际频道资讯类节目中一直位列前茅，并保持稳定的收视率，拥有一批固定收视人群。

（二）粤语方言，亲近港澳：合理调配原有珠江频道（境外版）和南方卫视（上星版）的人力、物力，集中打造统一的对外宣传粤语频道

珠江频道（境外版）是面向港澳地区宣传而特别编排版面的粤语电视综合频道，全天 24 小时播出。2010 年 7 月，珠江频道香港版转网进入香港电讯盈科 NOW TV537 频道落地香港播出；2015 年 3 月，珠江频道香港版重新进入香港有线电视 29 台（后调整为 305 频道）播出。截至 2020 年，香港总数约 240 万户的电视观众都能通过香港有线电视和 NOW TV 免费收看珠江频道（境外版）的直播电视节目。在香港有线电视网中，珠江频道（境外版）在来自内地频道的收视排名第一。在 NOW TV 平台上来自内地频道收视排名中，珠江频道香港版亦名列前茅。南方卫视（上星版）是国内唯一一个覆盖全球的粤语卫星频道，2004 年 7 月上星播出。2004 年起，南方卫视（上星版）入网香港宽频播出，2005 年同步通过香港电讯盈科 NOW TV 543 频道

播出，覆盖香港约 145 万用户。同时通过各共用天线公司和澳门有线电视落地播出，覆盖澳门地区。

其中，珠江频道（境外版）在晚间黄金时间段 6 点到 10 点，保留了《珠江新闻眼》《今日关注》两档民生新闻栏目，以直播的方式实时传送乡土人情，将广东民生资讯传播给港澳居民。《今日关注》"民生大事件"的差异解读，大民生的差异定位，面向广东及周边地区，重点是广州及珠三角地区的观众，内容也偏向硬新闻，范围包括国内外新闻。2009 年 5 月初，甲型 H1N1 流感在欧洲国家蔓延开来，当时中国还没有出现疑似病例，《今日关注》在报道流感最新发展动态的同时，自主策划了"广州公共卫生环境调查系列"。他们充分抓住了市民想了解外面事态发展又想知道本地会不会出现病例的心态，不仅及时提供新闻动态，更是主动进行调查、审视生活环境，充分实践了媒体的守望功能和服务功能。《珠江新闻眼》秉承关注社会、关怀民生的精神，以报道篇幅短、时效快、容量大、贴近百姓、独家新闻多、独家策划多和评论中肯犀利等为特色。栏目鲜明的编排特色，形成"省外新闻—省内新闻—舆论监督新闻—国际新闻—体育新闻"的编播顺序，软硬新闻、长短新闻的有机搭配，使资讯新闻本身形成别具一格的栏目风格。

南方卫视（上星版）也在保留两档具有地域特色的《城市特搜》《今日最新闻》栏目外，在维持观众对高收视节目的收看习惯的同时，又对同类型节目资源进行合并，重点针对港澳地区的受众特点来充实、丰富频道节目内容，力求进一步巩固观众的收视行为，并吸引更多的粤语受众群体。

目前，粤港澳融合发展是国家重要战略，粤语将在这一进程中彰显地位并发挥独特作用，电视媒体使用粤语是落实国家战略的重要体现。粤语是海外华人使用最广泛的语言之一，运用粤语"打侨牌"可为中国走向世界铺设便捷的通道。而通过相关的电视节目激起同理心、同根性，能更好拉近粤港澳居民间的心理距离，打造粤港澳大湾区的共同经济、社会、生活圈。

（三）整合资源，强化合作：广东国际频道、珠江频道（境外版）、南方卫视（上星版）均在引入部分特色鲜明的节目外，同时进行差异化的节目播出编排，并积极与港澳本土电视媒介进行合作

经调查，《小马大哈》《老广的味道》《七十二家房客》这三档极具特色的本土短视频、纪录片以及电视情景剧栏目，均在三家对港澳播出媒体平台的节目单中出现。其中，中英双语文化节目《小马大哈》是广东国际频道 2017 年重点打造的全媒

体 IP，该全媒体品牌由传统"广东妹"小马，和"新广东人"——来自澳大利亚的大哈（哈扎·哈丁）共同主持，以中西方文化交融的新鲜视角，展现广东多元的传统文化和生活方式。《老广的味道》是广东卫视制作播出的 5 集高清美食纪录片，以"鲜""偏""时""精""造"等五个主题贯穿全篇，讲述了广东地区特有的饮食文化，内容包含广府、潮汕、客家菜系。而这恰恰与港澳的饮食文化、习惯一衣带水、息息相关，更具有贴近性与趣味性。大型粤语情景剧《七十二家房客》从 2008 年 3 月 5 日开机以来，历经多年，已经制作并播出 1000 多集。该剧是广东地区影响最大的粤语短剧之一，并在广东本土及南方卫视覆盖的海外华人中形成良好的品牌效应。该剧的创作题材可谓是涵盖旧广州的全部生活：既有草根百姓的人生，又有上流社会的展现；既有正邪博弈、惩恶扬善、弘扬正义的题材，也有人与人之间扶持关爱展示普世价值的故事；既有反映旧广州的政治、经济、社会、民生方面的题材，也有表现广东（广州）地域民俗风情和传统文化的创作，融汇了喜剧、正剧、悲剧、动作、悬疑、爱情、惊悚、戏曲多种形式。这三档节目，用优质的电视产品，强化对岭南文化的输出与认知，迅速奠定频道的受众基础与忠实度。

同时，香港有线电视、香港 NOW TV、美国朗思传媒以及香港电讯盈科与广东广播电视台对港澳频道有传输服务方面的合作，这也为频道能够迅速平稳落地奠定了坚实的技术支持与服务保障，同时以 NOW TV 该新建播出平台为唯一通道，从传播渠道上，高效覆盖香港电视用户。

四、广东广播电视台对港澳宣传报道：问题与症结

（一）节目多样化程度不够，在应对与港澳电视新闻节目差异化过程中，经验不足

目前，广东广播电视台对港澳地区播出的广东国际频道、珠江频道（境外版）、南方卫视（上星版）的节目虽包含新闻、纪录片、精品短视频、情景短剧等多种电视节目样态，但依然感觉节目种类单一，尤其综艺类、访谈类等节目相对匮乏。而这也对吸引不同年龄及层次的港澳受众群有一定掣肘。同时，新闻类节目的差异化会影响频道在港澳地区的传播效果，甚至产生歧义。平民化成为香港电视新闻节目最重要的价值取向之一。相较而言，内地的电视新闻节目更注重新闻的真实性和信息的权威性，内地电视新闻节目承担着一种特殊的宣传使命，负有引导舆论导向和传达党的声

音的职责。电视新闻节目是集合声音与画面等多元素合一的一种节目形式，从声音到画面，从背景到特效都呈现出不同的排列组合方式。在中国内地，电视新闻节目的版面大多数采用的主要模式是把画面分成两部分，上面 3/4 是图像、下面 1/4 是文字，下方显示文字部分时有出现。这种新闻节目形式的相对固定化使得受众对于电视新闻节目的辨识度很强，和其他类型节目画面区别较大。同时，在内地的电视新闻节目图像中还经常出现一些富有政治含义的标志性建筑物，如天安门、长城、新华门等。在新闻播报的过程中，凡是遇到重大政治事件，一般都要由标准的播音腔播出，新闻事实直白地承载着意识与情感的主流。而相对来讲，香港的电视新闻节目则没有固定的报道模式，在处理新闻事件时会调动各种手段为观众提供尽可能多的信息。在电视画面的构成中，一般来说香港高级官员的出镜率与大陆相比较要低一些，并且时常能在香港电视新闻中看到官员被记者围堵提问等画面。

因此，了解港澳人群的新闻节目的收看习惯，在本身新闻节目中进行有效的引导与调整，更能增强新闻本身的资讯功能和传播效果。

（二）节目内容对港澳本土的节目与报道不足

在广东国际频道、珠江频道（境外版）和南方卫视（上星版）中，极少出现对港澳本土的节目与报道。到目前为止，仅广东国际频道推出《一个美国制片人眼中的粤港澳大湾区》《十三行》两部纪录片涉及港澳本土内容。其中，《一个美国制片人眼中的粤港澳大湾区》节目共 3 集，每集 25 分钟，2018 年 4 月开拍，于 2018 年 12 月播出。美国电视节目制片人及主持人杰弗里·莱曼，沿着海丝足迹走访粤港澳，回顾海丝历史，探寻粤港澳大湾区的成长故事，在改革开放 40 周年之际，展示"一国两制"的伟大成就，唱响"一带一路"。系列纪录片《十三行》共 7 集，每集 50 分钟，以长篇历史纪实文学《十三行故事——1757—1842 年的中国与西方》为蓝本，追寻"一口通商"时期广州十三行的对外贸易足迹，深度探寻十三行对中西经济、文化、艺术等方面所起的重要历史意义和影响。关注粤港澳大湾区、一带一路的最新建设成就，是一部"纵观历史，影响当下"的具有国际视野的高水准系列纪录片。

除此之外，广东广播电视台的三个频道不管是民生新闻还是其他节目，都缺乏对港澳本土社会、文化以及生活的实时关注，让港澳受众在观看过程中，难以产生亲近感与黏性，对频道落地生根缺乏长久的吸引力。

（三）与港澳媒体合作形式过于单一，双向交流的机会较少

内地和香港在"一国两制"的前提下分属于不同的意识形态体系以及传播机制，因此，广东广播电视台的三个频道在落地过程中需要采取合作形式，这样更适应港澳媒体环境。然而，目前三个频道的合作主要以支持传输服务的技术合作为主，在电视传输技术层面的交流与沟通得到很大的保障，但在内容打造以及节目合作方面则鲜有尝试。

内地和香港虽然有着共同的文化历史渊源，但作为生活在不同体制下的人们，在长时间的隔绝和分离的情况下形成了各具特色的文化体系。为了更好地做到对港澳的宣传报道，进行更深入的合作能将差异变成创新动力，制作出更多为粤港澳大湾区居民喜闻乐见的优质电视节目内容。

（四）经费不足，对港澳报道人员队伍培养滞后

就目前而言，广东广播电视台对港澳宣传报道经费仍显不足。根据调查，广东广播电视台设立大编播部，下设"大湾区版编辑组"和"国际频道编辑组"。"大湾区版编辑组"以南方卫视（上星版）为基础的粤语外宣频道，保留"南方卫视"的呼号，整合珠江频道（境外版）和南方卫视（上星版）的原有人员架构和节目资源，编排新的版面，做好对港澳的传播工作。"国际频道编辑组"以原国际频道为基础，以普语和英语为主，完成长城平台和 IPTV（交互式网络电视）的编播工作。

在人员规划方面，"大湾区版编辑组"和"国际频道编辑组"人员由国际频道和南方卫视共同组建，可做综合使用。版面编辑和节目编辑 8 人、包装宣传、落地拓展组 2 人。在整体的人员架构中，仅有少量的编审及宣传拓展人员，并没有涉及专门的对港澳宣传报道的人员队伍。这使得对港澳宣传报道的力度会有明显的滞后和不足，难以承担起对港澳宣传报道生力军的重任。

五、广东广播电视台对港澳宣传报道：解决方案与优化策略

专门组建由多单位、多方面、多地区人才构成的特殊外宣队伍，给予政策及资金的大力扶持，采用最新移动端 App 平台做主武器，特构建境外外宣社交媒体发布平台"大湾区头条"App，并在平台上打造多个丰富多样、精彩纷呈的内容项目，集中发挥融媒体社交的开放性、互动性等优势，以具有生动有趣且个性十足的方式与港澳地区年轻人渗透沟通。以期在一段时间内，扭转对港澳外宣工作的被动局面。

（一）打造一个外宣融媒体移动端平台：大湾区头条 App

1. 基本定位

粤港澳大湾区各行各业的头条、向港澳及其他境外用户宣传粤港澳大湾区的泛资讯平台；汇聚粤港澳大湾区各行各业的实时资讯，对各行各业的动态以及相关新政进行最权威的解读。

2. 目标用户

作为一款泛资讯 App，目标用户为 B&C 端用户。

B 端用户为：

①粤港澳大湾区 1+1+9 地区主流媒体，以及县级融媒中心；

②粤港澳大湾区中各行各业的企业主体、行业协会以及二者的主管单位、政策发布主体以及执法主体。

C 端用户为：

①港澳及其他境外用户：关注大湾区发展的用户；

②其他大湾区居民：通过"大湾区头条"App 快速了解当地以及周边的资讯。

3. 内容策略

"大湾区头条"App 将紧密关注粤港澳大湾区各行各业的动态资讯，发布行业垂直资讯，并对资讯、相关政策进行解读。各行各业包括但不限于电讯、广告、文化出版、教育培训、学术研究、汽车、股市、保险、医疗保健、银行金融、邮政快递、运输业、司法律师、会计、体育、旅游、科技数码、游戏、餐饮、电子商务、珠宝、酒店、演艺娱乐、艺术设计、美容形体、房地产、建筑、采矿能源、金属冶炼、航空航天、机械制造、化学化工、木材造纸、服装、家具建材、农业等。

作为粤港澳大湾区媒体联盟的载体，大湾区头条 App 将下放地方媒体平台，区域内容由 1+1+9 城市内媒体联盟成员运营，由联盟成员各自输送相关资讯，省台运营团队做策划统筹与内容展示统筹。

自制内容方面由广东广播电视台原创节目及媒体号"直通粤港澳""广东新闻联播""直播大湾区""你好！大湾区""聚焦大湾区""大湾区生活圈"等构成；另外从外部引入央媒、省级其他媒体相关策划报道等。

（二）推出多面开花的精品项目

1.《粤语好声音》

继续夯实广东综艺节目的旗舰品牌，以"重振粤语音乐"的旗号，以选拔粤语歌唱新人、新曲为宗旨，深挖草根中的粤语乐坛新鲜血液，打造出一批有本土影响力的粤语歌手，成为粤语乐坛新力量的始发站。

2. 超粤未来——粤港澳青少年广府话大赛

大赛比拼内容由浅入深，涵括广府话俚语、歇后语、正音、历史典故等，形式创新有趣，融入情景演绎、趣味抢答、诗词朗诵、文化体验等节目模式，让"冷"题目"热"起来，使广府话、广府文化更生动有趣，更容易为年轻人接受和喜爱。大赛还充分整合传播手段，打造全媒体宣传矩阵。大赛的前、中、后三个阶段，强化互动，深层覆盖，精准传播。特别针对青少年的传播习惯，充分利用新媒体、网络直播，实现线上线下同步互动，增强观众参与感；并通过设计"广府话趣"等H5小游戏，吸引更多年轻人了解、学习、喜爱广府话。

3. 季播演说类综艺节目《大湾区青年说》（或《粤港澳青年说》）

节目以粤语为主、"梦想"为主题、"演说"为形式、大湾区青年为主要传播对象的演说类真人秀季播综艺节目，视频播出及广播App展示同步进行，聚焦大湾区青年意见领袖的故事，诠释当代青年价值观，展示湾区发展图景；同时，开展一系列文化加娱乐、交流与学习有机结合的"湾区青年文化交流营"特色活动，培育青年乡土情怀。拟开展6批次共1000人次参与的文化交流活动。拟邀广东省青年联合会、广东省粤港澳合作促进会、暨南大学合作协办，最大范围发动湾区青年参与。

4. 真人秀《老外小哈的广东周记》

以一位在广东生活了多年的澳大利亚年轻人为主角，记录他一周7天的真实工作与生活。以一个外国人的视角，轻松幽默的风格，全面展示中华人民共和国经过70年发展后，在衣、食、住、行、科技、人文等领域取得的巨大进步。节目共制作7集，每集8分钟。形式则有突破，是真人秀，纪录片，融合Vlog表现形式。

5.《今日广东》系列网络社交媒体专页矩阵

继续充分利用国外各大主流社交App及视频网站（脸书、推特、油管、照片墙）所开设的《今日广东》专页，运用新媒体传播手段（移动互联网为主），每天定期发布有关粤港澳大湾区的正面讯息，宣传广东。摆脱了严肃面孔，使港澳受众能够以轻松愉快的方式接受传播，且能产生良性互动。以香港网民熟悉的话语体系，通过文字、图片、动画、短视频、Vlog 等方式向他们介绍中国的文化、历史与发展。在符合宣传规定的条件下，多挖掘香港网民关注的热点话题以及实用性信息（旅游攻略、美食推荐、球赛实况、演出展览等信息更易吸引香港网民的眼球），从不同层面覆盖不同兴趣、不同需求的受众。

6.《人文大湾区》大型集中采访活动

对大湾区城市的文化和旅游资源，进行一场集中巡礼。包括传承创新岭南优秀传统文化、共建世界美食之都活化美食文化遗产、实施人文精神"同心圆"工程、把握时代脉搏、铸造湾区特色文艺精品、打造粤港澳"品质旅游"合作区、示范区等。

（三）组建一支精干善战的针对港澳外宣队伍

从广东广播电视台抽调善用粤语的精兵强将（特别是能用粤语俚语写文章的人员），设立专门的对港澳宣传部门或机构，统筹全台及全省影视资源，并专门聘用香港本地优秀文宣、影视人才，组建特别的行动队伍。对外活动具一定隐蔽性，使用去党政化的"马甲"，实际受省委宣传部管理指挥。

（四）其他的政策及相关扶持

1. 政策扶持

参照中国环球电视网（CGTN）的机构组织和运营模式，提出以下政策扶持需要。

（1）允许使用专门设备及网络，合法"翻墙"，以期达到在内地范围也能对境外网站和 App 实现高效率的直接浏览、上传、发布。或允许团队人员常驻香港，与广东广播电视台香港办事处联署办公。

（2）允许使用特定的、政治上安全的港澳地区的境外人士，如香港油管网红陈怡，参与管理运营有关平台及项目。

（3）允许与广东广播电视品牌（GRT）相对独立，另立一个中性且不带党政标识的品牌名称和平台标志。

（4）允许采编方针相对独立，容许报道和展示内容涉及敏感话题（如正面展示香港的各种示威游行等），在大是大非问题上立场坚定的基础上，容纳更多人文关怀和少许质疑态度，且采用非常手法（如纯粤语俚语文章）在港澳地区诸多网络论坛（如电报 App 和连登论坛）内争抢舆论导向，才能更接港澳（特别是香港）舆论场的风格和地气。

（5）允许人员队伍的相对独立，队伍组成后，加入者在一段较长时期内不再兼任原工作职能，以便全身心应对复杂而艰巨的外宣环境。

（6）允许资金使用的相对独立，专款专用。同时，为了增加工作效率，允许特定采编人员在港澳预支外币现金使用等，凭消费单据报账。

2. 专项资金扶持，加大辐射力度与传播效果

在粤港澳大湾区深化发展的大背景下，对港澳报道将会是一个长期的命题，因此，需要有与之匹配的专项资金支持。为了能够实现更好的对港澳宣传报道效果，广东广播电视台需打造一支对港澳报道的全媒体的宣传序列，从节目创意、节目生产、节目制作、节目推广与传播效果方面，进行全方位的构想与打造。通过制作与生产出更多港澳受众喜爱的节目，不断拓展广东广播电视台的广东国际频道、珠江频道（境外版）、南方卫视（上星版）在港澳地区的影响力、美誉度，以达到更好的传播效果。

粤港澳大湾区背景下文旅产业研究

——基于汕头、潮州、河源三地的调研

陈　瑶　詹妙蓉　刘　昕①

2019 年 2 月，中共中央、国务院印发《粤港澳大湾区发展规划纲要》（以下简称《纲要》）。粤港澳大湾区的发展，不仅要靠经济推动，还要以文化发展引领推动人文湾区的建设。《纲要》提出"塑造湾区人文精神"，表明粤港澳大湾区的建设需着眼于进一步增强"共建人文湾区"的文化驱动力和内部凝聚力，继承和弘扬该地区文脉相亲的历史人文纽带，共同塑造和丰富"湾区人文精神内涵"，从而在整体上增强粤港澳大湾区的文化软实力。

粤港澳大湾区主要指构成珠三角经济区的 9 个城市，包括广州、深圳、珠海、东莞、惠州、中山、佛山、肇庆和江门，以及香港和澳门两个特别行政区，也就是形成"9+2"城市格局。本文的调研对象是汕头、潮州和河源（以下称"三市"），其中汕头、潮州位于广东省东部，河源位于广东省东北部。粤港澳大湾区建设为"三市"实现文旅产业的高速、高质量发展提供了战略机遇。相应地，尽管"三市"不在粤港澳大湾区城市群的范围内，但其独特的文化资源、旅游资源和侨乡资源，是粤港澳大湾区"共建人文湾区"的重要力量。在广东文化中，潮汕文化、客家文化、广府文化共同托举起文化大鼎，创造出丰富的物质文明和精神文明。"三市"文化底蕴深厚，是潮汕文化和客家文化的核心载体；旅游资源丰富，且独具特色，有较大的发展潜力；侨乡优势明显，以侨为"桥"汇聚侨力，是构建人文湾区的重要力量。

文旅产业是指与人的休闲生活、文化行为、体验需求（物质的、精神的）密切相

---

① 陈瑶，女，汕头融媒集团融媒编发中心主任编辑；詹妙蓉，女，潮州日报社记者；刘昕，女，河源日报社采集中心记者。

关的领域。主要是以旅游业、娱乐业、服务业和文化产业为龙头形成的经济形态和产业系统,一般包括主题公园、博物馆、文化创意、餐饮业、影视娱乐、酒店住宿、交通出行、旅行服务以及由此连带的产业集群。本次调研采取公开资料搜集整理、实地考察、专家访谈等方式。公开资料搜集整理包括媒体相关报道、《统计年鉴》等,主要了解"三市"文旅资源、旅游设施、综合接待能力和融入粤港澳大湾区相关举措等。实地考察将针对"三市"的文旅产业亮点进行详细调查。专家访谈将采访"三市"文旅产业相关行局、专家,在此基础上提出"三市"文旅产业发展的建议,以促进人文湾区建设与"三市"文旅产业共同发展。

一、发展现状

(一)城市名片闪亮

汕头、潮州、河源拥有了一张张在全国甚至世界都叫得响的"名片"。这些年来,"三市"当好生态建设、绿色发展的先行者、践行者和探索者,守护绿水青山,不断提升生态"颜值"。从城市到乡村,从山体到海岛,不断延伸的绿色,为三市构建起城乡一体大格局的生态网络,让森林"拥抱"城乡,绽放生态之美。

汕头市是国家卫生城市、国家园林城市、中国优秀旅游城市、中国城市综合实力50强、中国投资环境百佳城市、国家森林城市。另外,汕头南澳环岛公路入选广东最美旅游公路。

潮州这座文化古城拥有国家历史文化名城、中国著名侨乡、中国优秀旅游城市、国家园林城市、民族民间艺术之乡、中国瓷都、中国婚纱晚礼服名城、中国潮州菜之乡、中国工艺美术之都等"名片"。生态环境方面,韩江潮州段进入全国首批 17 个示范河湖建设名单,是广东省唯一入选的河湖。

河源有"客家古邑、万绿河源"的美誉。河源是广东省重要的生态屏障和饮用水源地。全市森林覆盖率达 74.6%,地处广东省东北部、东江中上游,境内拥有华南第一大人工湖——万绿湖。河源是全国文明城市提名城市、国家园林城市、国家卫生城市、中国优秀旅游城市、全国双拥模范城市、国家级生态保护与建设示范区、国际绿色生态旅游名城、中国绿色经济十佳城市、中国十大特色休闲城市、全国生态环境保护最佳范例;河源博物馆藏恐龙蛋化石数居世界之首,被授予"中华恐龙之乡"称号。生态环境部 2019 年国家地表水考核断面水环境质量状况排名中,河源市位列第13 名。

（二）文化底蕴丰厚

汕头、潮州，是中国著名侨乡。近代时期，潮汕人曾漂洋过海"下南洋"谋生。据统计，在海外谋生的潮汕人约 1000 万，与潮汕本土人口相当，素有"海内一个潮汕、海外一个潮汕"的说法。丰富的华侨资源不但塑造了潮汕地区特有的侨乡文化，也成为潮汕地区经济发展的独特优势。

河源是客家人开发岭南最早的地区，也是岭南文化发祥地之一。河源是最早客家先民的落居地，岭南文化的发祥地，客家历史悠久，文化源远流长。千百年来，河源客家人以东江流域为聚居地，形成了以东江为情感纽带的独具个性的客家文化。客家民间艺术多姿多彩，如客家山歌、龙川杂技、紫金花朝戏、东江客家美食、龙川杂技、紫金花朝戏、连平采茶戏、和平纸马舞、舞春牛、船灯舞、花灯舞、客家婚庆等，以及以"重名节、重孝悌、重文教、重信义"著称的客家人精神。河源历史遗迹和民间艺术丰富，拥有全国重点文物保护单位两处（龟峰塔、香港文化名人大营救指挥部旧址）、省文物保护单位 28 处，龙川县杂技木偶山歌艺术团是全国首个县级杂技团。

（三）旅游资源丰富

汕头、潮州、河源三市旅游资源丰富独特，拥有美丽的自然风景、悠久的历史文化和独特的民族风情，自然与人文旅游资源结合良好，旅游资源具有数量多、类型全、分布广的特点。

1. 汕头旅游资源

汕头是全国大陆唯一一个中心城区拥有内海的城市。北回归线从汕头穿过，韩江、榕江、练江在汕头汇流入海，造就了汕头一湾两岸、一市两城、南北相望的城市形态。汕头的内海犹如一个都市的"水上大公园"，风光秀丽，生态优良。2020 年 1 月，汕头开通内海湾夜游，汕头旅游观光又多了一个好去处。

汕头旅游资源分布广泛。其中，潮阳区和潮南区以宗教旅游资源为主，澄海区以潮侨文化和民俗文化为主，南澳县以海岛和岸滩风光为主。根据广东省文化和旅游厅 2019 年发布的《广东省乡村旅游开发资源目录（第一批）》，汕头市乡村旅游开发资源目录共 233 个，涉及乡村旅游主要类型有乡村自然景观类、乡村产业融合类、乡村民俗文化类等。"汕头新八景"包括小公园历史文化街区、南澳岛生态旅游区、樟林古港、桑浦山、海门莲花峰、内海湾礐石风景区、时代广场和开放广场以及前美古村侨文化旅游区。

汕头拥有非常丰富、独特的地方文化资源，拥有开埠文化、骑楼文化、华侨文化、祠堂文化、宗教文化和民居建筑文化等迷人的人文资源。汕头缺乏在国际上具有较高吸引素质的旅游资源，但一些旅游资源可以吸引特定的国际群体，例如，潮汕籍华侨等国际旅行者，潮侨文化资源、小公园老城区、民俗文化资源及潮汕美食等。2019 年，汕头 7 个村落入选首批"广东省文化和旅游特色村"。

2. 潮州旅游资源

潮州是国家历史文化名城，有着丰厚的文化遗产。这里有中国"四大古桥"之一、世界第一座启闭式石桥——广济桥，有堪称"中国第一街"的太平路牌坊街，有被誉为"木雕博物馆"的己略黄公祠，有国内年代最为久远的纪念韩愈的祠宇——韩文公祠，有"粤东第一丛林"之称的开元寺，有国内罕见的宋代府第建筑许驸马府，有国内最大的八角围楼道韵楼……截至 2018 年的统计数据显示，潮州全市现有登记不可移动文物 1345 处，包括全国重点文物保护单位 9 处，省级文物保护单位 26 处，市县级文物保护单位 150 处，是广东省文物古迹最密集的地方之一。2019 年春节，潮州市接待游客达 183.35 万人次，比增 27%；景区景点接待游客达 299.77 万人次，比增 10%；全市旅游总收入达到 5.28 亿元，比增 28%。2019 年国庆黄金周，全市接待游客总数 235.17 万人次，增长 31%；旅游总收入 9.8462 亿元，增长 39%。

3. 河源旅游资源

河源旅游资源丰富，境内拥有华南第一大人工湖——万绿湖、苏家围、热水漂流、黄龙岩、霍山、龟峰塔及众多温泉度假村等旅游景点，对外开放旅游景区 40 个。拥有世界上罕见的集恐龙蛋化石、恐龙骨骼化石、恐龙足迹化石"三位一体"的恐龙地质遗迹资源，馆藏恐龙蛋化石居世界之首，达 18000 多枚，被授予"中华恐龙之乡"称号。拥有众多的古村落、古民居，源城区陂角村入选第一批全国乡村旅游重点村，全市 20 个古村落被评定为广东省古村落，林寨古村是中国最大的四角楼之乡。近年来，河源积极打造全域旅游"河源样本"，塑造了"客家古邑、万绿河源、温泉之都、恐龙故乡、红色经典"五大特色文旅品牌。河源客家菜又称东江菜，是粤菜三大菜系之一，食材天然、绿色，乡土气息浓郁，颇有中原遗风。

（四）"非遗"家底厚实

非物质文化遗产，是人类文明的活化石。这些穿越时空隧道存续至今的"文明碎片"，是先人最宝贵的馈赠之一。汕头、潮州、河源是岭南文化发祥地。潮汕人、客家人慎终追远的品德，赋予了"非遗"更多的存续空间。

汕头素有"海滨邹鲁"之美称。文化源远流长，多姿多彩，拥有丰富的非物质文化遗产。截至 2019 年，汕头共有市级"非遗"项目 102 项，其中省级"非遗"项目 38 项，国家级"非遗"项目 13 项。

潮州市是国家历史文化名城，是"潮文化"的发祥地，地方特色文化内容丰富，品种繁多，有着丰厚的非物质文化遗产。潮州文化贯穿于潮人社会生活之中，以潮州方言、潮剧、潮州音乐、潮州工夫茶、潮州菜、潮绣为代表的潮州文化影响深远，誉播海内外。

近年来，潮州市积极开展非物质文化遗产抢救、保护和传承工作。目前，已有 8 批共 106 个项目列入市级以上非物质文化遗产代表性项目名录，其中，被列入省级名录 38 项，省级中被列入国家级名录 15 项；市级以上传承人 188 人，其中命名为省级传承人 70 人，省级传承人中被命名为国家级传承人 22 人；市级"非遗"保护基地 45 个，省级基地 26 个，国家级基地两个，省级文化生态保护实验区 1 个，潮州市"非遗"保护工作在广东省地级市中名列前茅。

2019 年年底，文化和旅游部公布国家级非物质文化遗产代表性项目保护单位名单，潮州 15 项国家级非遗保护项目的保护单位均得以认定。此外，汕潮揭文化同源，因此潮州音乐、潮剧、抽纱等多项国家级非遗项目系两地或三地共享，各有相应的保护单位。潮州、汕头、揭阳三市非遗项目及保护单位如下。（见表 1）

表 1　潮州、汕头、揭阳三市国家级非物质文化遗产代表性项目保护单位名单

项目类别	项目编号批次	项目名称	保护单位
民间文学	I-31（1-1）	谜语（澄海灯谜）	汕头市澄海区文化馆
传统音乐	II-50（1）	潮州音乐	潮州市文化馆（潮州市非物质文化遗产保护中心）
传统音乐	II-50（1）	潮州音乐	汕头市潮南区文化馆
传统舞蹈	III-4（1-1）	龙舞（乔林烟花火龙）	揭阳市磐东乔林公益协会
传统舞蹈	III-5（1-2）	狮舞（青狮）	揭阳市孙淑强狮艺武术馆
传统舞蹈	III-8（1）	英歌（普宁英歌）	普宁市文化馆
传统舞蹈	III-8（1）	英歌（潮阳英歌）	汕头市潮阳区文化馆
传统舞蹈	III-54（2）	蜈蚣舞	汕头市澄海区文化馆
传统戏剧	IV-4（1）	潮剧	潮州市潮剧团
传统戏剧	IV-4（1）	潮剧	汕头市潮剧研究传承中心（广东潮剧院）
传统戏剧	IV-4（1-1）	潮剧	揭阳市潮剧传承保护中心

项目类别	项目编号批次	项目名称	保护单位
传统戏剧	Ⅳ-92（1）	木偶戏（潮州铁枝木偶戏）	潮州市安区文化馆（区非物质文化遗产保护中心）
传统戏剧	Ⅳ-92（1-2）	木偶戏（揭阳铁枝木偶戏）	揭阳市群众艺术馆
曲艺	Ⅴ-34（1-1）	歌册（潮州歌册）	潮州市文化馆（潮州市非物质文化遗产保护中心）
传统美术	Ⅶ-15（1-1）	内画（广东内画）	汕头市工艺美术学会
传统美术	Ⅶ-16（1）	剪纸（广东剪纸）	汕头市潮阳区文化馆
传统美术	Ⅶ-16（1）	剪纸（广东剪纸）	潮州市文化馆（潮州市非物质文化遗产保护中心）
传统美术	Ⅶ-20（1）	粤绣（潮绣）	潮州市工艺美术研究院
传统美术	Ⅶ-40（1）	潮州木雕	潮州市湘桥区文化馆（潮州市湘桥区图书馆）
传统美术	Ⅶ-40（1-1）	潮州木雕	揭阳市群众艺术馆
传统美术	Ⅶ-40（1-1）	潮州木雕	汕头市工艺美术学会
传统美术	Ⅶ-47（1-1）	泥塑（大吴泥塑）	潮州市潮安区文化馆（区非物质文化遗产保护中心）
传统美术	Ⅵ-50（1-1）	灯彩（潮州花灯）	潮州市湘桥区文化馆（潮州市湘桥区图书馆）
传统美术	Ⅶ-57（2）	玉雕（阳美翡翠玉雕）	揭阳产业转移工业园磐东街道阳美经济联合社
传统美术	Ⅶ-91（2）	镶嵌（嵌瓷）	汕头市潮南区成田镇大寮嵌瓷工艺社
传统美术	Ⅶ-91（2）	镶嵌（嵌瓷）	普宁市文化馆
传统美术	Ⅶ-91（2-1）	镶嵌（潮州嵌瓷）	潮州市工艺美术研究院
传统美术	Ⅶ-112（4）	抽纱（汕头抽纱）	中国抽纱汕头进出口有限公司
传统美术	Ⅶ-112（4）	抽纱（潮州抽纱）	潮州市抽纱公司
传统技艺	Ⅷ-96（2）	枫溪瓷烧制技艺	潮州市枫溪区文化工作办公室
传统技艺	Ⅷ-98（2-2）	陶器烧制技艺（枫溪手拉朱泥壶制作技艺）	潮州市枫溪区文化工作办公室
传统技艺	Ⅷ-218（4）	潮州彩瓷烧制技艺	潮州市工艺美术研究院
传统技艺	Ⅷ-219（4）	陶瓷微书	汕头市王芝文陶瓷微书艺术馆
传统医药	Ⅸ-4（1-3）	中医传统制剂方法（太安堂麒麟丸制作技艺）	广东太安堂药业股份有限公司
民俗	Ⅹ-85（2-2）	民间信俗（贵屿双忠信俗）	汕头市潮阳区贵屿镇街路棚理事会
民俗	Ⅹ-90（2-1）	祭祖习俗（灯杆彩凤习俗）	揭阳市揭东区文化馆
民俗	Ⅹ-107（2）	茶艺（潮州工夫茶艺）	潮州市文化馆（潮州市非物质文化遗产保护中心）

随着经济社会的快速发展、对外开放的日益扩大和现代化进程的不断加快，河源的文化生态发生了巨变，非物质文化遗产生存的土壤和环境遭到了不同程度的破坏，传承和发展面临着种种冲击和挑战，不少项目处于濒危状态。意识到这种严峻态势，自1988年建市以来，河源市各级党委政府和文化部门高度重视非物质文化遗产的挖掘、保护、传承和宣传工作，取得了丰硕成果。2010年，市委、市政府将非遗保护与开发工作纳入《河源市建设文化河源规划纲要（2011—2020年）》，明确要求实施文化遗产保护与开发工程。同时，市、县（区）两级设立文化遗产保护专项资金。

从2007年起，河源开始着手建立市、县两级非物质文化遗产名录的保护机制。目前，全市市级以上非物质文化遗产名录共80项，其中列入国家级非物质文化遗产名录2项（紫金花朝戏、忠信花灯）、省级非物质文化遗产名录8项；市级以上非物质文化遗产名录代表性传承人81人，其中列入国家级代表性传承人1人，省级代表性传承人10人；在全市五县一区挂牌成立了首批16个非物质文化遗产传习基地，为项目传承人开展传承、交流活动提供了场所。

（五）扶持政策硬核

2018年7月，《广东省促进全域旅游发展实施方案》（本段简称《方案》）出台，部署广东全域旅游发展新战略。《方案》与"三市"的旅游业息息相关。汕头方面，《方案》提出：以汕头市为中心打造粤东特色文化旅游城市群，重点建设潮汕文化购物、美食、休闲街区。《方案》提出："汕潮揭——南澳"作为滨海旅游产业带七大组团之一；推动南澳岛等海岛旅游加快发展；重点建设潮汕文化购物、美食、休闲街区；开发南粤古驿道，重点推动汕头樟林古港建设；深入挖掘潮汕文化等三大地域文化特色；完善"慢游"设施建设，包括汕头段沿海风景道。

近年来，围绕文旅产业的发展，汕头出台了多项规划。2017年，《汕头经济特区小公园开埠区保护规划》获批，以文化旅游产业为核心，设立商业步行区，开展文化博览，打造文化创意工坊，修缮现有影剧院、戏曲院等。配套酒吧、清吧、咖啡厅、书吧、潮汕工夫茶馆等。承载港澳潮籍乡亲记忆的小公园街区，得到保护修缮。2020年4月，市财政局出台《汕头市文化事业和文化产业高质量发展扶持资金方案》，新增扶持资金4500万元，加大对文化惠民活动、文艺精品创作工作、文化产业发展、非物质文化遗产保护传承、加强对外文化交流五个方面的扶持力度。

2019年，潮州市出台《关于进一步推动旅游高质量发展的工作方案》（本段简称《方案》），提出立足潮州资源禀赋，大力推进旅游产业转型升级发展，打响"相约广济古桥，走进潮人故里"品牌，将旅游业培育成为潮州的战略性支柱产业、现代服务业龙头产业。结合当前实际，《方案》从实施旅游交通提升工程、实施住宿提升工程、实施旅游餐饮提升工程、提升旅游综合服务智慧化水平这 4 个方面对加强旅游配套设施建设做出部署。《方案》将发展目标定为：到 2022 年，潮州旅游品牌影响力进一步提升，优质旅游产品更加丰富，创建国家 5A 级旅游景区取得重大突破，3A 景区达到 8 个，新增旅游度假区 1 家，形成若干个旅游产业集聚发展功能区，乡村旅游休闲度假功能更加完善，旅游产业综合竞争力明显增强。全市接待游客 3300 万人次以上，旅游总收入达 600 亿元，建成省级全域旅游示范区，初步建成以潮文化为特色，独具品质、享誉中外的世界潮文化旅游目的地。

近年来，河源在探索加快推动旅游发展上创新思路、机制体制，出台系列政策鼓励加快旅游发展。2019 年，河源出台《关于加快促进乡村旅游发展的意见》（本段简称《意见》），推动全市乡村旅游上档升级，把乡村旅游培育成河源市旅游产业的重要增长极和特色品牌，《意见》指出：加快促进河源市乡村旅游发展，要重点做好强化规划引领、培育壮大市场主体、打造乡村旅游精品、完善乡村旅游基础配套设施、加强乡村旅游宣传推广、加强乡村旅游教育培训和人才培养等六项任务。2019 年 4 月，河源出台《全域旅游发展规划（2018—2035）》，以粤港澳大湾区优质生活圈建设、粤东西北乡村振兴为背景，提出了河源市全域旅游发展的总体定位，旅游业成为河源市战略性支柱产业、河源市现代服务业龙头、河源市大健康幸福产业。

二、融湾机遇

（一）融湾必然趋势

共建人文湾区和构筑休闲湾区，是粤港澳大湾区"建设宜居宜业宜游的优质生活圈"的重要内容。《粤港澳大湾区发展规划纲要》（以下简称《纲要》）中提到的"共建人文湾区"，主要内容包括塑造湾区人文精神，加强湾区内人文交流，扩大岭南文化影响力和辐射力，进而促进中外文化交流。其中，加强交流和扩大影响力是具体措施，集中体现建设人文湾区内涵的应是"塑造湾区人文精神"。《纲要》将体现湾区人文精神的元素大致分为三类：第一类为实体文化元素，如文物古迹、世界文化遗产等；第二类为非物质文化遗产，如粤剧、醒狮等；第三类为优秀传统文化精华，如廉洁文化等。合作开发文旅资源是《纲要》中建设人文湾区、休闲湾区、健康湾区的共有内容，在人文湾区部分，文旅线路的开发主要呈现为对体现湾区人文精神三类元素的利用。

河源市要成为融入粤港澳大湾区发展的排头兵，"生态河源、现代河源"是河源市实现"绿色崛起"的路径选择，使建设岭南健康旅游名城、国际康养旅居胜地成为河源市旅游发展的目标。河源市一方面得益于区位优势，成为珠三角与江西内地乃至长三角、粤东梅州＋潮汕、汕尾之桥梁，成为珠三角产业转移前沿阵地。潮州抓住粤港澳大湾区建设等重大历史机遇，立足"一核一带一区"发展新格局，着力优化政治生态、经济生态和自然生态，定位打造沿海经济带上的特色精品城市。在省"一核一带一区"区域发展格局中，潮州市结合自身实际，提出"打造粤港澳大湾区重要拓展区、沿海经济带东部桥头堡、北部生态发展区联动区"。

在文化方面，粤港澳大湾区囊括多元的民间文化，构成比较复杂。既包括具有岭南文化特色的广府民间文化、客家民间文化和潮汕民间文化，又包括明清时期特别是近现代以来在中外交流互动中逐渐形成的港澳民间文化、现代都市民间文化。在这些异彩纷呈的传统文化与现代文化交融下所形成的民间文艺，既是粤港澳大湾区建设的民间文化资源优势，也是大湾区内各地互联互通、深度融合的关键所在。在"塑造湾区人文精神"方面，"三市"的地位可以说是举足轻重。汕头、潮州，是潮汕文化的发源地；河源，则是客家文化的重要载体。对汕头而言，融入粤港澳大湾区建设有着积极的意义，因为汕头有着自身独特的优势，特别是华侨资源丰富——汕头是全国著名侨乡，在海外和港澳台地区的潮汕籍华人约 1500 万，约占全国海外华侨华人的 30%。

《中共广东省委 广东省人民政府关于贯彻落实〈粤港澳大湾区发展规划纲要〉的实施意见》提出"共建人文湾区"，要"发挥粤港澳地域相近、文脉相亲的优势，共同推进中华优秀传统文化创造性转化、创新性发展"，即推动粤港澳三地共同传承弘扬岭南色彩的中华文化，不断拓宽港澳与内地共同发展空间，促进和而不同、兼收并蓄的文明交流对话，在竞争比较中取长补短，在文明交流互鉴中共同发展，顺应时代潮流，成为你中有我、我中有你的湾区命运共同体。河源市历史悠久，是客家文化的一个重要起源地，广东客家分为两个体系，以河源龙川县为代表的东江流域客家系统和以梅县为代表的韩江流域客家系统。东江流域是客家地区的中轴，这一带的客家民系和客家文化始自秦汉，延至当代，是客家民系和客家文化的发祥地，不仅保留了古老汉民族的优秀文化传统，而且与南方百越、畲、瑶诸族杂居融合，形成极具地域特色的族群文化。

在旅游方面，粤港澳三地进行旅游合作起步较早。20 世纪 80 年代，入境旅游业百废待兴，接待入境游客的当务之急是解决食宿难的问题。粤港澳旅游合作集中在吸引港澳地区投资到广东建设宾馆酒店、度假村、主题乐园等项目。这一时期，粤港澳旅游营销合作以民间的、自发的、市场调节的交流往来为特征。1988 年，广东省旅游局举行粤港澳大三角旅游研讨会，提出共建"粤港澳大三角旅游区"的战略构想，为下一阶段联合营销的制度设计奠定了理论基础。1993 年，由粤港澳三地组成的珠江三角洲旅游推广机构成立，标志着粤港澳旅游联合营销的动力机制从企业经营为主的市场要素驱动模式转向依靠正式制度和官方机构的驱动模式，相关营销协作工作也进入了实质性阶段。2017 年 12 月，粤港澳大湾区旅游业界合作峰会上签署了《粤港澳大湾区旅游业界合作协议书》，推动区内旅游资源开发。在国家政策导向下，粤港澳大湾区旅游合作逐步开展，并取得了不错的成效。旅游业成为内地与港澳地区促进共同发展、实现互利共赢的重要领域之一。粤港澳大湾区概念的提出为三地旅游联合营销注入了新的活力。近年来，粤港澳更加重视内容生产。例如，官方指定版"一程多站"精品旅游线路从 2013 年的 4 条线路增加至 2018 年的 10 条，涵盖人文历史游、世界遗产游、游学交流游、海丝探秘游、科技创新游、游艇自由行、美丽乡村游、健康养生游、休闲美食游、寻根问祖游等。2018 年 10 月 23 日，世界旅游经济论坛在澳门开幕，首次提出"共建粤港澳大湾区文化遗产游径"。

（二）发展内在需求

湾区经济具有开放的经济结构、高效的资源配置能力、强大的集聚外溢功能和发达的国际交往网络。当前，粤港澳大湾区是我国开放程度最高、经济活力最强的区域之一，在国家发展大局中具有重要战略地位。对标世界三大湾区，粤港澳大湾区以 5.59 万平方公里的面积和 7116 万人口，成为面积最大、人口最多的湾区，粤港澳大湾区将继续作为国家级经济增长极，以创新驱动引领中国经济转入高质量发展。《粤港澳大湾区发展规划纲要》提出，发挥粤港澳大湾区辐射引领作用，统筹珠三角 9 市与粤东西北地区生产力布局，带动周边地区加快发展。"三市"在此环境背景下，应抓住大湾区建设发展"快车"，对接融入粤港澳大湾区，立足地方自身文化民俗特色，大力发展文旅产业，分享新时代发展红利。

汕头经济特区因侨而立。20 世纪 80 年代，汕头入境游率先起步并保持发展态势。来访者主要是东南亚客人，给当时汕头旅游业带来了较大收益。之后，随着特区建设步伐的加快，汕头旅游业风生水起，入境游、短线游、国内游、出境游都有了长足的发展。前些年，汕头在发展经济中走了弯路，旅游经济也一度陷入困境。近年来，随着汕头经济的持续发展，旅游政策环境的不断改善，区域合作、对台旅游合作、与周边市及闽粤赣地区旅游大协作机制初步形成。随着旅游产业链的逐步延伸，汕头作为直接旅游目的地和粤东地区旅游中心城市的目标初步实现，旅游经济呈现出较好的发展势头。

数据显示（见表2、3），2015—2019年，汕头旅游总收入、旅游外汇收入平稳增长。除了2019年以外，其余4年，旅游总收入的增长率都保持在两位数以上。近年来，汕头充分发掘旅游资源，激活市场活力，开通内海湾夜游航线，开发海岛深度游，打造乡村游和红色旅游，延长游客停留汕头的时间，过夜游客逐年增加。根据国际旅游通行惯例，游客的夜间消费是白天消费的3至5倍，过夜客是衡量一个城市旅游发展质量和水平的重要指标。2015—2019年，汕头旅游总收入占GDP比重逐年增加。2018年、2019年，汕头旅游总收入占GDP比重超过20%，旅游产业正在成为汕头经济的重要增长点。

表2　2015—2019年汕头旅游总收入汇总表

年份	旅游总收入（亿元）	增长率（%）	旅游外汇收入（万美元）	增长率（%）	GDP占比（%）
2015年	260.09	36.3	8927.13	26.7	14.0
2016年	353.75	36.0	11601	30.0	17.0
2017年	445.34	25.9	15931	37.3	18.9
2018年	534.49	20.0	19874	24.8	21.2
2019年	568.38	6.3	21001	5.7	21.0

数据来源：2015—2019年汕头国民经济和社会发展统计公报（汕头市政府官网）

表3　2015—2019年汕头接待过夜游客汇总表

年份	过夜游客（万人次）	增长率（%）	国际游客（万人次）	增长率（%）	国内游客（万人次）	增长率（%）
2015年	1447.46	11.9	21.15	19.9	1426.30	11.8
2016年	1628.97	12.5	24.40	15.3	1604.57	12.5
2017年	1879.67	15.4	29.10	19.3	1850.57	15.3
2018年	2164.44	15.2	33.78	16.1	2130.66	15.1
2019年	2344.52	8.3	37.65	11.4	2306.87	8.3

数据来源：2019年汕头国民经济和社会发展统计公报

　　根据《2019 年潮州国民经济和社会发展统计公报》显示，潮州现共有省级非遗代表性项目 38 项，省级代表性传承人 70 人，省级代表性传承人被命名为国家级代表性传承人 22 人；省级基地 26 个，国家级基地 2 个，省级文化生态保护实验区 1 个。2019 年，潮州全年实现旅游收入 398.25 亿元，比上年增长 30%；接待海内外游客人数 2629.47 万人次，比上年增长 31%；其中，接待海外游客 94.44 万人次，比上年增长 7.6%，接待国内游客 2535.03 万人次，比上年增长 32.1%；全年星级饭店客房出租率为 52.4%。

　　河源拥有得天独厚的区位优势，东接梅州 + 潮汕、南邻惠州 + 汕尾、西连韶关、北通赣州，市区距离广州 198 公里，距离深圳 163 公里，是沟通湘赣两省以及粤北山区与珠三角的重要通道。河源自然生态条件优良，拥有丰富的水资源，素有"粤东宝库"之称，拥有丰富的动植物资源，生态环境优良。近年来，河源旅游市场增长快速（见图 1），从 2014 年到 2018 年，接待总人数由 2201.47 万人增长到 3586.74 万人。2019 年全年接待旅游总人数 4020.57 万人次，比 2018 年增长 12.1%。其中，国内游客 4010.32 万人次，增长 12.1%；国际游客 10.25 万人次，增长 21.7%。旅游住宿设施接待过夜游客 1940.82 万人次，增长 12.3%。全年实现旅游总收入 357.66 亿元，增长 12.9%。2019 年年末，全市各类旅行社 50 家；已评定的星级饭店 18 家，其中五星级饭店 1 家，四星级饭店 2 家；A 级旅游景区 15 个，其中 4A 景区 7 个。

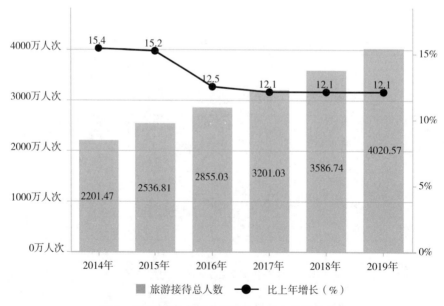

图 1　河源 2014 年以来旅游接待总人数增长速度

近年来，中国文化旅游成为投资热点，各种类型的文化主题公园、旅游小镇应运而生，中国文化旅游产业规模得到很大提升。我国正在进入旅游消费市场与旅游投资要素市场双向互动、良性循环的新阶段。瞄准了巨大的市场空间，汕头多渠道、全方位发展文旅产业。打造汕头特色美食名片，申报创建"世界美食之都"，提升汕头旅游知名度；以红色、美食、侨乡、乡村和滨海 5 大文化为主题，设计 10 条"文旅精品线路"，让游客更好地体验特色鲜明的旅游景点；评选"最受欢迎手信"，开办"印记汕头"手信一条街，让游客有更愉悦的旅行体验。

近几年，民宿作为一种新兴的非标住宿业态，受到社会的广泛关注，民宿业已成为旅游产业中最具活力的行业之一。根据 2015 年至 2019 年的《汕头国民经济和社会发展统计公报》显示，2015—2016 年，汕头拥有星级宾馆（酒店）31 家；2017—2019 年，汕头拥有星级宾馆（酒店）29 家。相对于星级宾馆（酒店）数量的相对稳定，民宿在汕头发展得如火如荼，已在城市近郊、西边老城区、南澳岛等旅游景区形成了一些民宿群。以南澳为例，据 2018 年南澳县对各乡镇民宿普查的数据显示，经工商注册登记的个体住宿经营户 135 户，实际经营 122 户，接待总床位数约 3000 个，其中乡村特色民宿 102 家，70% 以上分布在青澳湾周围村落，民宿经营之火爆可见一斑。南澳岛客栈民宿大都集中在主要景点周边，由于交通距离短，颇受游客青睐，以漫长的海岸线为优势，如青澳湾、宋井景区等周边民宿较为集中，房间内布置多以大海、阳光、沙滩为主，民宿位置离海边近，便于游客亲海游玩。

（三）相关政策推动

推进文旅融合，是提升城市文化"软实力"的重要抓手。文旅融合可以推动城市的文化多元化，增强城市文化的包容。同时，有助于构筑城市文化的新业态，提升城市文化影响力，助推城市空间的更新。随着经济全球化和信息化程度不断加深，城市之间各种要素的流动正在进一步加速，需要用城市的手段来管理好城市，以文化"软实力"提升城市核心竞争力。在粤港澳大湾区辐射下的汕头、潮州、河源"三市"正主动融入粤港澳大湾区，发挥独特优势，在文旅产业上走出一条对接粤港澳大湾区的新路子，打造粤港澳大湾区辐射延伸区。

汕头华侨试验区为汕头积极主动融入粤港澳大湾区发展提供了区位优势——试验区地处粤闽台交汇区域中心，是珠三角核心区向东南沿海地区产业辐射和转移的重要节点、海峡西岸经济区的重要板块、粤台经贸合作的桥头堡。2016 年 9 月 28 日，汕头市召开市政府常务会议，审议并原则通过了《汕头华侨经济文化合作试验区粤港澳服务贸易自由化省级示范基地发展规划（2016 — 2020 年）》（本段简称《规划》）。《规划》提到，在文创领域推动华侨华人文化研究展示，加强与港澳文化研究机构的交流与合作，设立世界华侨华人经济文化合作论坛，支持汕头市华侨博物馆、侨批文物馆及侨批记忆广场等的建设；拓展对港澳台文化交流合作，推动汕头市民间文艺精品走出去，扩大在海外的影响力和知名度。2020 年 6 月 9 日，广东省人民政府出台了《广东省人民政府关于支持汕头华侨经济文化合作试验区高质量发展的若干意见》（本段简称《意见》）。《意见》指出，支持华侨试验区建设一批华侨华人文化产业示范项目，活化华侨华人传统文化，充分用好潮汕地区老字号、方言、侨批等丰富华侨文化资源，推动华侨华人文化产业集聚发展。

三、"三市"短板

旅游是一种特殊的经济文化活动，旅游经济联系表现为旅游空间上旅游要素的相互流动，即旅游流，主要包括旅游者的流动、旅游商品的流动、旅游从业人员的流动、旅游信息的流动等多种形式。影响旅游及网络结构的因素主要有这些：见图 2。

表 4　旅游经济网络结构影响因素研究汇总

作者	影响因素
庞闻	旅游资源条件、区域经济发展水平、旅游接待能力、旅游疏导能力、旅游营销水平
朱冬芳	旅游发展能力、经济发展水平、交通条件、城市发展水平
孙勇	旅游资源条件、地区经济发展水平、道路交通基础设施
李文美	A 级景区的个数、星级饭店数量、公路密度、第三产业占 GDP 比重、城镇居民可支配收入
李贝贝	地理位置、投资水平、旅游资源品位度、地区经济发展水平
刘丝雨	交通通达度、旅游客流量、旅游经济收入、旅游资源吸引力、旅游商品特色
董尊孟	旅游资源禀赋、交通建设、技术进步与创新、旅游要素集聚与扩散、对外开放水平
王俊	经济发展水平、地理空间距离、旅游资源禀赋、旅游接待人次、交通进入性、旅游发展潜力
董引引	旅游发展能力、经济发展水平、区位交通条件、邮电通信水平、科学技术水平
詹军	旅游资源禀赋、区域经济发展水平、基础设施、产业结构层次、对外开放程度、旅游产业集群
马丽君	旅游总人数、旅游资源丰度、交通距离、地区生产总值
王馨	城市旅游知名度、交通便捷度、城市经济发展水平
李勇泉	产业结构、经济发展水平、旅游资源条件、政府经济干预程度、对外开放程度、交通便利程度
余霞	资源禀赋、城市区位、旅游品牌、经济发展、市场条件、政府作为

从图 2 可以看出，首先，所有学者都认为旅游资源条件、交通便利程度和区域经济发展水平对旅游经济网络结构有影响。其次，部分学者认为旅游接待能力、技术进步与创新和产业结构对旅游经济网络结构产生影响。最后，少部分学者认为旅游经济网络结构也受到对外开放程度、基础设施、旅游营销水平、地理位置、政府相关政策和投资水平的影响。

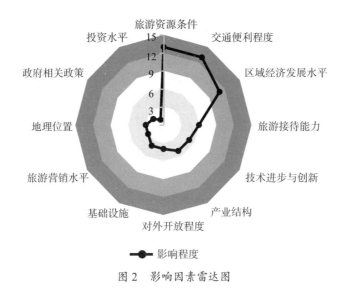

图 2　影响因素雷达图

结合以上"影响因素"，我们梳理发现，"三市"的旅游经济在多个方面存在短板。

（一）交通短板

汕头市地处广东省东部，比邻福建省，虽然名义上处于珠三角与海峡西岸经济区的结合部，但实际上处于两者的边缘，两沾两不占，在区位上具有明显的比较劣势。长期以来，汕头交通不便，机场外迁至揭阳，厦深铁路汕头联络线于 2019 年元旦才通车。目前，汕头站每天开出列车 30 对，其中 26 对动车，4 对普铁。动车开往广州东、广州南、深圳北、湛江西和长沙南，普铁开往广州东、重庆和长沙。动车至广州东站需 3 小时 36 分，至深圳需 2 小时 38 分。因疫情防控需要，汕头站至香港西九龙的动车，至武昌站的普铁，均暂时停运（数据来源：汕头火车站 2020 年 7 月 10 日）。可以看出，汕头旅游交通的时间成本较高，距离珠三角又远，和其他城市难以形成聚集效应。旅游可进入性低，与港澳地区的联系并不紧密；又没有很好地融入海西区，未能与海西区特别是旅游发达城市厦门市有机结合，实现错位竞争与发展，在海滨度假旅游的竞争力方面较低。

目前，潮州市交通运输体系还存在以下问题：一是铁路方面，与高速公路、普通公路的衔接还不够紧密。如粤东三市，汕头有厦深联络线、揭阳有梅汕客专均可直接从市区联通潮汕站，而潮州市作为潮汕站所在地，市区往返潮汕站只能通过省道S233潮汕公路往返潮汕站，潮汕公路常年处于交通拥堵状态，导致约 20 公里的路程正常需要用时 40 分钟左右，遇上严重拥堵则耗时难以估算，往往造成百姓难以准点乘坐动车出行。二是路网方面，各种类型交通基础设施连接尚不紧密，公路网规模较小且分布不平衡，技术等级水平处于全省的中下游水平的状况，制约了潮州市与周边地区的交通运输对接能力。各种类型交通基础设施连接尚不紧密。三是港口方面，港航基础设施建设发展相对滞后，港口发展水平低，大型化、专业化泊位较少，进港航道水深不足，岸线利用率不高；资金投入不足，港口公共基础设施建设缓慢。港口集疏运条件相对薄弱，港口与腹地联通的高速公路不多，疏港铁路建设依然空白，江海联运通道尚未打通，严重制约了港口拓展空间。

河源市是京九铁路进入广东省的第一个市，成为粤东北地区最重要的交通枢纽。但目前，河源是全广东省唯一没有通高铁的地级市，虽然区位优势明显，但交通制约着文旅产业的发展。与此同时，河源市内，没有形成将景区进行有效连接的旅游大道，目前，市区唯一的旅游大道是万绿大道，景区之间的交通极为不畅通，配套设施不完善。

（二）经济短板

社会经济发展水平与旅游经济的发展息息相关，发达的区域经济能为旅游经济的发展提供动力和支持。区域的经济实力影响到旅游资源的开发、区域旅游基础设施的完善、旅游投资能力和接待水平，以及旅游开发的规模和发展方向等众多方面。作为经济大省，广东经济发展极不平衡。以广州、深圳为首的珠三角地区，GDP 遥遥领先，占据全省 GDP 总量的 85% 以上（见表 5）。珠三角地区旅游基础设施完善、接待能力强，旅游人数多。而包括"三市"在内的粤东西北地区，经济规模总量较小，人均可支配收入不足珠三角地区的一半，且营商环境、人才集聚等方面都远不及珠三角地区。粤港澳大湾区对生产要素的虹吸效应，使大量的人流、物流、资金流、信息流进一步向粤港澳集聚。受经济影响，"三市"商业极不发达，不能结合商业活动丰富的特征来推动文旅产业的发展，而没有商业的促进，纯自然的文化旅游对游客的吸引度不高，文旅产业有效需求不足。此外，游客收入不高、人口结构中外来者不多、海外侨胞往来次数不密集等，也是制约"三市"文旅产业发展的因素。

表5　广东省各地级市 2011—2018 年 GDP

单位：（亿元）

城市	2018 年	2017 年	2016 年	2015 年	2014 年	2013 年	2012 年	2011 年
广州	22859	21503	19611	18100	16002	15420	13551	12303
深圳	24222	22438	19493	17503	16707	14500	12950	11502
佛山	9936	9550	8630	8004	7603	7010	6709	6580
东莞	8279	7582	6823	6275	5881	5490	5010	4735
中山	3633	3450	3203	3010	2823	2639	2447	2190
珠海	2915	2565	2226	2025	1857	1662	1504	1403
江门	2900	2690	2419	2240	2082	2000	1910	1830
肇庆	2201	2201	2084	1970	1845	1660	1454	1323
惠州	4103	3831	3412	3140	3001	2678	2368	2097
汕头	2512	2351	2081	1850	1716	1566	1415	1403
潮州	1067	1074	977	910	850	780	706	647
揭阳	2152	2151	2033	1890	1780	1605	1380	1228
汕尾	920	855	828	780	717	672	610	550
湛江	3008	2824	2585	2380	2259	2060	1870	1708
茂名	3092	2924	2637	2446	2349	2160	1951	1780
阳江	1350	1409	1319	1256	1169	1040	877	779
韶关	1344	1338	1218	1150	1112	1010	888	814
清远	1565	1501	1388	1285	1188	1093	1029	1003
云浮	849	840	778	710	664	602	540	492
梅州	1110	1126	1046	955	886	800	746	733
河源	1006	952	899	810	765	680	615	572

从表6、7可以看出，汕头星级宾馆数量较少，开房率较低。旅客群体以国内旅客为主，国际旅客人数较少，外汇收入较低。另外据汕头市人民政府官网信息，截至2020年2月，汕头市共有景区38家。其中A级旅游景区10家，非A级景区28家。可以看出，当前，汕头文旅产业呈现弱、散、小的特点。无论是作为旅游业核心资源的旅游景点、景区及其从业人员的数量，还是旅游业配套设施的宾馆、酒店、饭店及其从业人员，汕头文旅产业的竞争力仍然靠后。

表6 2018 年汕头星级宾馆概况

指标	合计	星级宾馆				
		五星级	四星级	三星级	二星级	一星级
宾馆数（座）	29	3	5	18	2	1
房间数（个）	5244	1252	1101	2634	161	96
床位数（张）	8352	1824	1764	4312	264	188
开房率（%）	52.51	61.88	54.67	46.42	46.4	25.16

表7 2017 年、2018 年汕头旅游业情况

指标	2018	2017	2018 年比 2017 年增长（%）
旅行社数（个）	104	97	7.2
旅行社从业人员数（人）	1555	2920	−46.7
接待过夜游客人数（人）	21644368	18796672	15.2
国内旅客（人）	21306584	18505680	15.1
国际旅游者（人）	337784	290992	16.1
外国人（人）	178933	169629	5.5
港澳同胞（人）	144597	109119	32.5
台湾同胞（人）	14254	12244	16.4
旅游收入（亿元）	534.48	445.34	20.0
外汇收入（万美元）	19874.11	15930.55	24.8

2019 年，潮州贸易业发展稳中有进，旅游市场持续畅旺。2019 年，全市实现社会消费品零售总额 636.39 亿元，增长 8.2%，增速创年内新高。其中，批发业零售额为 37.86 亿元，增长 1.7%；零售业零售额为 547.10 亿元，增长 8.8%；住宿餐饮业零售额为 51.42 亿元，增长 6.8%。农村市场的消费潜力持续释放，全年乡村消费品零售额增长 8.5%，增幅比城镇市场高 0.4%。全年旅游市场持续畅旺，全市实现旅游收入 398.25 亿元，增长 30%；接待海内外游客人数 2629.47 万人次，增长 31%。

河源周边地区旅游产品替代性增强，使河源市市场面临分流威胁。旅游业持续升温的态势及良好的经济效益，使全省各地普遍重视培育自身旅游特色和优势，不同程度地加大了旅游业资源的开发力度。周边旅游业的发展不可避免地对河源旅游产品产生替代作用，使河源市旅游面临更加激烈的市场竞争。根据广东省旅游业新的开发思路，广东北部培育以韶关为中心的旅游区，完善山区的旅游联合体，将京广铁路沿线建成粤湘旅游走廊；广东东部培育成潮汕文化之旅，发挥梅州客家文化中心的作用、加快南澳岛的开发和建设。从北部看，河源市不是区域旅游建设的重点仅沾上了完善山区的旅游联合体的边。从东部看，梅州在客家文化中心的地位在很大程度上削弱了

河源地区客家文化的独占性。此外，河源重要旅游资源之一的南国恐龙生物化石，与丹霞山南雄恐龙遗址存在着区域竞争。

河源旅游业总体发展水平偏低，产业优势不明显。河源市旅游业从1995年开发万绿湖起步后，发展迅速，成绩较大，但由于起步较晚、发展时间不长，整体发展水平仍偏低。河源市经济水平偏低，导致多年来人才外流的恶性循环。缺乏具有创新精神的旅游企业家和高素质的旅游管理和服务人才，制约了旅游业水平的提高。目前，河源的旅游开发观念还比较落后，尚未实现旅游资源优势向旅游产品优势和旅游产业优势转变，旅游资源开发、旅游经营管理、旅游行业管理、旅游服务设施与服务质量与周边地区旅游同行业相比，都存在一定的差距，旅游业总体素质亟须进一步提高。

（三）载体短板

目前，融入粤港澳大湾区，"三市"有多个国家级平台助力。汕头、潮州是海峡西岸经济区的重要组成部分。汕头华侨试验区是全国唯一的兼具"侨"和"文化"特色的国家级战略平台，拥有高新区、保税区等多重政策优势。2017年6月，汕头华侨试验区获国务院批准列为全国第二批双创示范基地；同年9月，国务院侨务办公室批复同意在华侨试验区设立"侨梦苑"，成为全国第17个"侨梦苑"；汕头华侨试验区是首批粤港澳服务贸易自由化省级示范基地之一。

虽然有"硬件"的支撑，但是"三市"文旅产业的发展，仍然缺乏国际影响力的常态化载体。笔者经过梳理发现，近年来，汕头市举办、承办的有国际影响力的经济文化活动屈指可数。粤东侨博会一年一届，在粤东4市依序轮换；连续5年举办国际马拉松赛；2019年举办亚洲两项体育赛事，首届亚洲暨全国冲浪锦标赛和汕头铁人三项亚洲杯暨全国锦标赛。作为分会场，参加央视2020年"东南西北贺新春"的拍摄。目前，汕头正在积极筹办第三届亚洲青年运动会，该体育盛事将在2022年12月举办。近年来，潮州市陆续举办大型国际交流活动，如2009年举办"中国·潮州韩愈国际学术研讨会"、2016年举办中国（潮州）国际婚纱礼服周、2018年举办潮州国际刺绣艺术双年展、2019年举办第二届国际潮州凤凰单丛茶文化旅游节，但涉及旅游领域的国际赛事相对较少。河源市游客接待数量总体增长缓慢，2017年接待国际游客7.64万人次，比上年下降5.0%，河源市旅游国际市场地位还不突出。据梳理发现，河源目前只举办过第23届世客会、自2016年起连续4年举办过河源万绿湖国际马拉松赛等国际活动，但其与在国际能产生影响力的活动少之又少，一定程度上制约了河源市在国际上的传播力和影响力。

（四）经验短板

汕头市既有丰富的自然资源，又有多种人文旅游资源，并且以文化型旅游资源为主体。根据汕头市旅游资源质量评价、旅游市场和产品对应分析，不同类型旅游吸引物的吸引范围和强度如下：①观光型：主要包括各类自然风光和历史文化遗存等资源。观光型资源吸引范围主要是粤东地区，可波及外围市县及港澳地区，但对内地和境外吸引力较小。②度假型：以自然生态和海滨沙滩为主题的度假型资源替代竞争激烈，吸引空间主要是粤东地区及部分港澳客源。③娱乐和购物型：地方特色的娱乐和购物产品没有形成，产品与其他地方大同小异，吸引范围以本市为主，很少有外地客人专门为此而来。④宗教文化型：汕头宗教旅游点吸引范围以粤东为主，缺少影响较大的区域性或大区性宗教圣地，影响可波及粤中和港澳地区，但外来市场强度较小。⑤商务公务型：是过去和现在远途吸引的主体，波及范围广阔。但受社会经济大环境影响严重，汕头的商务与公务旅游在硬件和软件上都比较脆弱。

由此可见，汕头高级别尤其是国际级的景区景点相对缺乏，高质量、强吸引力的旅游产品开发不足。近年来，汕头设计了一些旅游线路，但以短途一日游线路为主，没有知名度较高的旅游产品，大旅游市场发育不成熟。休闲、度假、娱乐、会议、特种旅游、城市旅游等功能不足；潮汕文化、华侨文化、民俗文化等旅游资源开发进展不大。缺乏富有汕头特色的海上旅游项目；普遍存在旅游产品规模较小、深度开发不够、结构不合理和低层次竞争的问题。全市尚未形成比较成熟的多功能大型旅游区。

四、意见和建议

（一）规划先行

旅游经济的发展离不开政府政策的支持，相关旅游政策是旅游经济发展不可忽视的重要因素。一个地区旅游经济的发展需要政府和政策在财政、税收、金融、法律法规、基础设施等领域的倾斜和支持。政府需要制定有利于旅游经济发展的政策、法律法规，以及旅游发展规划。当前，文化旅游产业仍属于新兴的产业，必须要得到法规政策的全面支持。一旦政府没有认识到文化旅游产业对经济发展的重要性，也不重视其在本地区内的发展，就难以得到相关的政策扶持。所以，不够完备的文化旅游产业方面的政策、法规，缺乏固定化的促进性政策措施会导致产业内部的空白点较多；如果政府制定的法规和政策过于僵化、缺乏可操作性、落实力度较弱，相关配套政策和措施也没有及时到位的话，就会致使文化旅游产业发展迟缓，继而严重影响了本地区的文化旅游产业发展。一旦出现管理体制不合理、服务关系不协调、上下机构工作对接不畅、多头管理乱象层出不穷等问题，就会严重影响文化旅游产业的发展。

特别是《粤港澳大湾区发展规划纲要》发布，对广东各地市文旅产业的发展有深远的影响。前文提到，"三市"已实施举措促进文旅产业发展，但《纲要》发布以来，相关的规划、实施意见尚未出台。"三市"应该专门成立一个部门，来谋划怎样在文旅产业的方方面面去融入或者对接粤港澳大湾区，结合"三市"与海外交往的独特人缘、地缘、亲缘优势，民俗文化、生态资源等优势，借力与大湾区深厚的历史文化渊源，精准对接华侨资源，及时调整战略、创新思路，进行二次创业，努力迎来文旅产业新一轮的增长期。

（二）市场主导

文旅产业属于重资产长周期，需要深耕和耐心。虽然很多文旅产业从业者看到人民日益增长的需求，看到了巨大的市场前景，但当前整个行业在快速奔跑的同时，未能认认真真地把每个细节做到位。这也是为何目前国内还没有大规模文旅项目成功的原因。我们要从市场的角度、用经济的方式为客户提供更好的服务。有收入、收益，才能支撑文旅内容的总和与文旅的"吃住行游购娱"一步一步真正发展。如果企业投资没有收益，做服务没有经济的配备，或者商业逻辑没有找对，发展文旅产业前方困难就很多了。

从投资方看，要联合拓宽投资渠道、增强旅游吸引力。落实拓宽投资渠道，一方面可通过区域合作增强投资吸引力，以争取到更多的政策及民间资本支持；另一方面，可借助潮汕的华侨文化优势，鼓励海外潮籍华人华侨投资。此外，从旅游发展的角度来看，人数众多的海外潮人也是数量庞大的潜在游客群体。在加强区域旅游合作方面，除了资金支持，海外潮籍华人华侨还可以起到宣传推介的作用，宣传推介作用包括两个方面，除了对其他国家和地区的人民进行宣传推介以外，还包括对出生和成长均在海外的潮籍青少年进行传承教育，激发"乡愁"，增强海外潮籍新生代的归属感。

从需求端看，文旅产品消费者包括本地游客和外地旅游者，可分成三种类型：本地游客、短途游客和长途旅游者。由于消费者对文旅产品的价值感知是多维度的，所以文化旅游产品的供给者应该从多维度了解消费者的需求，更加科学地提供合适的文旅产品和服务。比如，提高服务质量、增加信息获取渠道、合理定价门票、丰富节事活动等。在粤港澳大湾区辐射下的"三市"，可借助日益便利的交通（时速350公里/

小时的汕汕高铁计划于 2023 年通车，汕头至广州只需 1.5 小时），实现将游客从粤港澳大湾区引流至"三市"所在地的短线旅游方式。因此，在供给端，可利用自身特殊的民俗文化打造品牌，借助丰富的节事活动制作动态参与性的文化旅游资源。而在需求端，短期的文化参与活动是基于人们越来越渴望走出熟悉的环境、体验另一种文化浸润下的人生活动的需求。

（三）文旅相融

1. 要深挖文化精髓，提炼文旅品牌符合

"三市"发展文化旅游，关键在于要确定品牌定位，形成自身特色。要深挖各自文化旅游资源内涵，提炼与其差异化的文化符号，打造一个流量"IP"。

2. 加强旅游商品文创设计，丰富各地特色旅游手信体系

充分发挥各地非遗等文化资源优势，发掘各地地域文化特色，发展以文创产品为基础、以文化创意为亮点的旅游商品体系，尤其是可以与农产品相结合，重点打造手信品牌。开发潮汕文化、客家文化等文化创意旅游商品发展，提高附加值。

3. 推动文化与旅游深度融合，打造文化体验目的地

以现代生活作为诠释各地文化的新路径，立足现代审美意趣和生活习惯，创新潮汕文化、客家文化的开发利用，围绕构建全域旅游发展格局，打造各种具有较强体验性和参与性的文旅融合项目。结合互动体验、文化创新、科普教育、家庭亲子等市场消费热点，开发河源市佗城文化研学之旅、林寨客家民俗体验之旅、粤赣古驿道历史发现之旅等形式的体验。做强做大旅游特色商品和美食一条街，延长文化旅游体验的产业价值链。

（四）新的路径

要探索"互联网＋"的旅游发展路径。"互联网＋"旅游发展可从三个方面来推进。

一是积极与各互联网旅游企业进行沟通合作，提高推广的速度，扩大推广影响。二是开发自己的互联网旅游产品，将各类旅游信息更全面更生动地以便捷的方式展现，甚至可以将纪念品等本地特色产品以电商的形式加入其中，集成一套可以提供导览、旅游线路规划、旅游信息查询、酒店和门票预订、本土文化介绍、纪念品和特产销售等为一体的应用软件。三是建立专门的社交软件或自媒体官方平台，除了宣传以外，更重要的是与旅客等多互动，以便及时发现问题，改善管理，提升旅游品质。

大湾区及周边城市参与构筑"一带一路"重要支撑区路径探索

——以珠海、湛江为例

林艳芳　苏碧银　宋一诺①

一、引言

"一带一路"倡议，是新时代中国扩大开放和经济外交的顶层设计，是中国主动拥抱国际发展机遇、谋求与沿线国家互利共赢的重大战略举措。粤港澳大湾区建设的一大目标就是成为"一带一路"建设的重要支撑区。粤港澳大湾区经济带的建立，将为广东省经济的进一步发展提供广阔的空间。作为粤港澳大湾区"9+2城市群"之一，珠海是中国最早实行对外开放政策的四个经济特区之一，是大湾区重要节点城市，也是珠西核心枢纽城市，正以更加开放的姿态，拓宽"一带一路"的交融之路。作为粤港澳大湾区周边城市，湛江是中国首批对外开放的14个沿海开放城市之一，是国家"21世纪海上丝绸之路"战略支点城市，也是"一带一路"的重要节点城市，目前正在打造广东省现代化沿海经济带重要发展极，积极对接服务粤港澳大湾区建设。两个城市在助力大湾区构筑"一带一路"建设重要支撑区上大有可为，并且已经迈出坚实步伐。

---

① 林艳芳，女，湛江日报社记者；苏碧银，女，湛江日报社记者；宋一诺，女，珠海传媒集团记者。

二、背景及意义

（一）大湾区构筑"一带一路"重要支撑区的重要意义

2015年3月28日，国家发展改革委、外交部、商务部联合发布了《推动共建丝绸之路经济带和21世纪海上丝绸之路的愿景与行动》，宣布实施"一带一路"建设。中国在实施"一带一路"倡议过程中，能够结合地区各自所长，实行更加开放的战略，加强各地区互动与协作，发展开放的经济政策。粤港澳大湾区作为我国开放程度最高、经济活力最强的区域之一，为进一步扩大开放、构筑"一带一路"建设重要支撑区奠定了良好基础。

相关文件指出，我国沿海地区以及港澳台地区应该发挥自身特点，找准定位，深化粤港澳大湾区协作。为了打造粤港澳大湾区，促进各个组成成员的和谐发展，可以通过加强深圳前海、广州南沙、珠海横琴之间的合作，并深化与港澳台合作的方式来实现，发挥海外侨胞以及香港、澳门特别行政区独特优势，积极推动"一带一路"建设，在海上丝绸之路中发挥自己重要的作用，这也是对粤港澳区域合作在"一带一路"建设中进行的全新定位。

2019年10月，在由中央广播电视总台和广东省人民政府主办的第三届"21世纪海上丝绸之路"中国（广东）国际传播论坛上，多位中外专家表示，粤港澳大湾区和"一带一路"建设都关乎中国经济乃至全球经济的发展，与此同时，大湾区建设也将会助力"一带一路"的交流融合。把握"一带一路"倡议机遇，实现粤港澳大湾区及周边城市合作开放发展意义重大。

（二）珠海助力大湾区构筑"一带一路"重要支撑区的优势

作为我国最早设立的经济特区之一，珠海不仅是中国改革开放的前沿窗口，也是粤港澳大湾区的重要节点城市，正奋力推动"二次创业"加快发展，打造粤港澳大湾区重要门户枢纽、珠江口西岸核心城市和沿海经济带高质量发展典范。在助力大湾区构筑"一带一路"重要支撑区方面，珠海具有得天独厚的优势。

一是区位优势。有百岛之市美誉的珠海，版图跨越整个珠江口，地处珠三角地区海上航路的咽喉要道，政治和经济地位均十分重要。从地理位置上看，港珠澳大桥通车后，珠海成为内地唯一与港澳陆路相通的湾区城市，在推进粤港澳合作等方面优势更加凸显，大湾区乃至全球的创新、人才、资本、技术、文化等资源要素将在珠海集聚、联通、配置和融合。同时，随着连通东西两岸的一大批交通基础设施相继建成，珠海的区位优势和辐射带动作用将进一步增强，更有基础、更有条件为珠江口东西两岸融合互动发展提供支撑，成为区域发展的增长极和沟通国内外市场的重要通道，在"一带一路"建设中扮演更为重要的角色。此外，珠海高栏港作为珠江口西岸的深水良港，近年来发展迅猛，目前已结合西江水系实现江海联运，同时还积极拓展与巴基斯坦、巴西等国家的港口合作关系，未来将成为珠海融入"一带一路"倡议的重要载体。

二是政策优势。作为经济特区，珠海在经济体制改革方面一直先行先试，中央政府也给予了强有力的政策支持，这也成为珠海迅速发展的一大优势，而横琴自贸区落户珠海，使这一优势得以进一步凸显。由于拥有横琴自贸试验区的政策优势，珠海目前已成为推进全国新一轮对外开放的重要节点，在金融、贸易、会展、休闲旅游、商务服务等方面走在全国前列。作为"特区中的特区"，横琴自贸区已被列入"一带一路"行动方案，在"海上丝绸之路"整体建设布局之中占有重要地位，开放的国际合作氛围和国际化、法治化的政商环境使其成为中国新时期对外开放的重要窗口，未来横琴将在跨境电子商务、投资贸易便利化、行政体制改革和司法综合改革等方面进行更多的探索，这正是"一带一路"倡议所致力于实现的重要目标，事实上横琴自贸区已成为珠海融入"一带一路"倡议的最大优势。

（三）湛江助力大湾区构筑"一带一路"重要支撑区的优势

当前，广东省委以构建"一核一带一区"区域发展新格局为重点，加快推动广东区域协调发展，打造世界级沿海经济带，湛江被定位为省域副中心城市、广东经济新的增长极。随着高铁、高速、机场等一批重大交通基础设施加紧建设，宝钢湛江钢铁、中科炼化、巴斯夫等一批重大项目相继投产或开工建设，形成了"看好湛江、投资湛江，凝心聚力、加快发展"的良好态势。

在泛大湾区尤其是粤东西北地区中，湛江更有机遇、更有优势在承接大湾区体制机制红利方面抢占先机、走在前头。作为粤港澳大湾区后花园，湛江也可以在交通、产业、市场、创新、生态等方面提供重要支撑。

湛江可以让粤港澳各方在更广阔的区域中配置资源、优势互补。《粤港澳大湾区发展规划纲要》（以下简称《规划纲要》）对加快大湾区基础设施互联互通做了全面细致的安排，广东将大手笔、大气魄地打造畅通湾区内外、联通全世界的立体化现代交通体系。湛江作为全国性综合交通枢纽，在国家战略中，必将推动在更广阔的区域中配置资源、优势互补。

近年来，省委、省政府全力支持湛江快速立体交通基础设施升级换代，目前，已完成湛江机场的迁建、王湛等 6 条高速公路、湛江 40 万吨级航道等重大交通基础设施，未来还将陆续建成广湛、合湛、湛海、张海高铁，实现互联互通、无缝对接。届时，湛江将成为快速通达粤港澳大湾区、便捷对接海南、联通世界各地的重要交通枢纽。特别是湛江作为国家重要港口城市，拥有天然深水良港，在降成本等方面占据明显优势。比如，巴西到中国的矿船，17 万吨船的运费是 13 ～ 14 美元 / 吨，40 万吨船的运费是 8 ～ 9 美元 / 吨，运输费用降低了近 40%。同时，我国广阔的大西南内陆地区对接海上丝绸之路和粤港澳大湾区、构建开放型经济新体制，必须由湛江来提供支撑。

湛江可以提供更坚实的产业配套和规模支撑。《规划纲要》实施意见明确提出"支持大湾区优势产业参与东西两翼沿海地区和北部生态发展区重大产业项目建设，深化产业协调共建。"这必然为湛江的产业发展带来广阔空间和巨大商机。

湛江可以更好对接利用优质创新资源。作为科教大市和产业大市，在对接粤港澳大湾区国际创新中心建设，湛江既有科教之长，又有成果转化和产业承载之优。

目前，湛江拥有 7 所高校，66 所中职（技工）学校，6 家国家级及 133 家省级科研机构；同时拥有国家级高新区和湛钢、中科炼化、巴斯夫等重大项目以及一批以小家电、农海产品加工为代表的传统优势产业。尤其是省委、省政府在构建"一核一带一区"区域协调发展新格局战略背景下，大力推动大湾区科技要素向粤东西北地区流动，并提出了加快广东省实验室等重大创新平台建设，加强高校、科研院所、企业创新合作，支持港澳高校、科研机构、企业到粤东西北地区设立分支机构等一系列政策措施，推进科技创新跨越发展提供了良好的机遇。

湛江可以深度挖掘大湾区世界级消费潜力。湛江作为农业大市、海洋大市，农副产品无论在产量、数量、品种还是质量上，都具备很强的市场竞争力，如廉江红橙、雷州芒果、徐闻菠萝等都在全国全省打响了品牌；又如湛江海产品总产量、总产值和加工出口创汇居广东之首，更是全国重要的对虾养殖和种苗生产基地，对虾养殖面积、种苗、产量、饲料、加工、出口和流通等居全国第一。

三、现状与探索

（一）珠海相关进展与成效

1. 围绕"一桥双港"，加快基础设施互联互通

加强基础设施的互联互通，是"一带一路"建设的重要内容。拥有港珠澳大桥、海港、空港、高铁等"海陆空铁"的立体化综合交通枢纽体系，为珠海助力大湾区构筑"一带一路"重要支撑区奠定了良好基础。在珠三角城市群中，珠海具有突出的区位优势，应当积极发挥枢纽功能，不仅仅服务于当地发展，还要面向更广阔的区域。

2018年10月24日，港珠澳大桥正式通车运营，打开了大湾区互联互通的"黄金通道"，也为珠海参与"一带一路"建设打开了新空间。大桥架起了珠江东西两岸连通的动脉，在珠江口形成闭环，重构了湾区的空间格局。珠海，则从地理上的末梢转而成为大湾区的门户枢纽。以港珠澳大桥为龙头，一批对外联通的重点项目也在加快推进，深珠（伶仃洋）通道、黄茅海跨海通道、广江珠澳高铁、广中珠澳高铁，珠海正发力建设珠江西岸区域综合交通枢纽，提升城市集聚辐射能力。

港口是沿海城市最核心的战略资源。作为华南地区少有的深水大港，以高栏港为主港区的珠海港在"一带一路"建设中抢占先机。公开数据显示，截至2020年4月，珠海港集团已开通74条集装箱班轮航线。其中国际航线24条（含外贸内支线9条），分别通往日本、泰国、越南、巴布亚新几内亚、所罗门群岛、新喀里多尼亚、斐济以及中国香港、澳门、台湾等地区。

珠海的空港也在发力。公开数据显示，2018年，珠海机场年旅客吞吐量已突破千万人次，这也意味着珠海机场成为粤港澳大湾区第四座千万级机场。珠海正加快谋划珠海空港经济区，加快开展机场总体规划修编工作，推动珠港澳三地机场融合发展。不久的将来，这里还将成为复合型国际干线机场和货运枢纽机场，以此实现在"一带一路"空中走廊的大发展。

2. 创新经贸交流平台，培育国际竞争合作新优势

拓展对外贸易，是高水平对外开放的重要组成部分。近年来，珠海持续深化与"一带一路"沿线国家及欧美等发达经济体的经贸合作，创新经贸交流平台，全面优化珠海开放发展空间，培育国际竞争合作新优势。

珠海市商务局统计数据显示，2018年，珠海对"一带一路"沿线国家货物贸易进出口总额为1173亿元，同比增长8.53%，占全市出口贸易总额的36.13%。2019年，

珠海全年实际吸收外资 163.9 亿元，规模保持全省第三位；外贸进出口总额 2908.9 亿元，规模居全省第五位。当前，面对严峻复杂的国际疫情和世界经济形势，珠海全力稳外资稳外贸。2020 年 1—5 月，全市实际吸收外资 14.86 亿美元，同比增长 19.9%。

2016—2019 年珠海已连续 5 年举办中以科技创新投资大会，5 届参会企业均超过 2000 家，参会人数超 5000 人，架起中以经贸交流和科技创新合作的桥梁。总投资 25 亿元、总建筑面积 24.4 万平方米的中拉经贸合作园也于 2017 年正式开园。珠海还主动对接国家战略，依托横琴自贸区制度创新优势、利用澳门与葡语系国家联系紧密的优势，在促进大湾区乃至中国与拉美地区的合作上动作不断。2018 年 11 月，第十二届中拉企业家高峰会在珠海成功召开，来自中国和拉美 700 余家企业开展了 2300 余场洽谈，签署了 6 个合作协议，签约总金额约 165 亿元，签约额创历届新高，为中拉合作再度注入了充满活力的"珠海力量"。

随着粤港澳大湾区建设的深入推进，香港、澳门已成为珠海重要的贸易伙伴和最主要的外资来源地。珠海充分利用港珠澳大桥推动市外贸产业发展，以珠港澳海陆空联运为手段，加强与香港、澳门国际贸易合作，在珠海建设"承接港澳、辐射粤西、服务湾区、联通全国"的区域性国际贸易分拨中心。在跨境电商公共服务平台建设方面，珠海不断着力完善跨境电子商务公共服务平台功能，优化珠海电子口岸资源，实现跨境电子商务公共服务平台和国际贸易"单一窗口"系统与功能对接。按照规划，珠海未来力争建成粤港澳大湾区跨境电子商务重要一极、辐射粤西地区的跨境电子商务服务基地、中国与葡语系国家及拉美地区国家跨境电子商务合作平台。

3. 促进资金融通，为企业"走出去"提供融资服务

资金融通是"一带一路"建设的重要支撑。随着"一带一路"建设积极推进，珠海与沿线国家投资合作也迅速增长。数据显示，2015—2019 年间，珠海对"一带一路"沿线国家投资项目数（企业＋机构）57 个，协议中方投资总额 1.56 亿美元。投资产业主要涉及石油化工、电子信息及商贸批发。"一带一路"沿线国家也纷纷"走进来"，资金与项目实现良性流通。截至 2019 年，珠海有 260 家"一带一路"国家外资企业，到位外资 11 亿美元，主要集中在制造业、房地产业、酒店业。

龙头企业饮"头啖汤"①：格力电器先后中标，服务巴基斯坦瓜达尔港项目、中国老挝铁路、缅甸仰光市坎塔亚中心等重大工程；东信和平陆续在新加坡、孟加拉国、印度、俄罗斯分别设立了 4 家海外子公司；欧比特入股以色列 UA 公司，涉足飞行汽

---

① 粤语地区的人们喜好煲汤，头啖汤即第一口汤。

车领域。民营企业成为推动投资畅通当之无愧的"主力军"。与国企相比，民企更灵活、势头也快。它们通过在海外建设制造基地、开展并购、承接工程等方式，提升企业国际竞争力，向世界展示了珠海民企力量。

珠海毗邻香港这个国际金融中心，港珠澳大桥建成开通后，使得珠海优势进一步增强，有望成为珠江西岸区域参与"一带一路"建设中非常重要的金融支点。珠海正抓住港珠澳大桥这一历史性机遇，吸引香港的国际金融资本、人才和先进经验向珠海聚集，吸纳更多的外资金融机构到珠海设立分支机构。

4. 以国际论坛等为抓手，搭起大湾区走向世界的桥梁

推进"一带一路"建设，需要促进民心相通。人文交流是促进民心相通的重要途径。近年来，珠海在教育、文化、旅游、民间交往等领域广泛开展对外合作，以国际论坛等人文交流活动为抓手，搭起大湾区走向世界的桥梁。

2019 年 10 月，第三届"21 世纪海上丝绸之路"中国（广东）国际传播论坛（下称"海丝论坛"）在珠海举行。这场以"大湾区建设助力'海上丝路'交融"为主题的国际盛会，吸引了全世界的目光，为"一带一路"建设注入新的活力。凝聚国际共识，促进民心相通，正是"海丝"国际传播论坛诞生的初心。2019 年已是该论坛连续第三年在珠海举办，并且该论坛已永久落户珠海。欧洲战略咨询师万登道参加"海丝"论坛期间，途经港珠澳大桥时特意拍下照片分享给朋友。他指出，欧洲特别是西欧很多国家的人们对中国、对"一带一路"还了解不多，在"一带一路"建设过程中，让西方人了解中国非常必要。

这样的交流与互动，不断在珠海上演。中国（珠海）国际航空航天博览会、中国国际马戏节、珠海 WTA 超级精英赛、珠海莫扎特国际青少年音乐周、"一带一路·手拉手"十国少年中国行活动……一系列国际级的文体旅游及会展活动，已成为珠海在全球的闪亮名片，为珠海助力大湾区走向世界，参与"一带一路"人文交流积累了良好基础。

面向世界讲好大湾区故事，是为推动大湾区打造成为"一带一路"建设重要支撑区凝聚共识的重要方法。"澳珠一极"作为粤港澳大湾区的重要一极，在推动大湾区打造成为"一带一路"建设重要支撑区方面肩负重要使命。作为凝聚共识的重要载体，珠海传媒集团有限责任公司已与澳门广播电视股份有限公司、澳门有线电视股份有限公司、澳门商报国际传媒集团有限公司签订了战略合作协议，在内容共享、节目互设、活动联办、新媒体平台建设等方面开展多元深度合作，传递"澳珠一极"好声音，为努力将大湾区打造成为"一带一路"建设重要支撑区凝聚思想共识。

(二) 湛江相关进展与成效

湛江是首批沿海开放城市,同时是"一带一路"海上合作支点城市、广东对接东盟的前沿城市,位于粤港澳大湾区、北部湾城市群、海南自贸区(港)三大板块"金三角"的核心位置,在衔接"一带一路"国际陆海贸易中的地位不可或缺。湛江要抢抓"一带一路"建设、粤港澳大湾区建设的叠加机遇,积极谋划建设自由贸易港(区),努力推动开放平台升级优化,加快形成更高层次对外开放新格局,打造中国南部沿海的开放新高地。

1. 打造交通枢纽融入大湾区快捷交通圈

交通是城市空间布局的重要依托,是经济社会发展的关键所在。当前,湛江正加快构建现代化快速立体交通体系,打造高水平的全国性综合交通枢纽,夯实对接大湾区的交通基础。

融入大湾区快捷交通圈。根据全省统一部署,设计时速 350 公里的广湛高铁建成通车后,湛江将真正融入粤港澳大湾区两小时的生活交通圈。形成高铁直达珠三角东西两岸的交通对接格局,使湛江与大湾区的人员往来更加便捷。另一方面,湛江市正加快扩建广湛高速开平至湛江段,提升连接大湾区的高速公路主通道能力;争取把西部沿海高速延伸至湛江,通过黄茅海通道对接港珠澳大桥,形成湛江便捷连接珠三角西岸沿海地区和澳门、香港的高速公路大通道。

做好深水大港发展大文章。湛江市正重点加快推动湛江港 40 万吨级航道建设,加快建设一批码头,推动港口扩能升级;发挥湛江港大宗散货运输成本优势和广州、深圳、香港港口集装箱运输网络优势,探索建立大宗散货经湛江港中转的港口运输合作机制,使湛江港更好地服务粤港澳大湾区建设。

湛江机场迁建工程是湛江振兴发展的"一号工程",目前,湛江机场已迁建完成,是粤西首个 4E 级机场,迁建工程完善了机场陆侧集疏运体系,提升了空港国际服务功能;积极推动有序加密直飞或经大湾区中转的国际国内航线。提升了连接周边区域的通道能力。湛江地处大湾区连接广西、海南和东盟的前沿地带,发挥大湾区辐射周边区域的纽带作用,服务大湾区建设,必然要求湛江尽快打通连接周边区域的高速大通道,全面拉近与周边区域的时空距离。

2. 聚焦平台对接,加快形成更高层次对外开放新格局

湛江要抢抓"一带一路"、粤港澳大湾区、海南自贸区(港)三大国家战略的叠加机遇,积极谋划建设自由贸易港(区),努力推动开放平台升级优化。设立综合保税区作为"一港区"启动工程,全力以赴完善综合保税区选址、空间布局与产业规划。积极推动湛江港和东海岛纳入广东自贸区扩区的片区,加强湛江深水港与粤港澳大湾区港口合作,积极融入海南自贸区(港)开放格局,探索建设以大宗商品交易为特色的自由贸易港。进一步做大做强湛江保税物流中心(B型),探索推进"保税+新零售"保税展示交易模式。

要支持湛江港集团实施"一带一路"南向通道战略,共建区域大物流综合性服务平台。支持辖区内的企业利用扶持政策拓展"一带一路"沿线新兴市场,巩固扩大外贸出口。促进本土物流企业与国外物流企业合作。发挥湛江港作为我国南方大港和大西南地区主枢纽港的优势,发展物流"总部经济",打造服务华南和大西南、辐射"一带一路"沿线的物流高地。密切港城联动,助力"一港区"建设。

湛江围绕粤港澳大湾区发展战略和广东"一核一带一区"区域发展格局,中国大陆最南端——中国徐闻积极寻找发展机遇,主动融入"一通道、一港区、一示范"和现代化沿海经济带建设,致力打造成为现代化沿海经济带和琼州海峡经济带协同发展的关键支撑点,尤其是依托港口口岸优势发展对外经济。下一步将完善徐闻口岸通关服务功能,争取将徐闻口岸升级为国家一类口岸;规划建设专业货运区和货运码头,扩大港口集装箱吞吐量;积极引进港口物流、冷链物流等临港产业项目,推进临港国际物流城建设,打造中国南方重要物流枢纽和物流中心;打造海南现代服务业重点延伸区和扩散地。

3.把握生态优势,推动高质量发展

当前,湛江市正加快建设省域副中心城市、打造现代化沿海经济带重要发展极,而良好的生态环境,既是湛江人民最引以为豪的优势,也是湛江的城市名片,更是湛江发展的巨大潜力所在,湛江市将充分把握粤港澳大湾区建设的历史性机遇,牢固树立和践行"绿水青山就是金山银山"的理念,全力推动湛江高质量发展。

良好的营商环境既是生产力、驱动力,也是吸引力、竞争力,湛江市重点学习借鉴优化营商环境先进经验,打造与大湾区接轨的营商环境,打造国际化法治化营商环境。加快推进营商环境示范区建设,深化"放管服"改革和商事制度改革,主动对接港澳在市场准入、政务服务、产权保护等营商环境规则体系。提高城市精细化管理水平,大力推进城市精细化、网格化管理,聚焦老百姓关注的热点难点问题,夯实城市精细化管理工作基础。营造共建共治共享的社会治理格局。以便民、惠民、利民为出发点,实施十大民生工程,着力解决群众普遍关心的突出问题;大力实施乡村振兴战略,激活农村活力,振兴农村产业;将新农村建设与海东城市发展一并考虑,统一谋

划，共享城市发展成果。

加强与港澳和珠三角地区的交流合作，对标国际一流水平，认真学习借鉴先进的治污经验，湛江市正大力推进生态文明建设，与大湾区共建良好的生态环境。全面落实"河长制""湾长制"，与大湾区共同推进"蓝色海湾"整治行动，打好碧水攻坚战。持续实施雷州半岛现代农业、水利建设、生态修复三大规划，深入开展新一轮绿化湛江大行动。学习借鉴大湾区低碳发展及节能环保技术，加快构建绿色产业体系，守护好湛江的绿水青山、碧海蓝天。

4. 加强科技创新，构建区域协同创新共同体

《规划纲要》提出把"建设国际科技创新中心"作为推进大湾区建设的一项重要工作，强调要深入实施创新驱动发展战略，构建开发型融合发展的区域协同创新共同体，体现了对新时代高质量发展动力的深刻洞察。

省委、省政府在构建"一核一带一区"区域协调发展新格局战略背景下，大力推动大湾区科技要素向粤东西北地区流动，辐射带动湛江等地区创新体系建设；提出了加快广东省实验室等重大创新平台建设，加强高校、科研院所、企业创新合作，支持港澳高校、科研机构、企业到粤东西北地区设立分支机构等一系列政策措施，为湛江对接大湾区，推进科技创新跨越发展提供了重大机遇。

湛江市科技部门要结合工作实际巧干实干，加快湛江湾实验室建设。以广州、珠海、湛江三市共同建设南方海洋科学与工程广东省实验室为契机，加强海洋科学、海洋技术、海洋工程和海洋经济等领域交流合作。要加快建设海洋大科学装置、创新平台，推进海洋科学前沿研究，核心关键技术研发，发展海洋高新技术产业和海洋科技园区。围绕国家战略需求和国家实验室建设布局，以建设南方海洋科学与工程广东省实验室为起点，在省委、省政府的统筹部署下，联合打造海洋领域国家实验室。为湛江市实施创新驱动发展战略提供强大的科技支撑。要加强产学研合作，围绕湛江市产业发展需求，引进粤港澳大湾区高校、科研院所到湛江市设立研发机构，促进科技成果转移转化，促进湛江市产业创新发展。鼓励湛江市企业到粤港澳大湾区设立研发机构，利用当地研发人才、技术研发、创新环境优势，提升企业创新能力。

5. "宜居宜业宜游"做好滨海旅游文章

湛江拥有大湾区 3 小时旅游圈内最长、最丰富的海岸线，海湾众多，有独特且原生态的民俗文化，主动对接粤港澳大湾区，湛江正打造宜居宜业宜游的滨海休闲旅游目的地，全力做好滨海旅游文章。

广东滨海旅游公路，将建成全球最长的滨海公路，全长 1875 公里，串联起广东

省 14 个沿海城市。而湛江段总长 467 公里，占全程总长近四分之一。公路建成后将把湛江丰富的滨海旅游资源与大湾区"串起来"。

在交通规划建设的基础上，湛江正全力打造高端滨海项目，切实推进华侨城、方特等重大旅游项目落地，打造滨海旅游精品，满足粤港澳大湾区游客需求的产品，实现湛江旅游产业跨越式发展。抓滨海特色风情小镇建设，以广东滨海旅游公路建设为契机，打造滨海特色风情小镇品牌，形成贯通粤港澳大湾区的滨海旅游发展轴线。抓邮轮产品建设，扎实推进招商局邮轮码头建设，对接粤港澳大湾区邮轮线路产品，加强互利合作。

粤港澳大湾区是消费力极高的世界级旅游客源市场，湛江还将策划培育基于海陆空交通的精品旅游线路，继续发展高铁旅游线路产品，依托粤港澳大湾区发达的高铁网络，积极拓展粤港澳大湾区尤其是广深、港澳市场。

深度融入粤港澳大湾区文化圈，打造湛江湾人文品牌。湛江将进一步加强与粤港澳大湾区艺术院团、演艺学校及文博机构交流合作，保护推广湛江非物质文化遗产，促进文化繁荣，提升湛江文化知名度；促进文化创新，加强粤港澳大湾区文化圈的交流碰撞，利用市场机制，激发文化创新活力，引进粤港澳大湾区文化创意企业、人才以及文化品牌活动等；以活动促品牌，主动承接粤港澳大湾区文化、旅游、体育品牌活动，增强湛江城市吸引力。

四、难点与问题

（一）珠海面临的难点

作为开放大省，广东各地如今都在积极参与"一带一路"建设，珠海在这个领域有基础有优势，发展潜力很大，但在基础设施、产业基础等方面仍有不足。珠海基础设施互联互通水平有待提升。近年来，虽然珠海交通基础设施建设加快推进，但东、西部之间交通建设滞后，出海通道、连接西南地区通道的建设任务依然艰巨而繁重。此外，尽管港珠澳大桥的通车为珠海的互联互通带来了很大改变，但与粤港澳大湾区重要门户枢纽的城市定位要求相比，仍有一定差距。珠海市规划设计研究院交通规划设计分院院长张福勇认为，珠海要打造交通枢纽城市，需打破两大瓶颈：一是珠澳口岸的交通衔接问题。珠澳之间有拱北口岸、横琴口岸、港珠澳大桥公路口岸等多个口岸，但大量客流仍从拱北口岸通关，导致拱北片区拥堵压力大。可通过协调口岸功能，实现从一点集中到多点分流。二是珠海谋划高铁进程，还需要做很多准备工作，包括如何设计高铁站的枢纽功能，高铁与市内交通、区域交通、对外交通如何衔接，高铁如何带动整个周边地区发展，都需要前期深刻而周全地谋划。

虽然，珠海是中国最早实行对外开放政策的四个经济特区之一，但是由于各种因素影响，珠海的经济发展速度在珠三角地区常居于后位，经济总量在广东省处于中游水平。虽然近几年珠海在可持续发展方面取得了一定成绩，但总体上还处于经济总量补偿性发展和经济结构优化发展的多需求发展期，在推动创新驱动转化为现实生产力、促进创新成果产业化方面，还任重而道远。

（二）湛江面临的难点

粤港澳大湾区建设给湛江的发展带来了重大发展机遇，湛江对接粤港澳大湾区有利于构建粤港澳大湾区的综合交通运输体系，促进加快形成区域协调发展新格局、有利于打造现代化沿海经济带重要发展极。但湛江对接粤港澳大湾区在交通设施建设、科创能力、产业结构和文化交流上还存在一些问题。

交通衔接不通畅，交通枢纽功能不强，成为阻碍湛江融入大湾区的最大"拦路虎"。湛江市所处的地理位置较偏，资源流动性较差，加上离珠三角地区较远，虽然近年来高铁、机场、公路等建设逐步推进，但与大湾区其他城市相比差距仍较明显，交通问题是阻碍湛江发展的大痛点，现在湛江市的交通体系全而不强，整体效能还未发挥出来。铁路方面，江湛高铁通车对湛江市的发展和与粤港澳大湾区对接提供了可行性，但是相应的高票价问题也阻碍了一部分商机，相应的制度规范还有待完善。湛江港方面，湛江港具有良好的外贸发展基础，但是根据湛江港集团调研资料显示，湛江港对本地资源的吸引力仅为50%～60%，同时湛江市本地货源又占集装箱吞吐量80%以上，其区位有一定优势，但竞争力远不及广州港和北海港。机场方面，虽然湛江离东南亚一些国家仅一小时航程，但由于湛江现有机场没有国际航线，导致需要绕道白云机场。总体而言，湛江市交通短板较多，枢纽功能仍需完善。

据统计，湛江市每年流出人口近200万，大量的人才外流，加上湛江市物价水平偏高，引进人才有难度，对高新技术企业的吸引力不够，导致高端人才紧缺，创新能力较弱。加上湛江市工业化起步较晚，对科研创新的重视程度不够。虽然湛江拥有除了广东以外最多的专科学校，但学校的影响力度有限，加上地理位置较偏，与粤港澳大湾区内的高校交流较少，资源共享程度不深。

此外，湛江市场化程度低，产业结构亟须调整。目前，湛江市承接了包括宝钢湛江基地、中科炼化、巴斯夫等现代重化工业，但是其产生的经济效益占比仍较小，还没有形成相关的产业链和产业群。同时，作为特色产业的海洋产业走势低迷，缺乏规模化的海洋产业链，水产养殖技术水平较低，生产效率不高。湛江市产业发展短板之一是市场化程度低，主要体现在营商环境上，在湛江落地的民营企业普遍存在融资、用电、用工等综合成本过高的问题，市场吸引力不够，加上大湾区的虹吸效应吸引走了大量人力资源与物质资源，湛江市在激活本市民营企业活力、调整产业结构、优化人力资源配置、完善市场信息机制等方面仍较困难。

五、对策与建议

（一）加强基础设施互联互通，构建服务"一带一路"立体综合交通枢纽

在"一带一路"倡议的指导下，粤港澳大湾区必须具备联通世界的能力。在联通世界的要求下，粤港澳大湾区必须联通湾区及周边城市群。交通基础设施的互联互通直接影响到湾区及周边城市群一体化的进程以及湾区联通世界的速度。因此，大湾区联通世界，首当其冲应推动湾区及周边城市交通基础设施的统筹规划，使之成为功能互补的港口和航运枢纽、机场及航空枢纽、铁路和多式联运枢纽，立体、高效的现代化交通枢纽。为更好融入大湾区发展，珠海和湛江正全力加快现代化快速立体交通基础设施升级换代，打造高水平"海陆空一体化"的立体综合交通枢纽。

1. 创新湾区及周边城市基础设施建设

按照优势互补、互利共赢的原则，统筹谋划各港口建设，加强湾区及周边城市港口的优化整合，形成功能互补、错位发展的港口群，避免无序竞争和重复建设，增强湾区及周边城市航运业的配套协作功能，从而提高湾区整体国际航运服务水平。珠海拥有高栏港等实力大港，湛江海岸和港口资源丰富，高栏港与湛江港被列入华南地区自然条件最优越的深水大港之列。湛江港有着华南地区唯一的通航40万吨级船舶的世界级深水港口。在2018年全国集装箱吞吐量，重回全国十大港口之列。大湾区建设可以依托珠海和湛江港口群深水良港的天然禀赋，以及面向南海和东南亚的区域优势，进一步加强与东盟、南亚和南非等资源较丰富的经济联系。同时要探索港口群间运输合作机制，使湾区及周边城市港口群更好地服务粤港澳大湾区建设。

2. 构建大湾区及周边城市多层次的航空运输体系

提升湾区及周边城市机场群信息、金融、咨询等配套服务保障能力，拓展航空配套服务市场。近年来，珠海机场发展迅猛，旅客吞吐量已进入千万级机场行列，亟须升级改造，未来需要继续深化同香港机场合作，争取将珠海机场建设成为国际干线机

场和货运枢纽机场。珠海机场改扩建项目航站楼工程已于2021年年底动工，按照计划，到2023年，珠海机场将启用T2航站楼，年旅客吞吐量达到2750万人次水平，大约是目前实际吞吐量的2.5倍。4E级的湛江国际机场，具备起降波音787、空客330等宽体飞机、直航欧美的能力。湛江空港经济区也同步规划，按国际化高标准推进建设。

3. 建设湾区及周边城市"快速公交网"

统筹规划整个湾区及周边城市的铁路网和公路网布局，包括高快速路网、城市轨迹网、城际轨道网的规划建设，加强湾区及周边城市群之间的衔接与协调，促进大湾区及周边城市高速快捷的"2小时生活圈"的形成。

4. 完善湾区及周边城市多向通道网

推进铁路、公路与港口及机场的对接，建成海空航线与快速公交网的综合交通运输网络，实现客运"零距离"换乘和货运"无缝化衔接"，提升港口与机场疏运能力，推动湾区及周边城市交通一体化，提高综合运输服务效率。

（二）以海洋经济为抓手，促进湾区及周边城市深度融合发展

湾区时代，城市间合作由传统的地理相连，转变为以大数据和区块链技术的融合发展。这些新变化，将会为珠海、湛江乃至珠江西岸城市间的产业融合，打开新的想象空间。

湛江紧紧抓住国家推动粤港澳大湾区建设、北部湾城市群发展以及粤琼联手共建琼州海峡经济带等机遇，做大做强钢铁、石化、造纸、海上油田开发等临港工业，在现代制造业、军民融合发展、热带特色农业、海洋科技创新等领域打造海上丝绸之路合作支点。湛江在构建完成产业链、打造产业集群方面，着力引进龙头大项目，强链补链延链，打造优质大集群，强化现代化沿海经济带重要发展极的产业支撑。一是建设现代临港产业集群。发挥巴斯夫（广东）一体化等龙头项目强大示范效应，构建完整产业链、供应链，打造重化产业循环经济示范基地和海洋产业集聚区。二是发展产业园区集群。围绕主导产业链招商，计划年内招商引资400亿元，重点培育和建设好1个千亿元级、3个百亿元级园区。三是打造优势传统产业集群，年内推动200家以上企业开展技改，打造小家电、水海产品等5大产业集群。四是培育战略性新兴产业集群，推动5G、工业互联网等新一代信息技术与制造业融合发展。发展海洋生物医药和现代中药产业、海洋装备产业、特种钢材和化工新材料产业，加快推进军民结合国家新型工业化产业示范基地建，加快湛江国家高新区、湛江湾实验室、海洋科技产

业创新中心建设。五是加强产业对接融入。积极承接大湾区产业转移，加快深圳南山（湛江）高新产业园建设步伐，全力争取湛江港和东海岛纳入广东自贸区扩区片区，逐步构建与大湾区横向错位发展、纵向分工协作的产业发展格局。

珠海毗邻澳门，拥有横琴自贸试验区、高栏港、港珠澳大桥等多张"王牌"，应进一步加强与"一带一路"规划的对接，加快各项工作的落实，力争成为海上丝绸之路的重要节点。一是充分利用江海资源，建设水上大交通。珠海高栏港是华南地区自然条件最优越的深水大港之一，也是西江——珠江航道里最重要的港口，是两江经济带的重要节点。它不光承接珠海自身和粤西、粤中地区的外贸货物的运输需求，还承接西江上游流域的西南各省的外贸货物需求，同时国外的产品尤其是大宗的原材料，也可以通过高栏港进入国内市场。两个市场的衔接，会给珠海的港口物流带来很大的发展空间。目前，珠海正大力推进智慧港口建设，从市场拓展、码头信息化建设、航线完善、物流平台建设、智慧港口社区、保税物流完善等多个方面着手，力争将珠海港打造成国内最先进的智能型国际港口之一。二是珠澳联手，打造海上丝路旅游新高地。近年来，围绕"三高一特"产业体系的建设，珠海不断提升旅游产业的硬件和软件水平，尤其是长隆国际海洋度假区的开业，使珠海成为粤港澳地区旅游产业发展的新亮点。以长隆为代表，珠海目前的旅游业已有很好的发展基础，加上澳门在世界休闲旅游产业中的独特地位，两者的合作可以打造成集休闲娱乐于一体的海上丝绸之路特色旅游带。随着"一带一路"的推进，各国之间的旅游合作肯定会越来越深入，在这种情况下，具有特色的旅游点会有更大的市场空间，珠澳两地应该进一步加强合作，在旅游线路策划、旅游服务、旅游推介上有更深入的合作，尤其是在打造面向东盟以及一些葡语系国家的旅游产品上有更大的作为。

（三）探索多领域人文交流，不断扩大国际"朋友圈"

粤港澳大湾区想要构筑"一带一路"建设重要支撑区，不仅经济建设、科技创新很重要，提升文化影响力、加强人文交流也十分必要。纵观世界各国大湾区的发展，都有其显著的文化特色。粤港澳大湾区以岭南文化为根本，又有各地不同的特色，各地民风相近，文化相通，形成了丰富的人文价值链。大湾区多元化的共通性和差异性并存的特征，为湾区城市及周边城市谋求发展，提供了求同存异、互相借鉴的做法，更将是促进湛江对接与融入粤港澳大湾区方的重要路径。

湾区城市及周边城市可以充分利用好文化资源，塑造特色的城市文化，通过探讨提炼总结，拓宽湾区内城市间及湾区周边城市间文化交流的广度和深度，形成丰富的对外人文交流机制，不断扩大国际"朋友圈"，将粤港澳大湾区打造成"一带一路"人文交流的重要纽带。

珠海和湛江作为其中的两个城市，与"一带一路"参与国家人员往来频繁，具有促进民心相通的良好基础，可以进一步深化与相关国家在文化、旅游、教育等多领域的交流合作，让各国人民更好地了解真实、立体、全面的大湾区乃至中国。一是不断发现与挖掘城市文化内涵，推动粤港澳大湾区的文化全面协同发展。政府成立专家文化调研队和多元文化研究所，通对文化的挖掘，形成一定的文化作品和文化产业，带动市场的发展，共同打造"政府主导、市场运作"的模式。二是充分发挥各文化交流主体作用，形成强大合力。促进"一带一路"文化交流，政府主导固然很重要，社会各方面的力量也不可小觑。应调动社会各方面的力量，融汇对外文化交流的合力。如学术界可挖掘历史文化记忆，增强文化认同和相互理解；社会组织可参与和承担人文交流项目，助推文化走出去。还可利用文教活动引导海外留学生、华人华侨积极参与所在地的文化活动，做中华文化的传播者、践行者。三是站在更高更广的战略角度，规划全域文化旅游线路。旅游交流不仅是文明互鉴、文化交流和友谊播种的重要桥梁，而且是人员交流的主要载体。结合珠海和湛江地缘优势，可在两地海洋文化旅游上大做文章，提供具有国际视野和地方特色的旅游产品。湛江和珠海市作为海洋文化的传播推动者，应合理规划开发文旅区域，筹备从湛江、珠海、广州、深圳等地出发的"新丝绸之路"的跨区和跨国线路的远洋文化旅游产品。

参考文献：

［1］汪毅，钱思韵."一带一路"战略实施的"五通"进展［J］.金融市场研究，2017（6）：16-25.

［2］国世平.粤港澳大湾区规划和全球定位［M］.广东：广东人民出版社，2018.

［3］李飞星，罗国强，郭丽珍.广东参与一带一路建设的战略选择［J］.开放导报，2015（1）：47-50.

［4］王志刚.珠海服务"一带一路"国家战略的定位及路径探索［J］.大陆桥视野，2017（15）：65-70.

下篇

广东新发展系列

结合文化地标：广佛城市形象建构与传播的重要策略

王雪晔　邹静姬　王梦羽　林晓纯　张昕怡　李诗敏　曾敏琪①

一、引言

（一）调研背景、意义和目的

2019 年，中共中央国务院印发的《粤港澳大湾区发展规划纲要》中提到了广州作为中心城市、区域发展核心引擎的重要地位，强调了广州—佛山强强联合的引领带动作用。加快广佛同城化建设，提升整体实力和全球影响力，引领粤港澳大湾区深度参与国际合作，彰显广佛城市形象的打造对推动粤港澳大湾区发展乃至中南、西南地区发展具有重要意义。在粤港澳大湾区建设发展的背景下，广州是粤港澳大湾区、泛珠江三角洲经济区中心城市、重要节点城市，也是一带一路的枢纽城市。而佛山作为粤港澳大湾区重要节点城市、国家历史文化名城，正与广州一同大力推进广佛同城化合作，打造国际大都市区。比如，近年来佛山大力投入新地标的建设，出台了《"文化佛山"三年行动计划（2017—2019 年）》，充分发挥文化在城市建设和经济社会发展中的引领、带动、支撑作用。

城市形象的打造是推进广佛同城化、推进粤港澳大湾区发展的重要环节。城市形象是一个包罗万象的元素组合体，而文化地标是城市形象中最直观、最能代表城市的元素之一，文化地标既是一座城市独一无二的印记，更是一座城市的精神和灵魂。文

①　王雪晔，女，广东外语外贸大学新闻与传播学院副教授、硕士生导师，广州城市舆情治理与国际形象传播研究中心研究员；邹静姬，女，佛山传媒集团佛山新闻网融媒新闻部主任；王梦羽，女，广东外语外贸大学新闻中心英文网编辑；林晓纯，女，广东外语外贸大学新闻与传播学院 2018 级本科生，通讯作者；张昕怡，女，广东外语外贸大学新闻与传播学院 2018 级本科生；李诗敏，女，广东外语外贸大学新闻与传播学院 2018 级本科生；曾敏琪，女，广东外语外贸大学新闻与传播学院 2018 级本科生。

化地标作为传播城市形象的重要工具,在城市形象塑造中对公众的认知有重要影响。在新媒体环境下,城市形象的建构和传播表现出了极强的媒介依赖性,公众对于一座城市的印象和认知也大多源自媒介传播。文化地标是一个城市整体形象的重要标识,也是一个城市形象和实力的集中展示。随着城市发展不断更新改造,保留至今的文化地标既拥有历史的积淀又拥有大众的认同。调研城市中的文化地标,有助于人们更好地认知城市形象,唤起民众对城市的集体记忆。

因此,调研广佛两地的城市形象,分析大众媒介在城市形象传播过程中如何利用文化地标进行视觉呈现,有助于丰富人们对媒介话语建构与城市形象建构的理解,并对视觉文化下城市形象建构提出建议。而且,有利于清晰定位城市特色,能更好地利用城市自身优势,打造特色鲜明的城市风格,塑造良好的城市形象,提高城市知名度、美誉度和对外影响力,更好地服务经济社会发展大局,促进两地经济和文化发展。

有关城市文化地标的研究,谭亮在《基于广州城市品牌形象的新媒体艺术应用研究》中说到,新轴线转换的过程说明广州新城市中心崛起,而传统的城市中心逐渐弱化。广州历史上具有标志性意义的五羊雕塑、六榕寺花塔等地标,由于城市的发展扩张逐渐失去了其原有的标志性地位,人们更多地把当代建筑物作为城市的标志。但是这种空间上的标志物是以体量和高度取胜的,其文化内涵较少。换句话说,这类建筑"放之四海而皆准"。因此,要塑造鲜明而有魅力的广州城市形象,关注点应该包含天河新城市中心和代表广州历史文脉的传统城市中心,而传统城市中心的形象需要优化提升。综合来看,广州的城市形象现状相比过去已有很大提升,在新一轮的城市建设中,物质形象建设方面投入很大,但对广州地域文化的体现力度不够,城市形象水平还有很大的提升空间。

基于此,本调研以广州、佛山两个城市的文化地标作为切入点,关注广佛城市形象建构问题,目的在于:通过审视现实空间与媒介文本中的文化地标,分析文化地标在建构城市形象中体现的策略,指出当下城市形象传播中存在的问题,进而从视觉图像的维度对广佛城市形象建构提出可行的传播路径。

(二)调研地点与研究对象

1. 研究地点的选择

本调研选取广州塔、永庆坊两处文化地标,作为分析广州城市形象的调研地点;选取坊塔、逢简水乡两处文化地标,作为审视佛山城市形象的调研地点。之所以选取以上 4 个文化地标作为本次调研的地点，其重要原因在于 4 个文化地标都处在广佛发展历史上富有意义的节点位置，都是现代广州、佛山非常具有代表性的文化地标：广州塔位于广州城市新中轴线上，代表广州新城市建设成果和发展高度；永庆坊位于广州最美骑楼街——荔湾区恩宁路，是极具广州都市人文底蕴的西关旧址地域；坊塔位于佛山新城区，是佛山新城的地标性建筑；逢简水乡地处佛山顺德杏坛镇，岭南古村格局犹存。而且，4 个调研地点的人流量大：广州塔作为广州当之无愧的地标符号，是众多游客到广州必打卡的文化地标之一；永庆坊临近 5A 级景区——沙面公园，又因为习近平总书记的到访而名气大增；坊塔地处佛山新城中心地带，是佛山新城的地标性建筑；逢简水乡作为国家 3A 级旅游景区，已成为佛山的文化招牌。

4 处文化地标有共性也有特性，既有代表城市文化特色的传统文化地标，也有与时俱进的城市现代化地标，从 4 处文化地标的媒体报道入手，有利于分析广佛城市形象的传播状况。

广州塔代表广州国际大都市的形象，坐落于珠江岸边，是中国第一、世界第四高塔。广州塔是广州新城市建设的成果，是广州城市新中轴线一线景点的代表、广州新地标的展示，体现了广州近年来的发展高度。在 2010 年广州亚运会期间，广州塔为亚运会转播提供硬件支持，同时作为城市形象名片，代表广州走向全国及全世界。时至今日，广州塔已成为重要的城市新地标，是众多游客到广州必打卡的地点之一。

永庆坊极具广州都市人文底蕴，位于广州市最美骑楼街——荔湾区恩宁路，东连上下九地标商业街，南衔 5A 级景区沙面公园，是极具广州都市人文底蕴的西关文化地标。永庆坊是在习近平总书记南下访问广州时提出"城市文明传承和根脉延续十分重要，传统和现代要融合发展，让城市留下记忆，让人们记住乡愁"的典型案例。永庆坊按照"老城市，新活力"的总体要求，注入新时代的城市生活形态，是广州市致力打造的、融合历史文化传承和当代都市生活的新时期中国城市有机更新的标杆，更有机会在未来成为广州岭南文化对外交流的窗口，是历史文化传承和当代都市生活融合的城市更新示范区，能够体现广州多样的城市形象。

佛山新文化中心的重要地标——佛山坊塔，有利于了解佛山城市形象建构，分析传播广佛城市形象的相关策略。坊塔是一个综合性极强的新建筑群，将分散的培养文化素养的展馆融合，不仅是全新的突破，更是佛山城市建设的一个新方向，这对佛山建设"文化佛山"有巨大的推动性。坊塔的建成意味着文化中心场馆布局已全面铺开，其文化设施建设别出心裁，一站式享受的设计理念辐射到周边，对广佛的建设有参考意义，也有利于促进广佛两地的文化交流。

逢简水乡有着"广东小周庄"的称号，岭南古村格局犹存。作为国家 3A 级旅游景区，逢简水乡是中国乡村旅游模范村、广东省旅游名村，是顺德水乡文化的品牌，已然成为佛山的文化招牌，能够较好地展现和提升佛山水乡文化的城市形象。研究承载深厚佛山传统文化的逢简水乡对佛山城市形象的影响，也有利于探求同类型景点对广佛城市形象建构的视像传播策略。

2. 研究对象的选择

在研究对象的选择中，综合考虑媒体影响力、报纸级别、发行量、订阅量和 App 下载量、关注量等因素后，本调研选取了来自《人民日报》《广州日报》《佛山日报》、新华网、南方新闻网、佛山新闻网这 6 家媒体和 Bilibili 弹幕视频网（简称 B 站）、小红书、抖音、微信公众号平台这 4 个新媒体中，与广州塔、永庆坊、佛山坊塔、逢简水乡 4 处文化地标相关的新闻报道（包括文字、图片、视频报道）作为分析对象。

《人民日报》是中国第一大报，是中国共产党中央委员会机关报，是中国最具权威性、发行量最大的综合性日报。新华网是国家通讯社——新华社主办的综合新闻信息服务门户网站，是中国最具影响力的网络媒体和具有全球影响力的中文网站。《广州日报》是中共广州市委机关报，是广东省发行量、订阅量、零售量和传阅率第一的报纸，也是华南第一报媒和最具品牌传播力媒体，同时也是广州塔、永庆坊两处文化地标所属地最具影响力的主流报刊。《佛山日报》是佛山市委机关报，是当地权威性报业，与佛山新闻网一样，提供最全面、最及时的佛山新闻和城市生活资讯，是佛山坊塔与逢简水乡所属地的门户报纸与网站。南方新闻网则是广东媒体融合第一平台，是广东最具传播力、引导力、影响力和公信力的龙头骨干新型主流媒体。

之所以选择 B 站、小红书、抖音、微信公众号平台这 4 个新媒体平台，主要考虑到："B 站"现为中国年轻世代高度聚集的文化社区和视频平台；抖音作为短视频领域的先驱者，开启了全民短视频的时代；截至 2019 年 7 月，小红书用户数已超过 3 亿，其中 70% 用户是 90 后，是当代年轻人最为活跃的社交分享平台之一；而微信公众号作为中国最大社交软件微信旗下的一款产品，用户数量庞大，活跃用户多。

综上所述，选取这 3 份大众报刊、3 家主流媒体和 4 个新媒体平台的原因是它们分别是国家级、省级、市级的主流媒体和时下最为流行的新媒体平台，既覆盖了全国受众，也精准面向广佛地区的民众，对这四处文化地标做了较为全面深入的报道和展示。

（三）研究方法与研究思路

1. 研究方法

（1）文本分析法

调研小组通过官方媒体和新媒体平台，对广佛两地的四处文化地标进行线上调查研究。针对官方媒体统计其报道篇数及含图片或视频报道的总量，其中相关报道总篇数大于 50 篇的媒体利用样本估计整体的方法估算，即选取近 4 年（2016 年 1 月 1 日—2019 年 12 月 31 日）的新闻报道进行统计，得出含图片或视频报道的篇数比例。（见表 1）

表 1　官方媒体平台对地标建筑的报道信息统计

	广州塔	永庆坊	坊塔	逢简水乡
人民日报	共 1860 篇，报道重复率 26%；含图片或视频报道占比 25%	共 110 篇，含图片或视频报道占比 5%	共 1 篇，含图片或视频报道占比 0%	共 26 篇，含图片或视频报道占比 0%
广州日报	报道约 4000 条，含图片或视频报道占比约 99.5%	共约 740 篇，视频约 25 篇占比 4%，含图片或视频报道占比 97%	0 篇	共 20 篇，含图片或视频报道占比 75%
佛山日报 / 佛山在线	共 161 篇，含图片或视频报道占比约 66%	共 20 篇，含图片或视频报道占比 60%	共 65 篇，含图片或视频报道约 80%	共 336 篇，含图片或视频报道约 72%
佛山新闻网	共约 37 篇，含图片或视频报道占比约 80%	共 7 篇，含图片或视频报道占比约 85.7%	共 15 篇，含图片或视频报道占比 93.3%	共 343 篇，含图片或视频报道占比 73%
南方新闻网	共 80 篇，视频 4 篇，含图片或视频报道占比 50%	共约 30 篇，含图片或视频报道占比 50%	0 篇	共 8 篇，含图片或视频报道占比 25%
新华网	共约 84 篇，含图片或视频报道占比 80%	共约 7 篇，含图片或视频报道占比 100%	共 2 篇，含图片或视频报道占比 100%	0 篇

针对新媒体平台，统计其相关视频或文章数量，并通过平台的点赞量、播放数或浏览量来判断该相关信息的传播有效性。（见表 2）

表 2　新媒体平台对地标建筑的报道信息统计

	广州塔	永庆坊	坊塔	逢简水乡
B 站	16 个视频观看超 1 万次	2 个视频播放超 1 万次，共约有 110 个视频	3 个视频	1 个视频播放超 1 万次
抖音	50 条短视频点赞超 1 万次	20 条短视频点赞量超 100 的	3 条短视频点赞超 100 次，共有 8 条	4 条短视频点赞超 1 万次
小红书	超 2 万笔记	1823 篇笔记	2383 篇笔记	971 篇笔记
微信公众号	38 篇文章	34 篇文章	7 篇文章	超 100 篇文章

此外，在对 4 地的新闻报道和新媒体文章研究中，我们主要从叙述视角出发，分析叙述者的语言，研究各路媒体的相关报道。其中，传统报刊和网络新媒体在报道 4 处地标时运用的语言和方法有不同的侧重点，从中发现广佛城市形象建构的视像传播中出现的问题并提出建议。

（2）观察法

调研小组在广佛城市形象的建构中选择广州塔、永庆坊、坊塔、逢简水乡 4 个文化地标作为调研地点，分别进行观察。观察内容主要涉及两方面：一方面，针对游客的观察，如观察 4 个文化地标的游客数量、构成，游客到访这些地点的主要行为表现，游客的关注点、打卡点等；另一方面，针对文化地标本身的观察，如观察文化地标本身作为符号如何体现城市形象，以及作为空间的文化地标，其承载的伴随文本如何体现城市形象。

（3）访谈法

调研小组通过电话访谈、网络访谈的形式，对 4 处文化地标有所认知的民众（如市民）及曾前往或有意愿前往 4 处文化地标的游客进行半结构式访谈。根据访谈对象的问答收集数据，针对 4 处文化地标的不同特点和实际情况事先准备访谈提纲，在具体的访谈过程中根据需要提出跟进问题，从而获得更丰富和有针对性的数据。在调查过程中，项目组成员在四处文化地标共访谈了 22 名对象。（见表 3）

表 3　访谈对象的基本信息

	文化地标	性别	年龄	籍贯 / 居住地
对象 1	广州塔	男	20	广东广州
对象 2	广州塔	女	19	广东汕头
对象 3	广州塔	女	19	湖南长沙 / 广东广州
对象 4	广州塔	女	20	广东深圳
对象 5	广州塔	男	28	湖北枣阳 / 广东广州
对象 6	广州塔	女	29	广东揭阳 / 广东广州
对象 7	广州塔	男	55	广东汕尾 / 广东广州
对象 8	永庆坊	女	20	广东深圳
对象 9	永庆坊	女	21	广东湛江
对象 10	永庆坊	男	44	四川
对象 11	永庆坊	女	55	广东南海
对象 12	永庆坊	女	50	广东顺德
对象 13	佛山坊塔	男	21	广东佛山
对象 14	佛山坊塔	女	20	广东广州
对象 15	佛山坊塔	女	20	广东广州
对象 16	佛山坊塔	女	20	广东顺德
对象 17	佛山坊塔	女	55	广东顺德
对象 18	佛山坊塔	男	49	广东广州
对象 19	逢简水乡	女	55	广东南海
对象 20	逢简水乡	男	58	广东顺德
对象 21	逢简水乡	女	20	广东广州
对象 22	逢简水乡	女	20	湖南

　　需要说明的是，本次访谈中采访对象对 4 处文化地标所呈现的态度倾向，与线上收集的各平台网友对 4 处文化地标做出的评价相符合，在一定程度上体现了访谈对象的代表性。

2. 研究思路

　　本调研以广州、佛山具有代表性的文化地标——广州塔、坊塔两处现代建筑地标与永庆坊、逢简水乡两处历史街区活化改造地标为调研对象，采用文本分析法、观察法、访谈法展开研究。通过收集媒介在传统媒体、社交媒体平台对 4 处文化地标的报道文本（包括文字、图片、短视频等），首先，分析并归纳媒介在利用文化地标建构广佛城市形象中的策略；其次，结合观察法、访谈法展开实地调研，发现文化地标建构广播城市形象过程中存在的不足；最后，从视觉图像传播的维度，提出建构良好城市形象的可行路径。

二、视觉传播中利用文化地标构建城市形象的策略

利用文化地标构建城市形象的视觉传播有 3 个优势，一是相关报道中运用了多模态的视觉符号，对代表现代文明与代表传统文化的不同类型城市地标形象进行区别构建，传达相应的城市形象特征；二是利用多样视角构建共识性话语，通过多样的采访对象强化输出城市形象的说服性，提高受众对城市形象的接受度；三是通过全媒体多渠道特征，多维度地向受众输出文化地标信息，并经过多层级反馈强化受众对城市形象的认知，带来一定的自豪感，对城市形象构建起到推助作用。

（一）运用多模态符号呈现文化地标，构建差异化的城市形象

运用视觉语言、文化地标来构建城市形象，在媒介报道中是较为普遍存在的。通过调查统计发现，官方媒体在关于文化地标的报道中含图片或视频的报道超 50%，纯文字的报道多为政策通知或简短资讯；官方媒体加上其他流行的非官方媒体平台构成了多渠道、多方式的全媒体视觉语言信息圈。麦克卢汉在《理解媒介：论人的延伸》中提出，媒介即人的延伸，视觉语言能够延伸人类的视野，打破时空限制。媒介报道利用视觉符号语言对受众输出相关文化地标信息，相较于文字信息，视觉语言更加直观，有利于在短时间内快速获取受众的视觉关注。

调研小组通过分析广州塔、坊塔、永庆坊、逢简水乡四个文化地标的相关程度较高且受众面较广的新闻报道及文章，发现媒介呈现了使用多张静态图片、动态图片或视频等视觉语言的特点。比如，在广州塔和坊塔的相关报道中，媒介中经常呈现全景视野及航拍视角。《人民日报》文章《广州塔：一座有高度、有温度、有厚度的城市地标》[①]、《广州日报》文章《广州塔"回眸一笑"这么难：广州塔有点粗？独家深扒你不知道的》[②]，阅读量 4.5 万的自媒体文章《下一站，广州塔 | 每个人心中都有不同的风景》[③] 等报道广州塔的文章中，使用展示广州塔外观或周边全景的图片占到全文图片的 30% 以上。《广州塔"回眸一笑"这么难：广州塔有点粗？独家深扒你不知道的》一

① 褚超. 推荐 | 广州塔：一座有高度、有温度、有厚度的城市地标［Z/OL］.（2018-09-12）［2021-10-08］. https://wap.peopleApp.com/article/2386572/2088097.

② 梁红举，刘丽琴，高鹤涛，等. 广州塔"回眸一笑"这么难？广州塔有点粗？独家深扒你不知道的 ~ ［Z/OL］.（2018-01-22）［2021-10-08］.https://baijiahao.baidu.com/s?id=1590289891579757542&wfr=spider&for=pc.

③ 阿铲. 下一站，广州塔 | 每个人心中都有不同的风景［Z/OL］.（2018-09-03）［2021-10-08］. https://mp.weixin.qq.com/s/-QC3MzWbQBYGmBnCxTndkQ.

文，通过将广州塔与飞机、太阳做对比，以图片的方式从视觉上凸显了广州塔高的特点。而建筑的"高度"，恰恰是体现城市现代化的重要标志。同时，该文章通过建造工程图，让受众加深了解广州塔超高、扭转、偏心、透空、收腰等复杂结构特征，从而进一步认识广州塔与世界同类高塔相比的独一无二性。

坊塔则直接通过新华社一篇文章《航拍独特建筑——佛山坊塔建筑群》^① 走向全国。这篇文章被多次转载到不同平台，并登上新华网首页焦点大图位置，传播范围广泛。该报道以无人机航拍图为主，辅以少量文字说明。文章首先用体现坊塔紧邻佛山世纪莲体育中心的远景，来说明坊塔的地理位置及功能，然后侧重于描写坊塔的外形特征。文章中有 8 张图片，通过俯拍仰拍、近景远景、早晨夜间等不同角度和时间段坊塔景色的视觉图像，来全方位展示这座独特建筑的外形。

与广州塔、坊塔不同的是，由于占地面积大，场地用途较为复杂，旧城改造、古城改造的永庆坊和逢简水乡的报道中描写文化地标内部、局部的视觉符号语言较为丰富。相关报道多从地标内部的特色展馆或举办的文化活动展览等人文活动入手，展现广州和佛山的传统文化、历史传承等。例如，《新晋网红永庆坊有多火？你可能挤不进去》^② 用了视频形式，向受众展示了永庆坊内部的陶艺、李小龙故居等，体现广州城市的文化底蕴。《人气旺！到顺德逛水乡游古桥 赏花卉品美食》^③ 一文结合逢简水乡的特色，突出了春节假期的喜庆和地标的高人气。以图片的形式告诉受众当地情况，更具直观性和吸引力，让受众了解到逢简水乡保留着佛山的文化风俗，在发展旅游业方面也比较成熟，表现出佛山的传统文化魅力。

相关报道的视觉语言，体现出两类文化地标所传达的差异化的城市形象。作为现代文化地标的广州塔和坊塔，均在展示城市对现代化的追求。这类文化地标，多是通过视觉语言描写建筑外观，体现城市的现代文明感，利用全景视野，让现代的文化地标带动周边现代建筑群，展现城市形象的现代文明。广州塔与东塔西塔隔江相望，形成了"三塔夹江"的布局；而且，它作为广州现代城市的"定海神针"，发挥着引领广州现代城市空间格局的重要功能。而位于佛山新城文化中心的坊塔，紧邻世纪莲体

---

① 魏晓航，招力行. 航拍独特建筑——佛山坊塔建筑群［Z/OL］.（2019-01-11）［2021-10-08］. http：//m.xinhuanet.com/gd/2019-01/11/c_1123973458.htm.

② 项仙君，梁凯琪，徐雅容，等. 新晋网红永庆坊有多火？你可能挤不进去［Z/OL］.（2018-10-28）［2021-10-08］. http：//news.southcn.com/nfplus/nftz/content/2018/10/28/content_183838007.htm.

③ 杨婷，陈美玉. 人气旺！到顺德逛水乡游古桥　赏花卉品美食［Z/OL］.（2019-02-07）［2021-10-08］. http：//www.fsonline.com.cn/p/256648.

育中心，将原本培养文化素养的分散展馆整合，成为佛山新的文化地标，有利于推动建设"文化佛山"。通过现代文化地标辐射周边地带的视觉语言，有利于强化文化地标赋予所在城市的现代文明形象。

作为广州、佛山两个城市旧城改造的范本，永庆坊和逢简水乡则更多地将历史文化用新的形式展示，传达城市的历史文化底蕴与创新活力。永庆坊是广州致力打造的"老城市、新活力"的一张地标性都市新名片，是具有历史文化和当代都市融合的城市更新示范区，其新闻内容多围绕"旧城改造""网红打卡点""老西关情怀""习近平总书记视察""焕发活力"等主题展开。按照"老城市，新活力"的总体要求和新时代的城市生活形态融合，永庆坊体现出广州创新的城市形象。逢简水乡作为佛山顺德水乡民族文化的品牌，将本土历史文化资源转换为旅游资源。在《佛山日报》中，关于逢简水乡的报道内容多围绕"假期""文化艺术""美丽乡村"等关键词展开，在人民网中多围绕"美食美景""旅游"等关键词报道，体现了佛山休闲、优美且具有水乡文化特质的城市形象。

由此可见，采用文字、声音、静态图片、动态图片、视频等多模态符号形成的视觉语言，建构了广州、佛山差异化的城市形象——广州更多地展现为国际化大都市的形象，而佛山侧重于建构休闲旅游胜地形象。而且，就单个城市而言，传统与现代文化地标也分别建构着城市内部的差异化形象。

（二）利用多元视角构建共识性话语，提高输出城市形象的说服力

调研小组在媒体分析过程中发现，除了相关信息非常少的坊塔外，在另外3个文化地标广州塔、永庆坊、逢简水乡的采访、评论报道、视频及文章中，都体现出采访人群地域、年龄、身份等的多样性，所涉及的视觉语言也多从被访者角度出发。肯尼斯·伯克的"认同"理论认为，传播者通过使受众感到他们和受众是一样的人，从而提升说服的效果。

有关城市文化地标的典型报道，利用被采访者的多元性，构建共识性话语，提高说服力。例如，《广州日报》的《广州塔"回眸一笑"这么难：广州塔有点粗？独家深扒你不知道的》[①]报道中加入了来自苏格兰、上海、海南的国内外游客的采访，采访人群的地域背景从侧面凸显了广州塔作为广州城市形象名片的知名度。

---

① 梁红举，刘丽琴，高鹤涛，等.广州塔"回眸一笑"这么难？广州塔有点粗？独家深扒你不知道的～[Z/OL].（2018-01-22）[2021-10-08].https://baijiahao.baidu.com/s?id=1590289891579757542&wfr=spider&for=pc.

Livin 广州在微信公众平台发布的文章《广州塔 | 每个人心中都有不同的风景》①，阅读量达 4.5 万。作者从游客、广州人、新广州人对广州塔的印象出发，以 3 种不同视角描写 3 类人群心中的广州城市形象——"游客打卡圣地""土生土长的广州人往往不去广州塔……从感到新奇到习以为常，她已经融入了广州人生活的每一个角落""在新广州人心目中……广州就是他们第二个家，'家'的亲切感拉近了与广州塔的距离"……这些描述能较好地勾起受众关于广州塔、广州城市形象的记忆，让受众对广州开放、包容的城市形象进行思考。

广州日报里关于永庆坊的报道《外国人看广州：外国友人采风永庆坊，叹老西关之美》② 中，从外国人的角度看永庆坊，在多元文化下从"发现老西关的美"中看到永庆坊深厚的文化内涵，体会广州作为历史名城的独特文化魅力。该报道共呈现了 3 位来自不同地区（东南亚、东欧等地）外国友人的采访。他们之间的文化差异较大，但均从各自的角度介绍他们眼中的永庆坊，既能详细地让受众了解到永庆坊的具体特征，又具国际视野。而且，这些外国友人的身份是摄影师，他们参观永庆坊，从视觉角度记录广州传统文化，有利于增强对广州富有文化内涵的城市形象认知。此外，南方 Plus 发布的视频《新晋网红永庆坊有多火？你可能挤不进去》③ 用街头采访的形式，让描写永庆坊的视觉影像更加充实。采访对象多样——上至老人下至儿童，既有广州本地人，又有外国友人，不仅是游客，还有永庆坊里面经营的店主。记者对他们一一进行了采访，让受众从中了解到不同人眼中的永庆坊是怎样的，从而对永庆坊有更深入的了解。

在关于逢简水乡的报道中，佛山在线的《人气旺！到顺德逛水乡游古桥 赏花卉品美食》④ 报道极具人文特色，记者采访了游客、店主等不同身份的人，从民众的话语、行为展现了逢简水乡的特色。文章从购买双皮奶等佛山特色小吃的生活话题切入，不仅生动有趣，而且能让受众产生对佛山城市的好感，随后点明逢简水乡这一文化地

---

① 阿铲.下一站，广州塔 | 每个人心中都有不同的风景［Z/OL］.（2018-09-03）［2021-10-08］. https://mp.weixin.qq.com/s/-QC3MzWbQBYGmBnCxTndkQ.

② 张姝泓，苏韵桦，曹景荣，等.外国人看广州：外国友人采风永庆坊，叹老西关之美［Z/OL］.（2019-10-10）［2021-10-08］.https://www.gzdaily.cn/amucsite/web/index.html#/detail/1034623.

③ 项仙君，梁凯琪，徐雅容，等.新晋网红永庆坊有多火？你可能挤不进去［Z/OL］.（2018-10-28）［2021-10-08］. http://news.southcn.com/nfplus/nftz/content/2018-10/28/content_183838007.htm.

④ 杨婷，陈美玉.人气旺！到顺德逛水乡游古桥 赏花卉品美食［Z/OL］.（2019-02-07）［2021-10-08］. http://www.fsonline.com.cn/p/256648.

标。此外，在描述中使用"停车场车辆爆满"等话语来刻画人流量之多，体现了佛山休闲、优美、颇受欢迎的城市形象。

通过多元视角构建共识性话语，不仅能让受众从中找到与自己相近的角色，也能了解到其他角色对该文化地标的认识，加强对文化地标的好感度，从而提高受众接受文化地标所展现的城市正面形象的可能性，提高输出城市形象的说服力。

（三）通过全媒体视觉构建，强化受众对城市形象的认知度与自豪感

在信息爆炸时代，城市形象建构不仅需要依靠官方媒体平台，而且需要依托新媒体平台，因为全媒体传播城市信息所形成的拟态环境也会对受众产生重要影响。拟态环境即信息环境，"信息环境并不是现实环境的'镜子式'的再现，而是传播媒介通过对象征性事件或信息进行选择和加工、重新加以结构化以后向人们再现的环境"①。人们通过获取由媒介选择、加工后的信息，形成区别于亲身经历"直观意象"的"媒介意象"。东北财经大学张洪波教授曾在他的文章中列举一个旅游者因食物对一个城市形象的建立途径（如图1所示），并表明因现代传播渠道的快速扩张，此过程已随媒体使用习惯发生"响应式"的扭转，整个过程更是受"媒介意象"影响至深，甚至规制着受众的意愿、选择、行为与内在体验。②

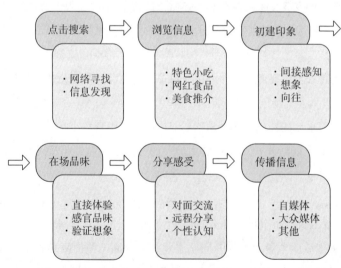

图1 基于全媒体的城市意象多维建构

① 郭庆光.传播学教程［M］.北京：中国人民大学出版社，1999：127.

② 张洪波.媒介意象：全媒体视阈下城市形象建构与传播策略［J］.现代传播：中国传媒大学学报，2019（7）：142-144.

在调研过程中，我们发现 4 个文化地标作为城市旅游景点，在视觉语境中的城市形象构建过程中也呈现出以上规律。在新兴媒体平台 B 站弹幕视频网关于广州塔的视频里，一则名为《外国人来华旅游！海外各国网友被震撼：中国的繁华和我想象中的根本不一样！广州塔太美了……油管评论翻译》①的视频播放量有 22.2 万，视频中附有众多外国友人对广州的评价，这些文字一定程度上也影响着受众对广州城市形象的认知。其中，在"中国和我想象中的很不一样""变得更好了""有机会一定要来中国旅游"这类评论中可以看出，一个拍摄广州塔夜景的视频能够直接引起外国人对广州城市形象甚至中国国家形象的认知。而影响外国人对于广州的城市形象认知的一个重要因素就是广州塔。同时，在广州塔相关视频中，还呈现将受众带入建筑来描述广州塔的场景。在 B 站中播放量有 13.1 万的视频《陈子豪随拍系列：带大家参观小蛮腰"广州塔"》②，摄影者以游客的身份登上广州塔，拍摄塔内娱乐设施，真实呈现在广州塔上广州白天的城市风景，给观众带来视觉和听觉上的冲击。这些视频直观地呈现广州塔不同时间的模样以及举办活动时的盛况，吸引了众多用户眼球，将其传播的广州市中心繁华景象有效地扩散。

通过线上收集的传播效果反馈来看，广州塔从 2010 年 10 月正式对外开放以来，便成为世界各地游客来广州必打卡的景点之一。在主要旅游网站中，马蜂窝网站的数据显示，多数人将其指定为广州不得不去的标志性建筑。大众点评网的数据显示，多数人认为广州塔人气高，环境好。携程网上显示，多数人认为广州塔是广州著名地标、观景胜地。由此可见，民众对于广州塔是广州著名地标的认同感较高，广州塔已然成为广州代表性的文化地标符号。而广州塔这一现代文化地标成为"网红景点"时获得的正面评价，不仅会扩散广州现代文明城市形象，强化受众关于广州是经济实力强盛、繁华枢纽城市的印象，还会给广州甚至中国的民众带来自豪感。在自豪感的概念中，评价是一个核心指标，自豪感通常在自我评价或他人评价的基础上产生。所以广州塔的人气提高，正面评价增多，能够强化特定受众的自豪感。

另外三个地标也利用全媒体进行宣传。如在抖音上名为"顺德美食"和"C妹在佛山"的账号就以官方和个人视角展现逢简水乡的魅力。从小红书中搜索关键词"逢

---

① 吸血鬼库里.外国人来华旅游！海外各国网友被震撼：中国的繁华和我想象中的根本不一样！广州塔太美了……油管评论翻译［Z/OL］.（2018-08-14）［2021-10-08］.https://www.bilibili.com/video/av29330957.

② 陈子豪.陈子豪随拍系列：带大家参观小蛮腰"广州塔"［Z/OL］.（2019-12-13）［2021-10-08］.https://www.bilibili.com/video/av79060391.

简水乡"，搜索结果多数以推荐逢简水乡的美食为主，这说明逢简水乡不单单在环境上摘得头筹，还通过美食大大加分，吸引更多热爱吃喝玩乐的人群。小红书里更有网友会把旅游攻略贴出来，让更多人有机会了解逢简水乡，网友也可通过评论询问发布人获得详细信息，这也是宣传逢简水乡的方式之一。据马蜂窝网站的数据显示，多数人认为逢简水乡历史感强，小吃出名。大众点评网的数据显示，多数人认同其历史感强。据携程网上的数据显示，多数人认为它具有岭南特色。

永庆坊拥有自己的公众号"永庆坊"，截至 2019 年 12 月，该公众号共创作了 34 篇原创内容，阅读量普遍在 400 ～ 600 之间。该公众号在内容上既有对永庆坊蕴含历史的详细介绍，又能结合年轻人喜欢的方式展现永庆坊里的景点；对永庆坊举办的活动实现实时预告和更新，让受众掌握一手消息。相较于报刊中的报道，公众号内容通俗易懂，图片相对较多。在马蜂窝上，多数人认为永庆坊是"网红打卡地标"，在大众点评网站，多数人认为它是清新的文化地标。携程网站上，多数人认为永庆坊是粤文化地标。

佛山新闻网的官方账号在搜狐网发布的一篇题为《惊艳！佛山"网红"建筑坊塔登上新华网首页》①的报道，内容为佛山新地标坊塔以其独特造型登上新华网的首页。此篇报道告诉市民，佛山坊塔得到全国性主流网络媒体——新华网的报道，传递出一种作为佛山市民的自豪感与喜悦之情，有利于增强佛山市民对本城市形象的积极态度。

由此可见，基于全媒体上关于文化地标的信息，会通过多层级的反馈反复传播，让受众多维度地获取信息，在提高对该文化地标认知度的同时，深化对城市形象的认知。而在众多媒体平台上对该城市地标的正面反馈会带来自豪感，推动城市形象的构建。

三、视像传播中利用文化地标构建城市形象的问题

根据本次收集到的 7952 篇关于 4 处文化地标的媒体报道，以及针对 4 处文化地标游客进行深度访谈的 22 份样本，我们从媒介文本生产者以及文本意义解读者两方进行分析，发现利用文化地标构建城市形象的过程中存在以下问题：媒介报道深度不足，忽视受众对视觉符号的心理认知；文化地标中的城市历史与记忆相关的生产性文本报道不足，不能实现唤起民众在回忆与实践体验中对城市产生依恋与认同；媒介报道建

---

① 陈嘉颖，龙上淳，招力行，等.惊艳！佛山"网红"建筑坊塔登上新华网首页［Z/OL］.（2019-01-13）［2021-10-08］.https://baijiahao.baidu.com/s?id=1622528195420035452.

构的文本指向受众局限，报道偏抽象化，这些问题都导致了传播效果不佳。因此，媒介报道必须重视以上问题，才能在视像传播中突破受众局限，获得正确的受众心理认知，从而实现将媒介文本建构的城市形象在受众中流行开来，达到较好的传播效果。

（一）媒介报道深度不足，忽视了受众对视觉符号的心理认知过程

纵观 4 处文化地标的相关报道，均采取了图像 / 视频 + 文字的方式。其中，通过图像进行信息传递影响受众视觉体验的报道超过一半。这些报道中普遍存在图像多、文字少、描述过于简单等报道不深入的问题，导致难以很好地唤起受众对该文化地标的认同感与情感联系，从而难以将对该文化地标的认知转移到城市形象中。因此，媒介建构的视觉符号要实现对受众的劝服作用，必须重视受众对视觉符号的心理认知过程。

针对受众面对外部信息的刺激，詹姆斯·迪拉德（James P. Dillard）和犹金尼亚·派克（Eugenia Peck）将人脑的工作机制进一步分为两种编译方式：系统性认知机制（Systematic Processing）和启发性认知机制（Heuristic Processing）。具体到语言文本和图像文本而言，分别对应系统性认知机制与启发性认知机制。受众对于图像文本的认同是暂时的、不稳定的，只有视觉符号所制作的、所招募的文化意象和受众所认知的某种终极性价值观建立联结关系，受众的心理认知过程才能从第一个层次启发性认知机制无缝过渡到系统性认知机制，从而接受图像符号所传达的内容[①]。比如，在有关佛山新城坊塔的报道中，无论是新华网的《航拍独特建筑——佛山坊塔建筑群》，还是佛山新闻网的《惊艳！佛山"网红"建筑坊塔登上新华网首页》，虽然采用了图文结合的方式，但都存在着文章内容停留在表面层次、对坊塔代表的佛山新城形象没有深度挖掘分析等问题。在搜集的有关佛山新城坊塔的报道中，几乎全部是介绍坊塔外观结构（包括外部远景、全景、中景），以及坊塔内部的展馆结构组成。

实际上，坊塔的建筑设计造型融入了岭南传统雕花木窗元素，岭南传统漏窗肌理、传统剪纸作为文化中心建筑外墙，在简约的方体造型上覆以玲珑剔透的镂空外幕墙，表现出立足传统、演绎现代的设计理念，简约的造型展现了岭南文化底蕴。如果能阐明坊塔建筑设计展示的文化意象，更能体现一个城市嫁接本土岭南文化与现代艺术元素的努力，强化民众脑海中坊塔与大剧院的结合，将坊塔这座建筑物赋予塑造文

---

① 刘涛. 文化意向的构造与生产——视觉修辞的心理学运作机制探析［J］. 现代传播：中国传媒大学学报，2011（9）：20-25.

化城市形象的意义，让民众心中的城市文化形象名片更加可视化，深化民众对于城市传统与现代文化融合的认识与理解。同时增强本地居民对佛山成就的认同与幸福感，潜移默化地增强其他民众对佛山文化形象的认同感。而"成就感"与"幸福"这两词出现在罗克奇价值量表中的终极性价值观，若是媒体报道过程中捕捉到民众对终极性价值观的渴求心理，实现将佛山坊塔宣传与民众对"幸福"的终极性价值观的积极联姻，那么便有利于使坊塔在民众心中留下城市幸福感的印记，从而使媒介通过文化地标的相关报道实现城市形象建构与劝服受众的目的。

类似地，人民日报对于广州塔的一篇报道，收效较好，有效地避免了报道深度不足的问题。文章题为《广州塔：一座有高度、有温度、有厚度的城市地标》，旨在挖掘文化地标背后的城市形象，在文本化、语境化文化地标所指的城市文化意象的同时，将其与终极性价值观建立联系，才能符合受众的心理认知，实现一定的劝服效果。文章既通过语言文本传达了接地气的"人情广州"的形象，又通过一系列的走心图像拉近广州塔与民众的距离。譬如，文中提到的广州塔举办的"晚安"活动，在深夜给外来的务工人员传递温情，既体现了广州作为国际化大都市包容开放的特点，又体现了广州是一座温暖的走心城市。该活动营造的"和谐""幸福"有利于满足民众的情感诉求，符合民众的价值观念，从而使民众接受图像传递的文化意象，进一步加深了对广州良好城市形象的印象。

（二）有关文化地标历史的媒介报道不足，忽视了受众的城市记忆

城市记忆是在实体空间、虚拟空间与人们的空间实践中生成的。城市记忆具有空间性，强调在城市空间中产生的记忆。而且，城市记忆离不开媒介和传播，传播的媒介不仅是大众媒介，还有物质空间。文化地标作为城市实体空间，是人们产生城市记忆的载体。有建筑学者认为，城市记忆是一种由城市记忆客体、城市记忆主体和城市记忆载体相互作用的连续演变动态系统。城市记忆载体作为记忆显形、保存和传递的媒介，使人们在回忆与体验中产生对城市的依恋与认同，从而达到提升人们心中城市形象的目的。因此，作为城市记忆载体的文化地标，是唤起人们对城市产生记忆与依恋的重要媒介。

文化地标是传播城市历史与文化的重要空间载体。人们除了直接身处城市空间获得城市记忆外，更多依靠大众媒介去感知，形成城市记忆。因此，媒介是否能通过文字、图片等文本准确地传递历史文化景观中的城市记忆，对唤起民众对城市的情感认知起着重要作用。本调研选取的 4 处文化地标分别是广州、佛山在不同时期打造或改

造的城市景观，在空间视域下不同程度地呈现了广佛两城的历史与文化。但在 4 处新闻报道中，把文化地标与广佛两城的历史与文化相结合的内容多为点到即止，类似于"设计中融入岭南传统雕花木窗元素，简约的造型展现了岭南文化底蕴 ①""如今的永庆坊有现代艺术也有传统老广气息 ②"等语言，通常仅通过一两句话呈现，报道内容很少深入围绕历史文化展开。

广州作为拥有 2200 多年历史的文化古城、岭南文化对外交流的窗口，无论是广州城市新中轴线上的最突出的景观广州塔，还是隐藏在恩宁路街坊里弄的永庆坊，都是广州历史文化在不同时期的呈现。永庆坊的旧城打造是典型的历史文化传承与现代都市生活融合的有机更新标杆。永庆坊结合了广州千年商都的历史根脉，荟萃岭南文化历史风貌，在原有城市肌理上，保留和修复西关骑楼、西关名人建筑、荔枝湾涌、粤剧艺术博物馆、金声电影院等城市乡愁记忆符号，以实际行动推动广州建设成为岭南文化对外交流的窗口。但在永庆坊的相关报道中，传播力强的文章大多以"习近平总书记视察""网红打卡点"为标题，这些报道主要依托重要人物或网络新词，并非以其自身"旧城改造典型案例"进行定位。由此可见，民众对永庆坊的认知多来源于习近平总书记的视察，对于永庆坊本身作为广州旧城改造典型案例的认知不够深刻；而且，媒体对永庆坊所承载的城市历史与记忆相关的生产性文本报道不足。

在广州塔的相关报道中，以新媒体报道为例，在收集的 50 个抖音平台上点赞量超过 1 万的视频中，有超过 70% 的短视频以突出广州塔是中国第一、世界第四高塔的特点为主，呈现在广州塔俯瞰整个珠江新城时的美景；22% 的短视频展示的是广州塔作为功能性综合展馆承办大型活动；仅有不到 8% 的视频科普了广州塔建设的原理，强调广州塔的抗风能力。由此可见，在新媒体渠道中，从视觉上直接展示广州塔所代表的广州城市形象的视频相对较少。

在较知名的旅游网站及热度较高的自媒体文章中，调研小组对民众关于广州塔的态度认知进行调查分析后发现，线上民众对广州塔的认知主要呈现为"高塔"这样的认知词，对广州塔建设背后承载的广州形象了解较少。在广州塔，本次调研共访谈了 7 位不同年龄、籍贯的人，其中 3 人登过广州塔，4 人去过景区但未登过塔。当被问及是否对广州塔有历史文化或其他认知时，绝大多数被访谈者的回答都是否定的，他

① 魏晓航，招力行. 航拍独特建筑——佛山坊塔建筑群［Z/OL］.（2019-01-11）［2021-10-08］. http://m.xinhuanet.com/gd/2019-01/11/c_1123973458.htm.

② 辛亮仪，黄东旭，唐耿澈，等. 政新闻眼｜习近平在广州：情牵中国"南大门"的文脉［Z/OL］.（2018-10-25）［2021-10-08］. http://politics.people.com.cn/n1/2018/1025/c1001-30363298.html.

们对广州塔的认知并不深。了解广州塔的受访对象认为，它是代表广州城市形象的一张重要名片，但是仅仅给人对未来的向往，找不到广州历史文化或是岭南文化的影子。对在广州生活的老一辈人群来说，他们心中的广州记忆还有南方大厦、中山纪念堂、越秀公园等，并不仅有广州塔，且对广州塔的登塔兴趣不高。

但事实上，21世纪新建而成的广州塔不仅仅是"一个地标、一根让广州迈入它所想象的国际性城市的图腾柱"，更表现了广州的历史和地属——它的外形建筑不同于其他高塔所强调的高度、力量，它更像一座女性之塔。"广州不像北京上海是中国最强的城市，她一直属于权力被支配的位置，但广州是一座有着自己诉求的独立的城市"，这是中山大学传播与设计学院艺术设计学系主任冯原在《三联生活周刊》上提到的观点①。对于选择这样一个文化地标来代表广州城市形象，是媒体在报道广州这个城市过程中较少触及的，也是民众对广州塔代表的广州城市形象认知缺失的一部分。因此，需要对广州塔相关品牌活动进行创新，增加展示广州历史文化的内容，增强民众的游玩兴趣，进而影响他们对广州塔的认知；与此同时，媒介需要加大传播广州塔所承载的城市历史记忆相关文本，唤起城市集体记忆。

（三）由于受众局限，媒体报道偏抽象化，大众性不突出

菲斯克曾就文本和受众之间的关系，在理论上进行了精确的说明。如果一个媒介文本的话语符合人们在特定时间里去阐释他们社会体验的方式，那么该文本就会流行起来。②因此，如果媒介报道使用的话语与受众理解的社会体验不符，那么该报道使用的话语则无法和受众产生共鸣。媒介话语针对不同受众有不同的社会体验方式，只有符合不同受众社会体验的媒介文本，才能实现文本意义建构者与文本意义解读者的互动，否则将导致传播收效不佳。此外，媒介使用的文本宣传色彩过重、抽象化辞藻过多，也会导致受众对话语的抵制，结果是只把这些形象作为能指，即新闻事件的表面来接收，而拒绝它的所指，即隐含于事件中的试图控制事件的意义。

4处文化地标的相关媒介话语中都存在着受众局限的问题。以广州两处文化地标为例，虽然在传统媒体和新媒体平台上，广州塔的相关报道量都较为可观，但以"高空美景""刺激项目""重大活动"为关键词的新闻报道占比较大，这导致广州塔的受

---

① 冯原 . 广州塔：城市新象征？ ［Z/OL］.（2009-02-01），［2021-10-08］.http://blog.sina.com.cn/s/blog_470bf2570100bi0n.html.

② 胡疆锋，陆道夫 . 文本、受众、体验——约翰·菲斯克媒介文化理论关键词解读［J］.学术论坛，2009（3）：79-84.

众主要是新一代年轻人群；而在 Livin 广州公众号上的一篇标题为《下一站，广州塔 | 每个人心中都有不同的风景》文章中提到，大多数老一辈广州人心中广州的标志性建筑不是新地标广州塔，而是五羊雕塑、中山纪念馆、烈士陵园等。这些老广州地标承载着广州历史，成为老一辈广州人心中的广州名片。而只有当建构广州塔的媒介话语传达出使老一辈广州人产生共鸣的意义时，才有利于增强他们的认同感、扩大受众人群。

永庆坊与广州塔的主要受众人群正好相反，传统媒体发布的永庆坊相关报道占比较大，新媒体平台上报道较少，某种程度上说明永庆坊对年轻群体的吸引力不够大。虽然在抖音上，永庆坊的视频数量较多，但截至 2019 年点赞量超过 100 次的视频不足 20 条。点赞量最高的视频中，永庆坊的画面并不多，而是借助广州其他名气大的景点，其亮点在于——以创新改编网络歌曲的形式，迎合了年轻群体的趣味。因此，永庆坊的传播还需采用青年大众喜闻乐见的方式，从而有利于真正实现岭南历史文化的盘活，实现广州老街的重生。

佛山两处文化地标的相关报道不仅存在受众局限的问题，而且媒介话语偏宣传化、抽象化。逢简水乡作为岭南水乡古村的典型代表，是佛山的文化招牌，但并不是作为唯一主体出现，而是多出现在旅游景点推荐的报道中。这不仅导致了其受众局限在对古村落有游玩兴趣的人群中，也使该文化地标的宣传色彩更为突出，淹没了逢简水乡自身深厚的文化魅力，导致传播效果不佳。坊塔是佛山建设"更具品质文化导向型城市"的重要文化地标，但在大多数报道中以介绍坊塔内部展馆功能为主，分离了坊塔建筑本身的文化意义，这样的报道难以体现佛山打造文化新地标的用意。

四、利用文化地标建构城市形象的视像传播路径

广州塔、永庆坊、坊塔和逢简水乡 4 处文化地标的媒介报道，呈现了能够建构广州、佛山城市形象的优势，同时也存在一些问题。为了更好地依托文化地标建构并传播两个城市的良好形象，我们通过实地调研与文本分析，尝试提出 3 个切实可行的策略。

（一）深入报道地标所承载的文化内涵，丰富城市形象文化底蕴

广佛两个城市都具有深厚的文化底蕴，在珠三角地区有着较强影响力，而四处地标的媒体报道深度都相对不足。因此，还需要媒介在报道中融入地标的文化内涵，深化具有文化底蕴的城市形象。

时至今日，广州塔已然成为广州城市形象的名片。广州塔建成，对广州成为国际化大都市这一城市形象有着极大的推动作用。但在相关报道中，广州塔多是以举办各类大型活动场地的形式出现，而广州塔本身的发展变化或是其对广州城市形象影响的报道篇幅较少。因此，媒体需要发掘民众对于广州塔所代表的广州城市形象认知缺失的部分，深挖广州塔代表的城市形象，全面地呈现给受众。

在多数报道中，永庆坊是作为广州旧城改造的典型案例被报道的。永庆坊是新和旧的结合体，既有新时代的色彩，又有深厚的文化内涵，同时还体现着广州在城市改造方面未来的方向。大部分的新闻报道做不到完美的图文结合。一方面，报道通常是图片很精彩，文字内容却不够深入，难以突出永庆坊蕴含的文化深度。例如，对于永庆坊的报道多停留在景色层面，而对背后的解读不够深入，且描述较为平淡，难以吸引受众。另一方面，报道中的文字内容比较丰富，图片方面却相对欠缺。

从坊塔的新闻报道分析来看，这个地标建筑尚年轻，当前的报道不够全面，导致受众对坊塔的认知还不够。基于此，媒介在报道中需要为坊塔注入文化内涵，让佛山的城市新形象更加丰满。目前看来，坊塔承载的文化内涵比较倾向于文化佛山形象，且坊塔的存在与佛山新城文化中心融为一体。因此，媒介在报道中，除了保持图文并茂的展示形式，更需要为坊塔这个地标注入新的生命。因为新兴地标能够促进群众对城市美好前景的期盼，让文化佛山这个名号更加响亮，也更具有活力。

媒介对逢简水乡的呈现，更需要挖掘其文化底蕴。因为逢简水乡不是单纯的古村，它有更深厚的文化背景，蕴藏着许多耐人寻味的文化故事。逢简水乡的水乡文化具有民俗气息，在科技不断强化发展的路上，结合文化内涵，能够为城市注入一些灵气。所以，新闻报道可以从文化角度出发，积极发掘旅游景点的价值。

（二）加深地标与民众之间的情感联系，制造文化认同

文化地标能够在受众那里建构城市认同与文化认同。"认同策略"十分有用，从受众角度出发，与受众的观念、态度与情感上达成共识，促进两者之间的共鸣。[①]《城市形象传播：框架与策略》中提道："文化认同首先表现为对城市的地脉和文脉的尊重与维护，对潜藏于人们集体无意识中的城市身份与记忆的确认、激活与建构。[②]"

媒介报道有利于加深地标与民众之间的情感联系，建构对城市的文化认同。广州塔建成开放已 10 年有余，对广州城市形象的建构作用不言而喻。媒介更多地将广州

---

① 李鲤，田维钢.城市形象片传播中的认同建构策略 [J]. 当代传播，2017（4）：39-41.

② 何国平 . 城市形象传播：框架与策略 [J]. 现代传播,2010（8）:13-17.

塔作为一个具有文化符号意义的空间予以呈现，或者将它置于某个具有仪式意义的时间进行展示。每到元旦、中秋等节日时刻，或者遇到新冠肺炎疫情等重大事件时，广州塔及其之上的电子屏幕就成为媒介展示的重要内容，因而能够发挥勾连民众情感、传递正能量的作用。在传统媒体报道中，以广州塔为主要报道对象的内容较少，更多将其作为报道活动得以开展的空间。换言之，媒介报道中的广州塔通常作为"背景"而非"主体"存在的。而在新媒体中，广州塔本身成为受众关注的重点。例如，媒介近些年呈现在广州塔举办的品牌活动——灯光节，汇聚了众多广州民众，使他们在共同"在场"中增强情感联结，感受着同在的城市魅力。

永庆坊以往的相关报道主要依托一些重要人物或流量新词，永庆坊未来的传播需要深化自身形象，使其自身也成为一个流量词。永庆坊的热度与时政事件和国家政策相关度较大，这些事件与百姓的生活息息相关，所以永庆坊的相关报道需要紧跟时事，从地标的报道中体现对群众的关心和关爱，在相似的时事报道中适当强调永庆坊作为旧城改造典型案例的地位，深化受众认知。在永庆坊，调研小组通过对5位采访对象进行访谈，了解到它吸引年轻人的是一些网红打卡点；而对中老年人来说，吸引他们更多的是具有岭南特色的建筑物和美食，或者是一种西关情怀。由此可见，永庆坊兼具传统与现代特色，能够吸引不同年龄层的民众。此外，永庆坊的宣传尚不完善，受访者大多表示其宣传做得比较简单。因此，在建构与传播城市形象的过程中，永庆坊需要强化传统与现代特色，开展满足不同年龄段受众认知心理的宣传，建构民众对广州这个城市的文化认同。

坊塔的报道较少，受众定位较为模糊，其对佛山城市形象建构的意义还需要媒介进一步呈现和阐述。若能增强与民众之间的情感联系，增强在民众心中的影响力，有利于凸显坊塔在城市形象建构中的作用。逢简水乡是最具生活气息的文化地标，小桥流水人家，与群众之间有着密切的联系。目前媒介呈现的主要内容在于逢简水乡的美食，与其他方面的情感联结较少，导致输出的城市形象相对狭隘。而媒介故事具有纪实性、情节化等特征，能够创设一种高情感的"情境"，通过一个个生活细节更容易抓住受众的注意力[1]，因此可以考虑增加一些人文故事报道，做到延伸城市文脉[2]，发展水乡文化，激发广佛民众的认同感，从而完善城市形象。比如，在报道中明确用文字或图片等视觉信息呈现文化地标的某一特点，并与当地城市形象相结合，将有利于在

① 王雪晔.媒介话语动员：建构民族团结的一种策略——基于西北多民族新闻报道的框架分析[J].新闻界，2017（3）：2-7.

② 刘孟达.新媒体环境下城市形象片的创意与传播[J].当代电视,2016（7）：94-95.

民众印象中树立一个清晰可视的地标形象。因此，通过文化地标，使城市文化形象在民众心中更加可视化，潜移默化地增强民众对城市文化形象的认同感，进而逐渐实现城市形象推广的目标。

（三）在新媒体报道时提炼主题和重点，建构媒介话语，增强宣传力度

综合分析四处地标，广州塔的知名度和宣传力度在全国范围内有一定影响，永庆坊在官方的推动下也逐渐获得较多关注。但佛山新兴的坊塔和逢简水乡略微逊色，前者的相关报道较少，且缺乏实质性的报道，后者的报道吸引力也相对不足。为此提出运用新媒体平台进行多元化宣传的策略，通过多维拓展，体现全方位表达与个性化的诉求。

"坊塔"这个文化新地标在民众中识别度不够高的一个重要原因在于——传播力度不足。例如，新华网与佛山新闻网的坊塔航拍新闻报道不够深入，佛山新闻网在介绍佛山大剧院的时候，将坊塔与大剧院基本分离开来。调研小组通过访谈不同年龄段、性别、职业、居住地点的人，得知大多数人都不太清楚坊塔这一文化地标的存在，部分人甚至将佛山大剧院与坊塔分离记忆。对坊塔进行了简单的科普之后，多数人认为坊塔具有带动佛山旅游业、丰富佛山市民精神文化生活的作用，但目前这一文化地标不太为民众所知。调研小组通过在坊塔的调查发现，媒介可以通过话语力量，增加坊塔的传播内容、增强传播力度，从而帮助打造文化佛山城市形象。

在逢简水乡的报道中，经常出现多主题的报道篇目。多主题报道容易忽视许多有用的信息，导致主题不够鲜明。所以，调研小组建议增加单主题报道，或者呈现专属于逢简水乡的专题报道，加深受众对逢简水乡的印象和记忆。本次调研还针对逢简水乡，对4位民众进行了访谈，其中3位到达过那里，1位只听说过但没有去过。调研小组在访谈中发现，群众认知逢简水乡并非来源于媒体报道，更多的是来自从小到大身边亲朋好友的推荐——受访者们有一种对于岭南风味的特殊情怀。由此可见，逢简水乡的媒介报道还不够到位，在广州、佛山范围内的知名度还不够高，需要加强媒介方面的推广。

随着网络发展，单纯的文字信息传递显得比较薄弱，图文并茂的报道更能得到受众的青睐，因此可以通过图片更加客观清晰地呈现逢简水乡的全貌。而且，还可以制作宣传视频，拍摄逢简水乡的风景，搭配音乐，迅速抓住受众的视觉关注。希望逢简水乡依托自身魅力，更好地实现佛山城市形象的传播。

参考文献：

［1］谭亮.基于广州城市品牌形象的新媒体艺术应用研究［J］.美与时代（上旬），
2014（8）：81-86.

［2］储荷婷.图书馆情报学主要研究方法：了解、选择及使用［J］.图书情报工作，
2019（1）：146-152.

［3］麦克卢汉.理解媒介：论人的延伸［M］.何道宽，译.江苏：译林出版社，
2011.

［4］李鲤，田维钢.城市形象片传播中的认同建构策略［J］.当代传播，2017（4）：
39-41.

［5］郭庆光.传播学教程［M］.北京：中国人民大学出版社，1999：127.

［6］张洪波.媒介意象：全媒体视阈下城市形象建构与传播策略［J］.现代传播：中
国传媒大学学报，2019（7）：142-144.

［7］张向葵，冯晓杭，David Matsumoto.自豪感的概念、功能及其影响因素［J］.心
理科学，2009（6）：1398-1400.

［8］DILLARD JP，PECK E. Affect and Persuasion Emotional Responses to Public Service
Announcements［J］. Communication Research，2000（4）：461-495.

［9］刘涛.文化意象的构造与生产——视觉修辞的心理学运作机制探析［J］.现代传
播：中国传媒大学学报，2011（9）：20-25.

［10］邓庄.空间视阈下城市记忆的建构与传播［J］.现代传播：中国传媒大学学报，
2019（3）：50-55.

［11］朱蓉，吴尧.城市·记忆·形态：心理学与社会学视维中的历史文化保护与发展
［M］.南京：东南大学出版社，2013：48.

附：

访谈提纲

1. 广州塔调研问题

（1）您是通过什么渠道知道广州塔的呢？有了解过线上他人对广州塔的评价吗？

（2）您登过广州塔吗？您当时为什么想要登广州塔呢？您登上广州塔后觉得广州塔的亮点在哪里呢？广州塔最吸引您 / 印象最深的是什么？

（3）您了解广州塔除了作为新电视塔以外的特点或故事吗？如外形设计理念，抗风抗地震能力或与广州历史文化相关的等。

（4）您觉得广州塔在广州的重要程度如何？广州塔的宣传做得怎么样？

（5）您觉得广州塔在哪些方面存在问题呢？哪些方面需要改进，才能够更好地吸引外来游客呢？

2. 永庆坊调研问题

（1）您是从小在当地生活长大的当地人吗？去过永庆坊吗？去过多少次呢？为什么想去永庆坊？

（2）您是通过什么渠道知道永庆坊的呢？

（3）您觉得永庆坊有哪些亮点呢？最吸引您的是什么？您了解永庆坊是广州旧城改造的典型案例吗？

（4）您觉得永庆坊在广州的重要程度如何？在广州人心中的地位如何？

（5）您觉得永庆坊的宣传做得怎么样呢？特别是在线上渠道，哪些宣传比较吸引您呢？

（6）您觉得永庆坊在哪些方面存在问题呢？哪些方面需要改进，才能够更好地吸引外来游客呢？

（7）您知不知道永庆坊二期项目正在建设，如果开放了（去过第一期的话）您还会去吗？您希望第二期增加哪些亮点呢？

3. 坊塔调研问题

（1）您是否是广州 / 佛山市居民或常年居住在广州 / 佛山？

（2）您在广州 / 佛山生活多少年？

（3）您知道佛山坊塔 / 佛山新城文化中心 / 坊塔建筑群 / 佛山大剧院 / 的存在吗？知道的途径或方式？您了解坊塔的设计理念吗？

（4）您感觉坊塔的造型如何？

（5）您觉得建造坊塔这样的建筑，对佛山来说意味着什么？起到怎样的作用？

（6）您愿意去坊塔打卡拍照、逛展馆吗？

4. 逢简水乡调研问题

（1）请问您是佛山本地人吗？

（2）您有没有去过逢简水乡？有没有听说过？从什么渠道听说？

（3）（去过）对逢简水乡有什么感觉？最喜欢的是什么？（没去过）看一段宣传片，有什么感觉？会有前往参观的意愿吗？

（4）您觉得逢简水乡的特点是什么？有凸显出独属于佛山的气质吗？

（5）您觉得逢简水乡的宣传如何？需要改进吗？

（6）您认为逢简水乡的水乡文化对佛山有意义吗？

城市电视台媒体融合转型路径调研报告

——以广州、中山、茂名三地城市电视台为例

谢德炬　陈　晔　陈明朗①

一、前言

（一）研究背景

媒体融合最早由美国计算机科学家尼古拉斯·尼葛洛庞帝②提出，指的是随着信息技术的发展，传播媒介将会发生根本性的改变，多种媒介最终将会呈现多功能一体化的趋势。媒体融合包含了狭义和广义两种概念。狭义的媒体融合指的是将不同的媒介形态"融合"在一起，会随之产生"质变"，形成一种新的媒介形态，比如，手机报纸、有声读物、H5 等；而广义的"媒体融合"则范围广阔，包括一切媒介及其有关要素的结合、汇聚甚至融合，不仅包括媒介形态的融合，还包括媒介功能、传播手段、所有权、组织结构等要素的融合。也就是说，媒体融合是信息传输通道多元化下的新作业模式，是把传统的报纸、电视、广播等媒体，与包括互联网 PC 端、智能手机等移动终端在内的新兴媒体传播通道有效结合起来，资源共享，集中处理，衍生出不同形式的信息产品，然后通过不同的平台传播给受众。

---

① 谢德炬，男，广州广播电视台主管；陈晔，男，中山广播电视台综合采集部主任；陈明朗，男，茂名市文化传媒集团新媒体运营中心主管。

② 尼古拉斯·尼葛洛庞帝，美国麻省理工学院教授，因长期以来倡导利用数字化技术促进社会生活的转型，被西方媒体推崇为传播科技领域的大师。

　　随着互联网尤其是移动互联网技术和用户规模的迅猛发展，媒体融合已经成为传播领域和传媒行业的现实选项。根据中国互联网络信息中心（CNNIC）发布的第 45 次《中国互联网发展状况统计报告》[①] 显示，截至 2020 年 3 月，中国的网民规模已经达到了 9.04 亿，互联网普及率达 64.5%；其中手机网民规模达 8.97 亿，网民使用手机上网的比例达 99.3%。而与互联网用户规模的增长形成鲜明对照的是，传统报纸的发行量呈断崖式的下降，传统电视的开机率也呈一路走低的趋势。《每日经济新闻》2019 年 8 月 14 日的一篇报道称，"受智能手机及平板电脑等移动终端的影响，电视机的日均开机率已经由 3 年前的 70% 下降到了 30%[②]"。中国传媒大学出版社编撰出版的《2019 年中国电视收视年鉴》一书中称："受到新媒体的冲击，加上受众媒介使用习惯的变化，以及受众使用媒介工具的翻天覆地的变化，电视观众规模在 2018 年再次缩小""这是近 10 年来全国电视观众规模再次缩小"。规模缩小还只是其中一方面，"中低学历人群是主体观众群体""无业群体占据较大比例""低收入观众所占比例较大""人均每日收视时间持续下滑"[③]，这些才是传统电视影响力让人担忧的更深层次的因素。在传统媒体的三种媒介形态中，只有广播随着汽车普及率的大幅提高和移动互联伴听性质的凸显而焕发了第二春，但整体来说，媒体基于传统媒介的传播力、影响力，以及建构在这二力之上的引导力和公信力，都不能让业界乐观。

　　人在哪里，宣传阵地就要在哪里。媒体是国家宣传的重要手段，而宣传思想和新闻舆论工作则有着"定国安邦"[④] 的重要作用。因此，从稳固和提升媒体的宣传价值角度，媒体的内容生产、传播渠道、组织架构，都要随着受众群体的转移而发生改变。"受众在哪里，宣传报道的触角就要伸向哪里，宣传思想工作的着力点和落脚点就要放在哪里"。在中共中央政治局 2019 年 1 月 25 日就全媒体时代和媒体融合发展举行的集体学习会上，习近平总书记就指出：要"推动媒体融合向纵深发展，做大做强主流舆论，巩固全党全国人民团结奋斗的共同思想基础""要坚持移动优先策略，让主流媒体借助移动传播，牢牢占据舆论引导、思想引领、文化传承、服务人民的传播制

---

① 2020 年 4 月 28 日，中国互联网络信息中心发布第 45 次《中国互联网发展状况统计报告》，中国网信网全文刊载。

② 莫淑婷."消失"的电视：开机率只有 30% 何以重回客厅"C 位"［N］.每日经济新闻，2019-08-14（12）.

③ 丁迈.2019 中国电视收视年鉴［M］.北京：中国传媒大学出版社，2019：15-18.

④ 新华社.习近平：坚持正确学习方向创新方法手段 提高新闻舆论传播力引导力［N］.人民日报，2016-02-20（1）.

高点"①。这些要求正是从宣传价值的角度来强调传统媒体机构推进媒体融合的必要性和紧迫性。国家宣传机器要发挥作用，媒体机构就必须实现深度转型，打造成为"新型主流媒体"，在新的舆论主战场上占领主阵地，并在新阵地上继续实现媒体传播力和影响力的最大化，并用引导力和公信力来建构整个国家和社会的核心价值体系，这确实是"定国安邦"的重要体现。

如果说宣传价值是上层推动各级媒体融合发展的原动力，那么生存发展则是省级以下媒体尤其是城市一级媒体积极向融媒体转型的自发需求。在中国各级媒体机构中，中央一级和省一级的主流党媒有着来自党委政府在财政和资源上的强力支持倾斜，区县一级媒体在县级融媒体中心过程中已经逐步融入了政府的宣传行政服务体系，但恰恰是城市一级媒体，维持运转的成本巨大，转型需要更大的资金投入，而城市一级媒体给到的财政和资源扶持有限，传播力和市场规模的局限性又导致城市媒体自身造血能力的缺乏，这一切都使得国内媒体在向融媒体转型过程中出现了"中部塌陷"的情况。

根据央视市场研究（CTR）发布的广告监测数据，近年来，中国整体广告的投放额是呈增长状态的，但是，传统媒体广告投放额在不断下降。以2018年为例，中国整体广告投放额同比增长了2.9%，但传统媒体的广告投放额同比下降了1.5%。其中，电视广告投放额为5577亿元人民币，同比2017年减少了0.3%。②虽然看起来传统媒体的广告投放额下降幅度不大，但在这5577亿中，中央级频道和省级卫视的广告投放额是在上涨的，省级地面频道和城市台的广告投放额下滑得非常明显，其中省会一级的城市台广告投放额下降了14.8%，其他地级市城市台的电视广告投放情况比省会城市台更加举步维艰。而在电视之外，广播广告的投放额有一定增长，但规模占比较小。报纸和杂志等传统平面媒体的广告投放额持续断崖式下滑，其中报纸的同比下降幅度达到了30.3%。③这是全国的统计数据，城市媒体的情况更加可想而知。

死守传统媒介渠道显然无法可持续生存发展。在生存需求的推动下，城市媒体必须要找到新的经营增长点来替代不断下滑的传统媒介市场。而这也促使了城市媒体融

---

① 新华网.习近平：推动媒体融合向纵深发展　巩固全党全国人民共同思想基础［N］.人民日报，2019-01-26（1）.

② 丁迈.2019中国电视收视年鉴［M］.北京：中国传媒大学出版社，2019：78-84.

③ 2018年广告投放额以CTR2018年监测范围为基准进行统计，2018年广告投放增长情况以CTR2017年监测范围为基准进行比较；广告投放额以媒体公开报价为统计标准，不含折扣。

合发展的步伐。通过内容生产转型、流程机制再造和政务市场开拓来建设融媒体，实现移动优先，成为城市媒体融合发展的重要方向。

（二）调研对象和目的

本次调研选取了广州广播电视台、中山广播电视台和茂名文化传媒集团作为调研样本。广州广播电视台是省会城市的主流广电媒体，中山和茂名都是地级市。广州、中山暂时没有实现报纸和广电媒体的大融合，但两座城市的主流广电媒体都在行业领域内推进媒体融合向纵深发展。茂名已经实现了大融合，将报社和广播电视台合并成立了文化传媒集团。三家媒体均有各自侧重的融合方向，广州广播电视台在媒体融合过程中坚持内容转型，用精品内容的生产来推动媒体融合的进程；中山广播电视台尝试改革机制，调整内部架构，试图通过流程再造来实现媒体融合的成效；茂名文化传媒集团在整合了市级传媒资源后，加大了政务市场的开拓，将政务服务与媒体融合进程紧密相连。三家媒体的发力方向基本代表了目前国内城市媒体向融媒体转型的几种路径。我们希望通过这次调研，将三种路径发展现状和未来方向做一次全面的梳理，得出可供城市媒体融合转型的参考维度。

（三）研究方法和分析指标

研究主要采取现场考察与典型调查法两种方法，具体说明如下。

1. 现场考察法

实地考察三个地级市媒体的媒体融合状况，包括各媒体具代表性的媒体融合部门、新闻部门，重点考察内容生产与平台搭建及配合的信息。

2. 典型调查法

指在特定的范围内，即重点调查精品生产、重建生产流程、政务服务这几个与媒体融合较为密切相关的领域，由点及面地整理挖掘出媒体融合其内部发展变化的规律及本质。

基于三个地级市媒体的个性与共性，本调研主要围绕以下两大指标进行综合考察评估。

1. 媒体融合个性调查

该项指标主要从三家媒体的差异性出发，探循各媒体内容的制播规律，从中挖掘整理出可供参考学习的因素。

2. 媒体融合共性调查

该项指标从三家媒体的共性出发,全面把脉地级市媒体融媒建设的情况,撷取当中行之有效的做法与经验,继续推动媒体融合深化改革。

二、代表性城市媒体融合情况

(一)广州广播电视台媒体融合情况

1. 媒体融合基本情况

近年来,广州广播电视台在推行媒体融合发展方面进行了大刀阔斧的改革,在以下方面进行了漫长而艰难的尝试。

2015 年,广州广播电视台正式开始规划媒体融合发展框架,成立了台推动媒体融合发展工作领导小组;2016 年 1 月,电视台成立媒体融合实验室;2017 年 1 月 1 日起,更名为媒体融合发展中心,该中心作为台推进媒体融合工作的专门机构。

目前,广州广播电视台已经建立全媒体矩阵,在自主可控平台和公共互联网平台建设中均取得成效。自主可控的媒体平台有"花城 +"App、"花城 FM"App、广视网、"快互动"平台、城市交换数据云平台。公共互联网平台则包括微信公众号 38 个、微博认证号 14 个、抖音认证号 15 个、今日头条认证号 10 个、央媒号 6 个、其余互联网平台账号 24 个,共 107 个认证账号。截至 2019 年 11 月,广州广播电视台新媒体矩阵总粉丝数超过 1140 万人,总阅读量近 70 亿人次。

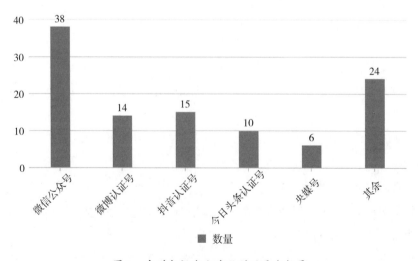

图 1　广州电视台公共互联网平台数量

（1）技术创新推动媒体融合

广州广播电视台在媒体融合中采用新技术，以新颖的报道方式吸引更多受众。

在2019年的全国两会报道中，广州广播电视台率先采用5G结合AI等新技术，以VLOG、抖音、H5等新形态，吸引了不少受众，尤其是年轻群体。其中《AI讲两会》特别栏目，成为全国首个使用AI语音合成技术报道全国两会的城市电台。广州解放70周年，广播首次尝试AI+5G全媒体现场直播，同时在公众号进行同步图文直播。2019广州马拉松赛，运用4K+5G+AI技术进行远程制作，技术升级提升了内容制作效率和观众观看体验。

（2）全媒体平台合作推动媒体融合

广州广播电视台继续完善全国城市交换数据云平台功能，推进"城市新闻数据测评系统建设项目"的立项建设。依托云平台，广州广播电视台围绕重大主题、事件，策划多个城市电视台的联动全媒体直播，在2019年超过200场融媒体直播中，多台联动直播超过50场。一年来，城市数据交换云平台向新华社"现场云"供稿1194条，浏览量超过1亿人次；2019年8月，入驻人民日报"人民号"，共向人民日报客户端供稿2978条，浏览量超过1100万人次。2017—2019年，广州广播电视台"云平台"先后荣获"现场云十大创新策划奖"特等奖及"现场云优秀组织奖"。

（3）短视频矩阵发展推动媒体融合

截至2019年11月，全台已开通15个蓝V认证抖音号，总粉丝数超333万人，点赞总量超过2.2亿人次，总发文量为10230篇，累计播放量获超59亿人次。广州广播电视台日均生产原创短视频约35条，共计约84分钟，日均浏览量约为690万。

在媒体融合发展进程中，广州广播电视台继续重视人才引进和技术团队组建，为融媒发展提供足够技术支持。根据业务需求，通过台内培养和社会招聘方式继续充实人才，完成人才配备，组建的技术团队将能够独立承担开发运维工作，在合作开发运维中占据主导地位，将核心技术掌握在自己手上，确保核心业务安全可控。

2. 融合进程中存在问题及建议

目前，广州广播电视台在搭建平台、创新机制、技术驱动、优化内容、人才培养等"五力"上初有成就，但与众卫视等省级媒体仍有非常大的差距，尤其是传播影响力、市场竞争力上远不如省级媒体。具体体现在以下几个方面。

经费不足。如今经济压力下行，单边主义盛开，国家之间的贸易竞争此起彼伏。在这样的背景下，如何在勒紧裤腰带的前提下深化媒体融合改革，考验着我们传统媒体人的智慧。

人才不足。近年来，互联网媒体发展一日千里，已成为高校毕业生就业的第一大选择，相反传统媒体已没有了当年千里挑一的条件。在这样的形势下，需要传统媒体顺应媒体融合发展需要，有针对性地挖掘、引进技术人才。

体制创新性、灵活性不足。在调研的三家市级媒体内部，"体制改革"是一个高频词，传统的体制已完全无法适应现在媒体融合发展的要求，从上而下进行一场体制改革势在必行。只有勇于突破体制的束缚，打破现在队伍的惯性思维，找寻高、精、尖的技术人才队伍，制定灵活、高效的创新机制，才能真正地做到媒体融合。

（二）中山广播电视台媒体融合情况

1. 媒体融合基本情况

中山广播电视台作为中山市主流广电媒体，近年来，大胆运用新技术、新机制、新模式，加快融合发展步伐，努力实现宣传效果的最大化和最优化。目前，中山台在媒体融合方面主要做了以下几个方面的尝试。

（1）着力平台建设，努力打通"台、网、微、端"资源

中山广播电视台较早布局新媒体平台的建设，目前已经建成了中山手机台 App、"中山之窗"网站、中山广播电视台微博，以及由"城市零距离""中山新闻""嗨翻中山""中山广播电视微平台"等微信公众号组成的微信矩阵，粉丝总量超过 300 万。其中，"城市零距离"微信公众号拥有粉丝 50 万，是目前中山粉丝量最大的新闻类公众号，连续 3 年获评"企鹅生活圈（华南）十佳自媒体"、多次获评"广东十大先锋媒体"。

而由中山广播电视台承接运营的中山市委市政府权威发布平台"中山发布"微信公众号，2020 年 5 月粉丝量突破了 150 万大关。在 2019 清博盛典"新媒体大数据峰会"上，"中山发布"从全国所有地方媒体官方微信中脱颖而出，获地方传播力奖，并且荣登榜首。

微信公众号是基于微信后台来运营，技术后台不在自己的掌控中。所以有能力的媒体纷纷建设自己的移动端 App。中山广播电视台的移动端就是中山手机台。2018 年，"中山手机台"App2.0 版本正式上线运行，2.0 版本优化了架构模块，增加了特色频道专区。其中，建设了"镇区新闻频道"，为当地政府政务宣传、民生服务提供新媒体阵地。目前，"镇区新闻频道"已完成第一期 10 个镇（区）的视频资讯接入。经过近两年的运行，"中山手机台"App2.0 目前下载量超过 150 万，每日页面活跃人数超过

5万人次，确立了中山门户移动端和中山视频音频第一移动平台的地位。

（2）强化移动优先，不断推出移动端融媒产品，抢占互联网舆论宣传的制高点

习近平总书记强调，"要坚持移动优先策略，让主流媒体借助移动传播，牢牢占据舆论引导、思想引领、文化传承、服务人民的传播制高点。"2019年，中山广播电视台就在"移动优先"领域，注重平台搭建，探索全网分发，不断推出符合移动互联网传播特点的融媒体产品。

2019年，"中山手机台"App集中上线了五大实用功能，包括主持人社区、在线广播、在线电视、听书功能、文字新闻自动语音播报等。另外，全面完成了中山手机台镇区政务频道建设工作。截至2020年，全市有20个镇区完成视频资讯接入。相关镇区宣办以及电视台站网络编辑可根据专属账号登录中山手机台App定制后台，自主上传发布各镇区新闻资讯，快速、准确地发布权威信息。

除了打造"中山手机台"App这一自有平台，2019年，中山广播电视台还尝试将"中山手机台"品牌化，开设"中山手机台"抖音号，探索短视频内容全网分发。运营仅一年时间，"中山手机台"抖音号已发布了近500条短视频，播放量超过了10个亿，点赞量最高的一条短视频获得了近600万的点赞量，迅速成为中山地区传播力最强、影响力最大的抖音号。

习近平总书记强调，党报党刊要加强传播手段建设和创新，积极发展各种互动式、服务式、体验式新闻信息服务，实现新闻传播的全方位覆盖、全天候延伸、多领域拓展，推动党的声音直接进入各类用户终端，努力占领新的舆论场。在这一思维的指导下，中山广播电视台按照移动传播特点，策划生产适合年轻用户阅读使用习惯的融媒体产品。2019年年初，配合中山一年一度的慈善万人行活动，中山台推出"谁是慈善歌王"互动游戏，5天内吸引了7万市民参与，为慈善万人行营造了良好的舆论氛围；为配合文明城市的创建工作，中山台在中山发布平台推出"垃圾分类"小游戏，好玩的同时传播垃圾分类知识，受到了中山市领导的点赞，同时借用了2019年大热的"哪吒"IP，制作了6集动画短片《哪吒：顽童故事》，巧妙地将文明公约融入动画故事中，在互联网端受到了年轻受众的喜爱；为提振中山"重振虎威"的信心和士气，中山台在2019年11月策划推出了H5互动知识问答活动，通过互动式的传播手段，让网友深度了解中山过去的奋斗经历，认识当下面临的机遇挑战，提振未来发展的信心，短短5天内，有超过19万人参与活动，实现了在移动互联网端为中山"重振虎威"大局鼓与呼，凝聚共识，画好网上同心圆的目标。这些融媒体产品的生产，让党媒拉近了与年轻用户之间的距离，让主流声音在新的

舆论场得以体现并且放大，同时这些融媒体产品的生产过程，实质上也是对媒体融合进程的一种倒逼。

（3）深化内容生产机制的改革，探索适合全媒体时代融媒内容生产的流程和机制

新媒体部门人员重新组合，组建综合采集部、全媒体编发部和融媒体发展部，并由这三个部门共同组成融媒体中心，由总编辑亲自挂帅。综合采集部负责对日常新闻线索进行策划、采访、初审；全媒体编发部负责对新闻素材进行编辑加工，并根据各渠道的不同特点进行审核、分发；融媒体发展部负责新媒体移动平台开发、推广及管理运营工作。这种组织架构实际上是对传统的采编播流程进行了再造，在人力、内容、宣传方式上进行整合，目标是建设由内容生产供应体系、集成播控运营体系、内容分发服务体系、产品应用营销体系及信息安全保障体系等组成的融媒体协同机制，合理重构内部组织结构，从而在根本上突破媒体融合发展问题。

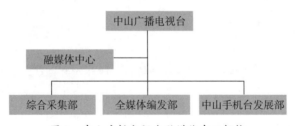

图 2 中山广播电视台融媒体中心架构

经过一年多的探索、磨合，目前中山台新部门、新流程的运作已逐步进入正轨，新闻信息内容正朝着"一次性采集、多媒体呈现、严格化审核、多渠道发布"的目标生产制作，推动信息内容、技术应用、人才队伍共享融通。

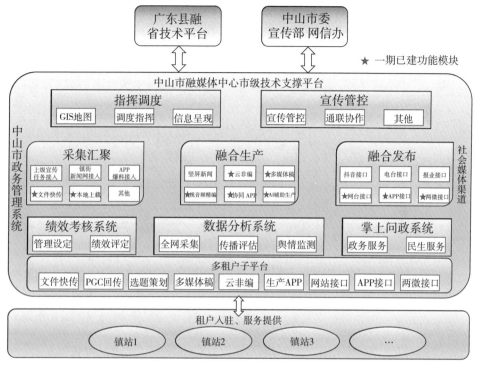

图 3　中山市融媒体中心市级技术支撑平台架构图

除了配套流程机制的调整，中山台还大力推进融媒体中心软硬件建设，为媒体融合向纵深发展提供支撑。2019 年 6 月，中山广播电视台向中山市委市政府提交了《中山市融媒体中心建设方案》。按照规划，"中山市融媒体中心"将形成统一的融合生产平台，融合"两微一端"新媒体业务的生产流程，统一管理流程；平台具备全媒体全程绩效考核功能；利用大数据分析，绘制用户画像，提升节目策划、生产的精准度；利用 5G 网络，实现移动优先、提速媒体生产效率；利用 AI 技术，提升内容生产效率，节省人力资源；形成统一策划、统一决策指挥、统一生产、发布平台的媒体技术架构。在中山市委市政府的关心支持下，"中山市融媒体中心"相关软硬件建设项目获得了市财政 2500 万元建设资金的扶持。目前"中山市融媒体中心"已完成项目建设并上线运行。

2. 融合进程中存在问题及建议

地方广电媒体目前推进媒体融合普遍遇到了一些困难，在中山广播电视台的实践中也有比较明显的体现。

第一，媒体融合是从新闻传播的理念，到技术实现手段，再到渠道整合完全的迭代。但地方广电媒体的从业人员普遍从理念上还未能完全地转过弯来。中山广播电视台目前新闻内容生产部门是在过去基础上的简单重组，在实际操作中，人员理念、考核导向还没有完全跟上如今媒体融合的发展速度，媒体融合的实效大打折扣。

第二，媒体融合需要强大的技术支撑，但地方广电媒体普遍技术支撑能力偏弱，而引进第三方技术需要的资金不菲，且需要较为漫长的"接地气"过程。目前国内很多地方媒体全套引进人民日报"中央厨房"，且不说高昂的引进费用，但就"接地气"而言，人民日报的"中央厨房"，能否解决所有地方媒体的实际需求还是一个问题。比如，人民日报"中央厨房"的指挥系统是全国性的，它可以在全国范围内进行调度。但这种方式下沉到地市一级，性价比就相对偏低了。又比如，人民日报"中央厨房"的分发效率和绩效考核是基于央媒的人力资源系统和其所属子媒的特点来进行搭建的，可是地市一级的党媒并没有像央媒那样庞大的子媒矩阵，照搬人民日报"中央厨房"，可能会出现"大马拉小车"的情况。再加上地方媒体的绩效考核系统不像人民日报，面对的是全国数以千计的采编人员。在这点上，笔者也觉得照搬可能会出现资源的浪费。

技术支撑能力的缺乏还体现在融媒产品的创意实现能力上。媒体融合的实效需要具体的有传播力、影响力、引导力和公信力的融媒产品来呈现。但是地方广电媒体在融媒产品的创意策划和制作实现上是存在一定程度的脱节，往往创意是好的，但最后出来的效果离预想得太远。这种落差，在越低一级的媒体上体现得就越大，这反映的是技术储备能力的差距。

第三，地方广电媒体推进媒体融合，最缺的是人才。当前的传播格局决定了党媒不再具有过去那种对优秀年轻传播人才和技术人才的吸引力，地方媒体更加遇到了人才瓶颈。以中山广播电视台为例，近年来，年轻人才的引进乏力，已经严重影响到了媒体融合事业的发展。比如，新媒体应该是年轻人"天马行空"干事创业的舞台，但在中山台，仍然是一批以三四十岁的中青年人为主的团队在进行新媒体内容的制作和传播，他们的思维、理念、语境，与当下90后、00后所流行的那套体系，存在代沟。

第四，地方广电媒体推进媒体融合，缺乏足够的财力支撑。媒体融合，实际上是对整个内容生产机制、流程、人才引进，甚至技术装备的再造，是一项极其"烧钱"的工程。但以地方广电媒体目前的经营现状，要靠媒体自身去支撑融合迭代，显然力有不逮。所以，地方媒体在推进媒体融合的过程中，都向上级党委政府提出了"输血"的请求。

（三）茂名文化传媒集团媒体融合情况

1. 媒体融合基本情况

茂名，广东省辖的地级市，省域副中心城市，位于广东省西南部，鉴江中游，东毗阳江，西临湛江，北连云浮和广西壮族自治区，南临南海。全市陆地面积 11427 平方千米，约占广东省陆地面积的 6.4%，海域面积 75 平方公里。全市党员人数 20 万余人。

全市随着互联网技术的发展和智能手机的普及，手机网民快速增长。据调查，截至 2020 年 6 月，茂名市有手机网民约 500 万，近半数的网民依赖手机上网获取信息；中青年党员以及全县机关事业单位公职人员由于文化程度较高、经济条件、年龄等原因，成为使用微信等即时通信工具网民中一个庞大的群体。

习近平总书记指出："要把网上舆论工作作为宣传思想工作的重中之重来抓，宣传思想工作是做人的工作，人在哪儿重点就应该在哪儿。网民在哪里，党的思想舆论阵地就要建到哪里。"因此，主动适应信息传播的新规律，探索打造传播力、影响力、公信力强的新媒体思想教育阵地，积极引领主流舆论，是新时期基层党委宣传部门的重要职责和使命。

茂名市文化传媒集团新媒体运营中心负责集团媒体融合发展和新媒体建设相关工作，以现有媒体资源为依托做好舆论宣传和经营业务拓展，以新媒体产品为载体策划、承办各类品牌宣传、活动营销、社会公益等活动，扩大集团新媒体产品的影响力，推动集团传媒产业的转型升级，目前为茂名市城管综合执法局、茂名市卫生健康局、茂名海事局、茂名市城投集团代运营微信公众号及微博、网站等。

（1）打造影响力强大政务新媒体，引领壮大主流舆论

为适应信息传播的新规律，抢占舆论新阵地，积极运用新媒体对上网的党员干部群众开展思想宣传教育，推进政务公开和公共服务，茂名市文化传媒集团与广东省广播电视台旗下南方新媒体公司共同打造"无线茂名"移动新媒体项目，旨在省市媒体单位突破地域与时空界限联手打造移动云信息服务接入口的创新尝试。在运营中紧紧围绕党委政府中心工作、重点工程建设、民生社会热点、茂名历史文化等方面，大力宣传建设"好心茂名"的举措成果，展示属于茂名的独特历史文化，开展政民互动和服务。近年来，公众号订阅人数已超过 10 万，累计阅读千万人次，分享转发近百万次，微信最高日阅读近 10 万人次；微博开通一年订阅 1.5 万人，最高单条阅读 72 万人次，大量单条信息阅读量超过万人。

（2）创新"打好四张牌"，讲好茂名故事

作为政务微信公众号代运营商，市文化传媒集团新媒体运营中心始终坚持团结稳定鼓劲的宣传原则，围绕党和政府中心大局，传播优秀文化，丰富发布内容，推进融合发展，全方位、多角度地讲好"茂名故事"，实现了引领舆论、壮大昂扬向上主旋律的良好效果。

（3）坚持围绕中心，传播正能量

当今，微信、微博的发展使信息传播彻底进入分众化的时代，传统官媒传播力、影响力不同程度地受到影响。如新媒体运营中心在为茂名市卫生健康局代运营微信公众号"健康茂名"，该号作为地方性官方新媒体，受众也面临分散化的趋势，唯有勇于创新突破，做好品牌和提升影响力，才能在"众声喧哗"的网络传播新形势下脱颖而出，才会真正让党员干部受教育，让普通网民受影响，发挥高举旗帜、引领导向，围绕中心、服务大局，团结人民、鼓舞士气的汇聚起强大正能量的作用。

在代运营茂名市卫生健康局公众号的过程中，集团新媒体运营中心整个团队集思广益、竭尽全力，在平台板块开发、活动策划、专题宣传、精品稿件、活跃粉丝等方面狠下功夫，"茂名卫生健康"粉丝团不断扩大，社会关注度越来越高，多次受到了省卫健委的高度肯定。茂名市卫生健康局微信平台2018年被《健康报》社评为"年度健康传播优秀案例"，黄立红局长被评为"年度健康传播优秀宣传工作者"。

在党建宣传教育等方面，围绕党委不同暑期的重点工作，新媒体运营中心在无线茂名公众号推出《关注两会》《民法典》《聚焦全国两会·关注民生问题》等大量报道，轰轰烈烈开展党建教育宣传，产生了良好的效果。此外，还围绕民生焦点及重大项目建设等，相继推出《今年开建东粤路、官山六七路、双山八路新增两条隧道下穿茂名大道》《走好心绿道》等系列报道，吸引了一大批普通党员网民阅读分享，部分单条信息阅读量超万次、分享近千次，一部分原本对官媒兴趣不大的网民，通过推送他们关心的内容，逐渐认知并关注了"无线茂名""茂名城管"等政务微信和微博。

（4）突出茂名好心元素，彰显地域特色文化

地方历史文化是一个地方的魂。茂名历史文化底蕴深厚，是被周总理誉为"中国巾帼英雄第一人"冼太夫人的故乡。在微信平台发布内容中，新媒体运营中心注重发掘和宣传好心文化，先后推出《好心宝宝之灵动茂名》《邂逅一座好心之城》《冼太文化周系列活动》等文化信息。这些百姓耳熟能详且包含好心和爱国元素的内容，最容易引发广大网友的共鸣，许多在外求学、工作的茂名人纷纷在朋友圈中分享，使得集团代运营微信、微博订阅用户如星星之火般布散全国。通过微信新媒体良好的宣传效

果，即为发掘弘扬茂名文化提供了很好的传播平台，也是一种对地方文化的收集保存方式，在提升了茂名美誉度、增强文化的认同感中，潜移默化地培养茂名群众的家国情怀。

（5）合理定位、注重原创，内容丰富

作为区域政务新媒体，也要遵循"内容为王"的传播规律。"无线茂名"运行以来，从发布信息内容选择、编辑模式、头条安排、推送时间等方面，不断学习和探索，注意借鉴许多有影响、有特色公众号的做法，合理定位区域性政务微信新媒体平台：本地信息为主、突出地方历史文化、解读解惑大政方针、关注社会民生等原则。此外，固定时间转发集团代运营的"书香茂名"公众号里面的大部分文章，选择一些有阅读价值的文艺作品向用户推送，文化旅游、文史、励志、人生感悟等内容健康向上、传递正能量的文学作品，都是公众号选择的素材，以丰富发布内容，引导大众阅读，提升群众文化素养。近年来，共推送了《我心归处是敦煌》《少年，我在未来等你》《看见》《茂名大讲堂》等百余篇文章，均引发广泛的阅读兴趣，其中一篇不起眼的《少年，我在未来等你》的推文阅读近万人。

2019 年，茂名市文化传媒集团新媒体运营中心出品了《共创全国文明城市 文明在哪里》H5，该 H5 融入茂名冼太文化、以爱国为主题的好心宝宝动画片等元素被市民转发近 30 万次并被学习强国平台选用。由茂名市文化传媒集团主办第 31 届粤西（茂名）订戏会以及第 9 届我唱我歌原创歌曲大赛，采取现场观看和在线直播传播方式，首次开展抖音短视频宣传，以上活动得到了大批媒体记者关注。据不完全统计，中新社、广东广播电视台、《南方日报》《羊城晚报》、茂名电视台、《茂名日报》、凤凰网、茂名网等媒体为此发稿近 50 条，其中香港电台第五台、澳门电台、广东电台、中央广播电视总台大湾区之声等媒体对订戏会开幕式都做了详细的报道，整个粤港澳大湾区的听众一起分享了活动的盛况。

（6）增强平等互动服务，促进融合发展

政务双微不仅要推送健康向上、适应大众阅读习惯和形式的内容，也要满足服务百姓多元化需求，茂名市文化传媒集团先后开通了手机新闻网接口，增加了便民查询、服务大厅等政务服务功能，以"互联网＋"思维，增强平台的服务功能，延伸服务内容。"无线茂名"自开通以来，不断尝试利用平台打通与百姓之间沟通交流的通道，利用平等互动，提升服务功能，来进一步增强对订阅用户的"黏性"，让平台成为百姓离不开的助手，更好地利用新媒体技术服务百姓。

在新媒体融合上，"健康茂名""无线茂名"等项目的微信、微博与新闻网三种不同平台相互融合、促进。三种媒体相互链接网址、固定位置设置标签和二维码，相互宣传推介，相互提升影响。许多健康茂名官方微博的粉丝成为微信公众号的订阅用户；在无线茂名 App 首页和每条信息正文中，均有加关注微信二维码。通过多种形式融合宣传推介，"无线茂名""健康茂名""茂名城管"等关注订阅覆盖面和影响力不断扩大。为推进平台与无线茂名 App 的深度融合，专门开发了便于手机阅读的手机版无线茂名 App，与微信平台接口对接，将微信阅读简便地延伸到手机版新闻网，可以让用户获取更多地方信息和方便地观看新闻，解决了网民看本地电视新闻的问题。

在加强政民互动方面，新媒体运营中心对网民在微信平台上的所有留言、咨询等，无论是严肃的问政话题，还是轻松搞怪的表情打趣，都及时给予回复或回应，以增加政务微信亲活力、影响力和权威性。对问政中百姓遇到的难题，还积极帮助协调解决。有位市民在"健康茂名"给我们留言咨询挂号问题后，微信编辑及时核实情况并协调有关部门给予妥善办理。该微信用户专门回信表示感谢，称偶然中看到家乡卫生系统的微信，只是抱着试试看的心态给我们写了几句话，没想到"健康茂名"是"活的"。

2. 融合进程中存在问题及建议

目前，茂名市文化传媒集团已将新媒体运营中心打造成为一个集微信公众号运营、官方微博运营、官方网站维护更新的专业开发建设和采、编、审、播一体的专业技术团队。

从 2016 年成立以来，新媒体运营中心采用走出去和引进来的方式，不断派遣员工到广州、深圳等一线城市学习新媒体运营专业技术和先进理念，省新媒体领航单位广东南方新媒体股份有限公司也多次派遣专家到集团新媒体运营中心培训授课。通过不断吸收引进人才，茂名市文化传媒集团新媒体运营中心从无到有，坚持发展核心技术、合作共赢、全心全意服务的发展理念，发展成为茂名地区从业最久、服务最广、技术专业突出的新媒体运营技术中心。

如今新媒体运营中心的新媒体技术已经十分成熟，运行管理机制十分完善，在新媒体平台运行、新媒体资讯采编、新媒体紧急处理等工作上有非常成熟的技术和能力。

在为政府机关单位服务代运营微信、微博等新媒体的时候，新媒体运营中心为开展党建宣传和促进政务公开和为民服务提供了技术新平台，并取得了良好的效果，积累和探索出一些切实有效的经验。但运行过程中，也遇到一些困难和不足，如采编人员、技术力量不足，区域性政务新媒体发布内容单一、内容同质化等问题，网上政务服务仍不够等，期望在今后的工作中研究并加以解决。

未来，"无线茂名""健康茂名""茂名城管"等政务"双微"将进一步加大融合发展力度，加大提升互动和服务能力，努力把"双微"打造成以全媒体形态呈现的区域最有影响力、百姓不可或缺的新媒体服务平台，勇于担当起政务新媒体宣传教育引领壮大主流舆论的责任使命，为建设"和谐茂名、人文茂名、生态茂名、魅力茂名"营造良好的舆论环境。

三、三地代表性城市媒体融合共性探讨

（一）精品生产推动媒体融合

习近平总书记在参加全国政协十三届二次会议时指出，要坚定文化自信、把握时代脉搏、聆听时代声音，坚持与时代同步伐、以人民为中心、以精品奉献人民、用明德引领风尚。在这样的指导思想引领下，精品创作成为各大媒体在同质化竞争中突围而出不二的砝码。

各大媒体均在精品生产领域发力，推动媒体纵深发展。其中视频精品化是媒体融合的大势所趋。例如，中山广播电视台的广播节目《廿载同心 莲成一家》，网络视听创意互动作品《中山幸福大街 70 号》，由茂名市文化传媒集团出品的《共创全国文明城市 文明在哪里》H5。

纵观三个地级市媒体，在精品生产领域既有同又有异，例如，广州台与中山台纪录片、公益广告等传统精品项目生产，中山台与茂名台的精品政务服务，中山台与广州台在电视剧、电影领域的全新尝试，都是媒体融合发展进程中一次次积极而有意义的探索。

但是精品工程在启动伊始，不可避免地面临着巨大的挑战，包括以下几方面。

1. 传统的电视制作设备较为落后

以摄像机为例，当有着微电影画质的单反相机大行其道时，众多电视台仍普遍使用画质较为落后的摄像机，而当 Final cut、达·芬奇调色软件已渐成市场主流时，一众传统媒体仍抱着旧有的、仅适合短平快节奏的软件不放。

2. 传统的电视制作技术及经验已不足于适应日新月异的市场

以纪录片为例，传统的 1+1+1 模式（一个编导加一个摄像师加一个灯光师）、简单的叙事结构、缓慢的剪辑节奏都已无法适应要求越来越高的市场。要在精品市场上脱颖而出，电视人首先得有技术上的革命。

3.落后的制作思维与受众需求有着巨大鸿沟

传统媒体向来承担着较为繁重的重大主题宣传任务，如何以新手法、新角度去讲好这些故事，需要媒体人打破传统思维，跟上时代潮流，方能制作出让观众喜闻乐见的精品。

4.经费及制度性支持不足

受近年来经济压力下行影响，传统媒体在保生存的巨大压力下，甚至会选择性放弃精品创作这一阵地。此外亦鲜有媒体将精品创作作为单位的重点工程来抓，精品创作自然就成了镜花水月。

面对上述的诸多挑战，广州广播电视台、中山广播电视台、茂名市文化传媒集团等均采取了一系列措施，保证精品项目的出新出彩，包括以下几项对策。

1.固守传统媒体优势阵地，推出系列精品项目，推进传统项目与媒体融合的深化发展

纪录片是传统媒体固有优势阵地，也是各媒体精品创作成功与否的重要衡量指标之一。其中，一直以来在纪录片领域占有一席之地的中山广播电视台，近年来在该领域频频发力，并取得较为骄人的成绩。其中，纪录片《潮涌伶仃洋》入选2019年第一季度优秀国产纪录片目录；纪录片《制造时代》获得第25届中国纪录片系列片好作品。在2019年，中山广播电视台与央视合作拍摄《品味江门》；与澳门特区政府合作拍摄《味道澳门》。2019年完成了《文化艺术中心》《筑梦之城·中山》《熊猫棒球》《四大百货》《扎根小榄，扬帆起航》《中山装》《美食中国·江门》《美食中国·中山》等8个大型系列纪录片或宣传片。

在以往的传统媒体中，公益广告并没有占据多大的比重。但近年来为深入学习贯彻党的十九大精神，发挥社会主义核心价值观对国家教育、精神文明创建、精神文化产品创作生产传播中的引领作用，公益广告事业获得前所未有的重视，呈现出井喷式的发展态势。广州广播电视台近年来得益于原有的公益广告人才优势，在该领域苦心耕耘，多个作品在广东省内脱颖而出，屡获国家级奖项并入选国家公益广告作品库，而广州市广播电视台亦因此入选全国广播电视公益广告一类扶持传播机构。近年来广州广播电视台公益广告获奖作品见表1。

表1 广州广播电视台近年公益广告获奖作品一览

作品	奖项名称和所获等级
《跳出我天地》	第三届社会主义核心价值观主题微电影征集展示活动5分钟类一等优秀作品
《曙光》	2019年全国微视频短片推优活动年度优秀作品
《情不变 心相随》	2017中国广电公益广告大会"白兰杯"征集活动影视组二等奖，并入选中国公益广告作品库名单 2017年度广东省广播电视公益广告"电视类优秀作品"二类扶持项目 2017年度广东省广播电视公益广告精品采购项目"电视二类精品" 第三届全国电视公益广告大赛金盏奖
《幸福从奋斗中来》	2018中国广电公益广告大会"白兰杯"征集活动影视组一类扶持 2019年庆祝新中国成立70周年优秀广播电视公益广告作品电视类奖
《扶贫点亮新生活》	2018年度广东省广播影视奖电视公益广告短作品奖二等奖 2019年第二届全国电视公益节目推选活动好扶贫故事
《我心飞翔》	第十一届全国微视频短片评优活动短视频单元剧情类二等奖创优作品

2. 借力于技术、平台，推出一系列的新媒体精品产品，媒体融合的广度发展

其中，中山发布政务新媒体平台推出了原创大型原声动漫《中山幸福大街70号》和创意系列报道《壮丽70年｜VR全景·家门口的变化》，充分运用VR、H5、音视频等新媒体元素，全面生动地展示了70年来中山的发展成就和中山人奋斗筑梦的精神面貌，向祖国深情告白。上述新媒体产品实现了新闻性、艺术性、互动性的高度统一，被"广东发布""南方+"等媒体平台转载，总阅读量近百万人次。同时，该作品还获得2019年度广东省广播影视奖中的网络视听创意互动作品一等奖，在《我和我的祖国》新媒体爆款大赛中，经过专家评选和网友投票，《中山幸福大街70号》在众多作品中脱颖而出，获得创意传播奖和二等奖。

广州广播电视台在媒体技术方面也在不断创新。全国两会报道中率先采用5G+AI等新技术和VLOG、抖音、H5等新形态，吸引了不少受众尤其是年轻群体，其中《AI讲两会》特别栏目，成为全国首个使用AI语音合成技术报道全国两会的城市台。广州解放70周年，广播首次尝试AI+5G全媒体现场直播，同时在公众号进行同步图文直播，传播效果极佳。2019广州马拉松赛，运用4K+5G+AI技术进行远程制作，技术升级提升了观看体验和内容制作效率，对中山台未来节目制作模式的转变，具有重要的借鉴意义。

3. 根据媒体自身优势，倾力开拓全新领域，打造具有媒体鲜明标识的精品项目，推动媒体融合的精度发展

中山广播电视台声屏传播近年来积极布局电视剧领域，在 2019 年就先后投拍了两部央视待播剧，包括抗战历史剧《太行之脊》和现代反腐剧《脊梁》。

此外，在 2018 年国家电影局划归中宣部后，广州广播电视台迅速将电影作为台的重点工程之一，与中影合作的《打过长江去》于 2019 年作为中华人民共和国成立 70 周年献礼电影在全国上映，该项目开启中山台与一线影视企业合作的先例；4K 粤剧电影《刑场上的婚礼》成功在 2019 年 12 月 10 日首映，作为市"不忘初心，牢记使命"主题教育重要活动，着力推动城市文化综合实力出新出彩，观影人数接近 4 万，累计票房 100 多万，成为 2019 年 12 月戏曲片综合票房冠军；自制 4K 院线标准儿童励志电影《点点星光》，被评为 2019 年中国国际儿童电影"小学生最喜爱的儿童片"，同时该片入围蒙特利尔电影节、兹林国际电影节、吉福尼国际电影节等电影节的主竞赛单元，填补了广州广播电视台在电影领域创优的空白。

而有一点明确的是，在媒体融合的进程中，无论媒体处于何种融合的层面上，无论是传统媒体还是新媒体，都应该多关注自己生存的核心问题——内容和服务[①]。因此，媒体融合理应以精品创作为先锋，真正做到出彩出新，才能真正地在市场中有立足之地，才不至于被媒体融合浪潮吞噬。

（二）重建生产流程推动媒体融合

习近平总书记说："推动媒体融合发展，要坚持一体化发展方向，通过流程优化、平台再造，实现各种媒介资源、生产要素有效整合。"[②] 一体化是媒体融合发展的方向，要真正实现融媒体的转型，有效整合各种媒介资源和生产要素，最重要的实现路径是优化流程，再造平台。

1. 优化流程

城市媒体可以从组织架构的重组和生产链路的变革上实现流程的优化。组织架构上，过去城市媒体的组织架构多是因应媒介的不同而设置的并行架构。如中山日报社就有报纸编辑中心和新媒体中心两个并行设置的编辑部门。中山广播电视台就更加明显了，过去在其 11 个内设机构中就有 3 个新闻部，分别是广播新闻部、电视新闻部

① 许颖. 互动·整合·大融合——媒体融合的三个层次 [J]. 国际新闻界，2006（7）: 32-36.

② 新华网. 习近平: 推动媒体融合向纵深发展 巩固全党全国人民共同思想基础 [N]. 人民日报，2019-01-26（1）.

和新媒体部，同一单采访，3个新闻部可能都会派出记者跟进，而在后期的生产过程中，3个新闻部互不交叉，"你就是你，我就是我"，产品在各自渠道分发。一单常规采访，三重采编播发，媒介不通不融，造成了极大的资源浪费。

2019年5月开始，中山广播电视台已经针对这一痛点重组内部架构，将过去按照媒介划分的广播新闻部、电视新闻部、新媒体部撤销，重新组建了综合采集部、全媒体编发部、融媒体发展部，将过去的并行结构改成了串联结构。这其实是"中央厨房"生产理念在组织架构上的一种设计：前端的采访部门负责买菜买原材料，综合性的全媒体编辑部门负责将这些原材料加工成美味多样的菜肴，并端上不同的餐桌，而融媒体发展部要做的就是不断地往这个厨房里添置更快捷方便的设备，并不失时机地向外推介这个厨房的品牌价值。

每家媒体有每家媒体的实际情况，中山台的架构设计并不一定适合于所有城市媒体，但这种"中央厨房"式的资源整合理念值得在生产链路的改革上得到推广。生产链路的改革，首先必须做到信息和资源的互通。所谓一次性采集，更重要的其实是统一性的策划。几乎所有在推进融媒体改革的城市媒体，都建立起了全媒体调度指挥中心，无论这个中心是实体的组织机构，还是虚拟的议事机制，它都承担起了策划统筹的功能。在实现了统一策划后，编辑再根据各自渠道的不同特点，对前方采集的记者团队提出不同的内容需求。这就是一次采集后，多元加工，全媒体分发的流程设计。如面对一单资讯采访，广播编辑可能会提出现场连线，新闻客户端编辑会要求记者先发简要图文，短视频编辑会要求记者用手机回传竖屏画面，微信编辑等着记者发来更多的链接，电视编辑则盼着记者发回一条详细的深度报道。当然，这种理想的流程优化设计，对记者的全面性和编辑的专业性，提出了更加高的要求。

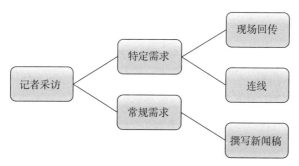

图4　中山广播电视台融媒体中心记者外采流程

2.再造平台

城市媒体要在媒体融合过程中实现内容产品的有效分发，提升内容价值，需要建立新的渠道，再造传播平台。过去城市媒体的平台渠道是传统的报纸、广播、电视，但随着移动互联终端的普及，过去城市媒体赖以生存的传统渠道平台的价值在不断弱化，迫切需要有新的符合移动互联网特点的传播平台，比如，App 客户端、微信、微博、抖音、快手等。所谓全网分发，需要的是全平台的覆盖。广州广播电视台就提出在打造新媒体传播矩阵的过程中，一方面依托成熟强大的市场平台，另一方面重视强化自主平台建设，重点打造"花城 +""花城 FM"等自主平台。茂名文化传媒集团在合并了茂名日报社和茂名广播电视台之后，整合了两家的移动媒体业务，倾力打造了"掌上茂名"App，举全集团之力完成移动新媒体的开发、推广以及运营工作。中山广播电视台近年来投入重金打造"中山手机台"App 这一自主平台已经取得了一定效果，特别在新冠肺炎疫情期间，中山手机台一方面提高了刚性需求资讯生产传播的反应效率；另一方面通过移动端服务内容的供应，如线上教学、社区互动等，用户规模呈现了爆发式的增长，截至 2020 年 6 月，下载量突破 150 万，而中山的常住人口，只有400 万出头。这说明在城市媒体倾力扶持下，平台再造有了实质性的进展，新平台正在陆续承接着传统平台用户的转移。未来这些再造的新平台，很可能成为城市媒体赖以生存发展的根基。

（三）政务服务与媒体融合

近年来，伴随互联网技术不断发展，如何做好政务新媒体的融合发展备受各界关注。政务服务属于"体制内市场"。截至 2017 年年底，我国经认证的政务微博已超过17 万个。此外，政务微信、政务微头条也迅速扩张。在政务服务方面，大多数媒体找到了自己的新蓝海。

1.政务服务方面的接入

在茂名，有一些地区政府部门觉得自身现在还没实力去做，媒体就帮他们做政务服务，现在由茂名市文化传媒集团有限公司新媒体运营中心提供的"无线茂名"给地方政府免费提供接入口，只要愿意，就会给他们提供对接的平台。另外"无线茂名"上面的新的政务功能，例如，可代发稿件，视频等功能已经开通。此外，在提供现有平台以外，也可代运营政府部门的公众号，比如，为茂名市卫生健康局工作号开通预约挂号、政务办事等功能。其他一切政务服务，只要政府开源，随时可以把平台接过去，响应政府倡导的数字广东计划。另外也可以给政府做一些引流，比如，大型活动的投票，茂名的《乡村振兴大擂台》投票活动，把投票的入口配置在"无线茂名"下面即可，这样能够实现和市民的互动以及政策的及时发布，帮助政府增加用户黏度。

2. 新媒体的代运维

比如，茂名市文化传媒集团有限公司现在代运维的公众号、微博相关的政务服务接近 20 家，基本上是市内机关单位总数的一半。近两年集团代运维业务发展非常快，年收入已经达到 500 万元，毛利在 50% 左右，规模上稍微领先茂名同类媒体。

另外，茂名市文化传媒集团有限公司新媒体运营中心还在进一步升级，由于代运维了 20 多家政务类新媒体，有了一定的渠道控制能力，集团接着做起了政务联播。假如，茂名市有一个需要尽可能广泛传播的新闻，那么集团就可以在所有的代运维的公众号里面同时发布。这种探索把所占有的渠道和用户利用起来，形成一个循环。在一些地区，政府部门也有不同的想法，也有信息公开的要求。一些职能部门不愿意将各自的信息共享，信息壁垒难以打通。行政级别带来的制约也比较大，地方级别越小越难做。

3. 宣传或活动方面的委托

例如，茂名市文化传媒集团的新媒体部分，历年在设备服务器方面投入 20 万元左右，在 2019 年，投入人工成本 20 万～30 万元，创收 400 万～500 万元。收入来源中，硬广、市直工委系统专题、1 个经营性频道、各种活动创收，各占 1/4。从整体上看，来自政府和银行系统的收入占比 70%～80%。

"新闻＋政务＋服务"的模式，成为党媒融合的主要通道，也反映了政府部门以购买服务的方式，对于媒体融合的发展提供了直接补贴以外的支持。处于沿海地带的茂名，接受新鲜事物较快，现在连街道都有支持媒体的实力，他们都会考虑购买政务服务打造属于自己的宣传窗口。

从各地媒体的经验来看，平台化发展受到空前的重视。平台化有利于实现"四个可控"。一是阵地可控，对于内容的策采编发及之后的传播全程主导，对于入驻平台的政务号建立起了相应的制度规范。二是技术可控，平台的关键技术和迭代能力掌握在自己手里。对于核心技术人才，多数采用与市场接轨的激励机制引人留人。对于研发的技术成果，则组建公司进行应用转化，以项目养团队。三是数据可控，关于用户的数据、传播效果的数据能够拿得回来，还能进行新闻大数据、舆情大数据、智慧城市大数据的业务开发。四是经济可控，可以增强"造血"功能，有利于测算并控制运营成本，找到盈亏平衡点。

四、研究局限性与必要说明

没有任何研究是完美的。这个报告亦是如此，科学研究只对所要研究的问题进行研究，从而忽略很多其他的问题，比如，整个茂名市的政务双微的运行情况总体概况，数据缺乏，而对问题进行化简，这一方面增加论文的简单性；另一方面可能忽视了有的信息。科学研究还受限于其他条件，如研究者的经验，研究者的知识背景，研究者用的手段、方法，获取数据的充足性，对数据进行分析的方法等，都可能对研究结果产生影响。

五、结语

相比省级各大卫视，地级市电视台的发展仍受到较大限制，包括经费不足、人才不足、技术力量较弱以及创新性不足等。推进地级市电视台媒体融合的进一步发展，需要优化新闻生产流程，重建或整合内部组织架构，提高资源利用率及新闻生产效率；坚持充分利用先进技术和平台，推出一系列的新媒体精品产品，推进媒体融合的广度发展；坚持发挥传统媒体的优势，同时推出更多个性化的精品项目，推进传统项目与媒体融合的深化发展。

新媒体的发展为传统媒体带来严峻的挑战，而媒体融合成了传统媒体的重要求生之道。地级市电视台怎样融合才能顺应社会发展，需要自身对于当下的媒体环境及自有的资源条件，摸索出一条适合自身的个性化发展道路。

参考文献：

［1］［美］尼古拉斯·尼葛洛庞帝．数字化生存（20周年纪念版）［M］．胡冰，译．北京：电子工业出版社，2017.

广州国际文学周在广州建设
人文湾区中的定位与作用

傅　琨　　刘玮婷[①]

一、前言

（一）"共建人文湾区"的背景与意义

2019 年 2 月中共中央、国务院印发《粤港澳大湾区发展规划纲要》（下文简称《规划纲要》）。《规划纲要》指出：粤港澳大湾区不仅要建成充满活力的世界级城市群、国际科技创新中心、"一带一路"建设的重要支撑、内地与港澳深度合作示范区，还要打造成宜居宜业宜游的优质生活圈，成为高质量发展的典范。《规划纲要》提出："共建人文湾区"，在 2019 年 7 月广东省委、省政府印发关于贯彻落实《粤港澳大湾区发展规划纲要》的实施意见，结合广东省实际，更进一步对"共建人文湾区"提出切实可行的落实意见，即要"发挥粤港澳地域相近、文脉相亲的优势，完善大湾区公共文化服务体系，打造文化精品，共同推进中华优秀传统文化创造性转化、创新性发展"。[②]

"共建人文湾区"对粤港澳大湾区的发展极为重要，对内是"以人为本，发展为民"思想在城市建设中的落实，是党的十九大报告提出的"满足人民过上美好生活的

---

① 　傅琨，女，副教授，现任教于广东轻工职业技术学院数字出版专业；刘玮婷，女，花城出版社版权编辑。

② 　广东省人民政府.省委和省政府印发关于贯彻落实《粤港澳大湾区发展规划纲要》的实施意见[EB/OL].（2019-07-05）[2021-10-08].http://www.gd.gov.cn/gdywdt/gdyw/content/post_2530491.html.

新期待，必须提供丰富的精神食粮"要求在湾区建设中的落实①；对外是宣传粤港澳大湾区国际品牌形象，提升湾区国际影响力与认同感的重要举措。

改革开放以来，广东在实现经济腾飞的同时，也一度被贴上"文化沙漠"的标签。②2010 年中共广东省委在第十届七次全会上公布的《广东省建设文化强省规划纲要》正式提出建设"文化强省"战略，经过 10 年的发展，2019 年 9 月，据广东省统计局发布的《新中国成立 70 周年广东经济社会发展成就系列报告》（文化篇）显示，广东文化产业增加值连续 16 年位居全国第一，约占全国文化产业总量的 1/7；2017 年文化产业增加值达 4817.17 亿元，按现价计算，比 2010 年增长 2.55 倍；文化产业增加值占地区生产总值比重从 2010 年的 4.10% 增加到 2017 年的 5.37%。③从经济指标来看，广东在文化产业建设方面交出了令人满意的答卷，但外界对广东的认识在一定程度上仍停留在只是"经济强省"的刻板印象上。这一刻板印象也延续到粤港澳大湾区身上，有研究指出，在外媒对粤港澳大湾区的报道中，其"经济形象突出，缺乏历史文化元素与人文关怀"，外媒关注的是"世界各国在湾区发展规划下来华投资的前景及与中国合作的空间，缺乏以湾区社会民生、历史文化为主题的报道"④，这与我们希望构建"人文湾区"的国际形象是有一定差距的。

（二）传承岭南文化，文学亟须先行

粤港澳地区有着天然的地缘、语言优势，能构成一种自然生成的文化生态圈，又以"岭南文化"为其核心文化。"粤港澳作为以岭南文化为主导的文化区，其文化特征受中原文化和海洋文化影响。岭南文化是一种面向自然生活、日常感性的原生型文化，同时又拥有多民族迁徙中形成的宽厚包容的品格；因为有近海之便，岭南文化相对于建立在传统农耕文明基础之上的中原文化更具开放灵活性，在眺望、体验、参与世界文明的过程中形成了开拓进取的探索精神；此外，岭南地区远离传统政治文化中

---

① 刘士林，周枣，宋冠南 . 首次提出"国际一流湾区""共建人文湾区"等，粤港澳大湾区将是怎样的"大手笔"？［Z/OL］.（2019-03-02）［2021-10-08］.https://www.j 美国食品药品管理局 ily.com/news/detail?id=135303.

② 李宗桂 . 广东文化发展 30 年的省思［J］. 广东省社会主义学院学报，2009（2）：10.

③ 王彪，黄敏璇 . 粤文化产业增加值连续 16 年居全国第一［Z/OL］.（2019-09-29）［2021-10-08］. https://www.southcn.com/node_99ddc97d77/fc6889b429.shtml.

④ 杜明曦，侯迎忠 . 外媒镜像下粤港澳大湾区对外传播路径选择探析——基于 182 家外媒报道的实证研究［J］. 对外传播，2020（4）：75-78.

心，慢慢发展出一套以市民社会和日常生活为价值主导的世俗文化。①"岭南文化是包容的、交融的②，这种始终保持着开放姿态的文化特性，是跨越城市间经济壁垒，共建文化认同感亟须的一种品质。文学是文化的载体，文化是文学的内涵，用文学的形式把岭南文化更好地传播出去，讲好能打动人心、引起共鸣的广东故事、湾区故事、中国故事，是每个有担当的文学之士达成的共识。"粤港澳大湾区文学"也正是在这些思考中应运而生。

"粤港澳大湾区文学"作为一个崭新的文学概念，虽然还没有被完全定义，但它本身就以开放的姿态，不断地在多方探讨中逐渐明晰、深化。这里借用暨南大学中文系教授、广东省作家协会主席蒋述卓对粤港澳大湾区文学特质的概括：粤港澳大湾区文学是一种区域性文学，与岭南文化和传统文化有深刻联系；粤港澳大湾区文学是重点反映城市生活的文学，因为大湾区首先是一个城市群的概念；粤港澳大湾区文学在创作中需要世界性的眼光，还要跟大湾区的现实紧密结合，包括科技创新题材都要进入大湾区文学行列。③粤港澳大湾区文学的建设离不开各级政府文化管理部门的重视，更离不开专家、学者和作家们的互通与合作，如何构建适于平等交流和对话的平台，是大湾区内各个城市需要解决的课题。

（三）广州在"共建人文湾区"中的定位与现状

广州作为粤港澳大湾区中的四大中心城市之一，《规划纲要》明确了其定位：充分发挥国家中心城市和综合性门户城市引领作用，全面增强国际商贸中心、综合交通枢纽功能，培育提升科技教育文化中心功能，着力建设国际大都市。在"共同推动文化繁荣发展"中更是明确提出"支持广州建设岭南文化中心和对外文化交流门户，扩大岭南文化的影响力和辐射力"。

广州在文化产业建设方面，也是有底气、有基础的。在 2018 年 10 月出版的《中国区域文化产业发展报告（2016-2018）》中《粤港澳大湾区文化产业发展报告》，根据产值及占 GDP 总量的标准，将粤港澳大湾区内部文化产业发展程度分为三个梯队，广州拥有发展相对成熟且特色鲜明的文化产业，处于区域内文化发展的第一梯队，广

---

① 蒋述卓，龙扬志.粤港澳大湾区文学的共时呈现［J］.当代文坛，2020（1）：70-74.

② 黄天骥.把握岭南文化特征［Z/OL］.（2020-04-28）［2021-10-08］.http：//ex.cssn.cn/gd/gd_rwhn/gd_ktsb/sjjnwhlnwhlt/202004/t20200428_5119656.shtml.

③ 魏沛娜，蒋述卓.大湾区文学要创造新的文学样式和文学观念［Z/OL］.（2020-05-14）［2021-10-08］.http：//www.gdzuoxie.com/v/202005/12916.html.

州市 2015 年文化产业增加值位居广东省次席（深圳居首位），共 913.28 亿元，GDP 占比 5.05%，维持作为地区支柱产业的地位。[①]

或许是因为广州市文化产业以文化服务业为主，与深圳市以文化制造业为主的情况不同，"目前广州城市文化形象给人感觉轮廓比较模糊、缺乏具有感染力和传播效果的鲜明特征"[②]。作为岭南文化中心的广州文化，如何提炼其独特的精神内核，并带着文化自信将其传播出去，讲好广州故事，更好地彰显广州的文化形象与城市品牌，是广州未来推动文化产业发展的必经之路。广州文学在粤港澳大湾区文学框架下如何定位，如何发展，也是广州本土学者、作家亟须思考的问题。

（四）调研对象

2018 年 12 月，由中国作家协会指导，中共广州市委宣传部、广东省作家协会、广州市文联、广州市文化广电新闻出版局主办了首届"广州国际文学周暨粤港澳大湾区文学盛典"（下称广州国际文学周）。广州国际文学周设立之初是为了推动广州文学创作、文学阅读，营造文学氛围，促进广州文学精品创作和文学人才培养，促进建立国际及区域交往的文学中心，打造新时代"文学之城"。广州国际文学周既是广州积极参与构建粤港澳大湾区文学的努力尝试，又是一次提升广州作为粤港澳大湾区的文化中心这一城市品牌形象的重大举措，是一场广州重要的外宣活动。本文通过对比分析 2018 年、2019 年举办的两届广州国际文学周初始设定的目标和具体落实的效果，并从横向上对比上海国际文学周，纵向上对标南方国际文学周（2012—2015 年），总结经验、发现问题，为将来广州更好地举办广州国际文学周提供意见和建议。

（五）调研方法

1. 资料分析法

通过分析广州国际文学周、上海国际文学周以及南方国际文学周的对外宣传资料、相关媒体报道，以及社交媒体对上述三个活动的讨论，掌握三个活动的开展情况以及舆情反馈，归纳总结成败经验。

[①] 载李炎，胡洪斌.文化蓝皮书：中国区域文化产业发展报告（2016-2018）[M].北京：社会科学文献出版社，2018.

[②] 叶晓芝.打造岭南文化高地塑造湾区人文精神——专家学者探讨"岭南文化与湾区建设"[J].广东经济，2020（1）：68-69.

2. 对比分析法

从话题布置、主题定位、嘉宾邀请、对本土作家的推荐、效果反馈、后续影响力等方面来分点论述广州国际文学周的特点与不足，以及在实际操作上遇到的问题。

3. 访问调查法

通过采访广州国际文学周的顾问和参与者的经验和体会，直观地反映出活动组织上的不足，从而引起反思，也可作为日后活动策划和组织的参考。

二、广州国际文学周及其对标对象的情况概述

（一）广州国际文学周

广州国际文学周由中共广州市委宣传部、广东省作家协会、广州市文联、广州市文化广电新闻出版局主办（2019 年广州市文化广电新闻出版局不再作为主办方之一），首届举办于 2018 年，定于每年 12 月在"花城"广州举办。从首届文学周的官方名称"广州国际文学周暨粤港澳大湾区文学盛典"不难看出，主办方明确了自身的地缘优势，希望把握粤港澳大湾区的规划发展优势，一方面把国内以及国际的作家、作品资源引荐到本土，另一方面也把本土作家和作品借由这一平台推向国际——以"立足花城，服务湾区，面向世界"为核心目标[1]。因此，在嘉宾邀请方面，广州国际文学周每届都设有主宾国，先后邀请了日本、韩国的作家和诗人交流团来穗进行文化交流活动，以深入民众生活的方式，让国际来宾通过粤港澳大湾区的文学作品领略到该地文化的魅力。

同时，广州国际文学周也肩负着让文学进入人民生活、打造"文学之城"的重任。长久以来，广州所在的珠三角地区是改革开放前沿阵地，经济活动活跃度很高；相较之下，其文化活动（尤其是与文学相关的文化活动）的活跃度却远不如长三角地区。因此，广州国际文学周的另一目标，就是带动区域化的文学产业发展，将本土文学作家及其作品对外推介；例如，第二届广东国际文学周就搭建了平台，让来自"北上广"三地的作家进行对谈，并希望其形成长期、机制化的交流，目的就在于推动文学活动在广州的常态化开展。而背靠粤港澳大湾区，广州国际文学周把与香港和澳门地区的文学交流活动也纳入议程，让三地作家和文学爱好者欣赏在这同源的文化土壤

---

① 陈晓英. 立足花城，服务湾区，面向世界，2019 广州国际文学周圆满闭幕［Z/OL］. （2019-12-24）［2021-10-08］.http：//gdgz.wenming.cn/whjs/201912/t20191224_6212875.htm.

上各自开花结果的作品。

除此之外，广州国际文学周还承担着把本土文学作品向国际推介的责任，因此在活动形式上，也有国际版权交流会。

广州国际文学周虽然暂时只开办了两届，其能否成为一张广州乃至粤港澳大湾区的"文化名片"，现在定论为时尚早。但就"国际文学周"而论，广州国际文学周并不是独此一家的，更不是国内首创；因此，把广州国际文学周放到"文学周"这一活动领域中，跟国内其他相同性质的活动进行对比是十分有必要的。通过对比，可以让广州国际文学周明确自身资源优势和定位，也能通过借鉴其他同类活动的经验，找差距、明不足，让广州国际文学周在未来的活动策划中调整方向。

（二）上海国际文学周

从活动规模和目标上来说，最值得广州国际文学周借鉴的是创始于 2011 年的上海国际文学周。上海国际文学周是每年 8 月上海书展当中的一个环节，由上海市新闻出版局、上海市作家协会、虹口区委宣传部联合主办。

从其战略意义上来说，上海国际文学周是上海书展迈向世界的一块跳板。诞生自 2004 年的上海书展，在短短 7 年间，在 2011 年从一个区域性的城市书展跃升为国家级书展，又在 2013 年借上海国际文学周和上海国际童书展两个国际性活动实现了其国际化的飞跃[①]。从这一历史发展因素来说，上海国际文学周与生俱来地继承了上海书展多年来积累下来的作家资源、本土活动资源以及读者观众基础。

上海国际文学周的目标之一是以上海这座国际化大都市为平台，吸引中外文学作家、评论家与文学爱好者进行平等、深入、专业的文学对话，推动国际化的文学合作。同时，因其背靠上海书展的独特背景，上海国际文学周还肩负着与其他知名书展建立长期合作的任务；例如，在 2018 年的上海国际文学周上，上海国际文学周就与"伦敦书展·伦敦图书与荧幕周"签署了合作协议，建立了上海与伦敦两地的作家交流平台，为本土作家作品的"走出去"搭桥铺路[②]。

除了文学对话、文学讲座、新书发布会、读者交流等形式的文学活动，从 2013 年起，每届的上海国际文学周都设有主论坛，邀请在文学、出版、翻译界举足轻重的

---

① 符哲琦.消费社会视域下的都市阅读文化研究——以上海书展（2004-2013 年）为中心［D］.上海：华东师范大学，2014.

② 许旸.上海国际文学周聚焦"旅行的意义"［Z/OL］.（2018-08-08）［2021-10-08］.http://www.whb.cn/zhuzhan/xinwen/20180808/207540.html.

嘉宾根据每届的主题发表讲演。

上海国际文学周每年设置主论坛，明确的主题是共同讨论的基础，也为每届文学周奠定基调和邀请嘉宾的方向。（详见表1）

表1　上海国际文学周主论坛论题及邀请嘉宾

年份	主题	邀请嘉宾
2013	书评时代	英国作家杰夫·戴尔，中国作家李敬泽、贾平凹、韩少功、傅月庵
2014	文学与翻译	诺贝尔文学奖得主英国作家奈保尔，匈牙利作家艾斯特哈兹·彼得，法国语言学家及翻译家帕斯卡尔·德尔佩什，中国作家叶兆言，翻译家马振骋、戴从容
2015	东方和西方	哈萨克斯坦诗人、作家穆赫塔尔·夏汉诺夫，英国作家西蒙·范·布伊，德国汉学家米歇尔·康·阿克曼，中国台湾地区小说家童伟格，中国大陆地区作家刘庆邦、金宇澄、陈丹青、路内
2016	莎士比亚的遗产	2015诺贝尔文学奖得主斯维特兰娜·阿列克谢耶维奇，美国当代作家、普利策奖得主朱诺·迪亚斯，英国诗人、前进诗歌奖和Ｔ·Ｓ·艾略特诗歌奖得主肖恩·奥布莱恩，美国诗人、Ｔ·Ｓ·艾略特奖和普利策诗歌奖得主莎朗·奥兹，俄罗斯散文家、诗人米哈伊尔·波波夫，以及周功鑫、阿来、陈晓明、詹宏志、严歌苓、赵丽宏、吴亮、陈丹燕等中国知名学者、作家、评论家
2017	科幻文学的秘境	阿根廷作家马丁·卡帕罗斯，中国作家协会副主席、上海市作家协会副主席叶辛、著名作家及评论家李敬泽，中国作家马伯庸
2018	旅行的意义	莫桑比克诗人、小说家米亚·科托，瑞典文学院院士、原瑞典文学院常任秘书皮特·恩格伦，中国作家陈丹燕、何建明、陈福民
2019	家园	挪威作家罗伊·雅各布森，日本作家角田光代，法国小说家白兰达·卡诺纳，加拿大艺术家约翰·豪，中国作家马原、刘亮程、叶兆言、计文君、翻译家袁筱

（三）南方国际文学周（2012—2015年）

而在广州，被冠以"国际文学周"的活动，还有自2012年开始举办的南方国际文学周。与上述两个国际文学周不同，南方国际文学周的主办方并不是政府机构，而是传媒机构——南方报业传媒集团以及《人民文学》杂志社；广东省作家协会在其中也担任了主办方的角色。

南方国际文学周于每年8月举办，与广州南国书香节同期举办。如其官方微博宣传，南方国际文学周的优势在于"首次集结中国最有影响力的报业集团、最权威的文学专业杂志、最具品质标杆意识的国际杂志集团"，其目标在于"聚力探讨、思考、定义中国文学的新发展，希望打造中国文学权威、国际化的交流平台"。

在2013年，南方国际文学周将主会场转移到广东省的地级市佛山市，并设立了中国首个"非虚构写作大奖",举办了颁奖礼,邀请了包括莫言、李敬泽、帕蒂·哥莉、白岩松、贾樟柯等中外文学、文艺界名人出席。但是,这个奖项只举办了一届,其面貌也与其他社会机构举办的"非虚构写作奖"混在了一起,无法成为品牌性的文化活动。

在2016年以后,南方国际文学周正式抛弃了它的"国际"名号,改名为"南方文学周",继续于每年的南国书香节期间举办。因为不再以国际化为目标,其主办的活动也多以国内文学交流活动为主。

这里把"南方国际文学周"(现在的"南方文学周")纳为对标对象,首先是因为它是同在广州市举办的第一个文学周活动,一方面有开创性的意义,给后来的广州国际文学周提供了不少宝贵的借鉴经验;但另一方面也或多或少地干扰了公众对"广州国际文学周"的认知,对后者树立品牌形成了一定的干扰。其次,南方国际文学周在活动形式上也做了一些有意义的探索,除了上文所述的设立奖项外,还有在2014年举办的"首届南方国际出版高峰论坛",邀请了国际出版机构和国际版权代理机构的高管出席,深度探讨"如何把中国图书卖到全世界"和国际版权贸易中的成功案例和障碍——这对广州国际文学周这一后来者也有相当的借鉴意义。

表2 广州国际文学周、上海国际文学周和南方国际文学周的对照简表

活动名称	地点	时间	起始年份	主办单位	活动形式
广州国际文学周	广州	每年12月,一周时间(12月被定为广州的"文学月")	2018年	中共广州市委宣传部、广东省作家协会、广州市文联、广州市文化广电新闻出版局(2018年)	开幕式 主宾国交流活动 国际版权交流会 新书发布会 作家讲座 作品交流会 作家见面 手稿展览
上海国际文学周	上海	每年8月,一周时间(与上海书展同期举办)	2011年	上海市新闻出版局、上海市作家协会、虹口区委宣传部	开幕式 主论坛 新书发布会 作家讲座 作品交流会 作家见面会
南方国际文学周	广州	每年8月,一周时间(与南国书香节同期举办)	2012年	南方报业传媒集团、广东省作家协会、《人民文学》杂志社	开幕式 非虚构写作大奖 文学沙龙 专题讲座 作品研讨

三、广州国际文学周的长处与短板

（一）广州国际文学周的特色

广州国际文学周作为只举办了两届的"新生儿"，有其不成熟之处，却也有其所长，归纳起来为以下两点。

1. 灵活的主题与内容调整

广州国际文学周每年会根据具体实际，对文学周主题和活动内容进行调整，并举办一些该年限定的特色活动。2018 年正值改革开放 40 周年，文学周主题为"庆祝改革开放 40 周年"和"促进粤港澳大湾区文化交流和建设"，为此中共广州市委宣传部和中国现代文学馆联手，在 289 艺术园区岭南活力非遗艺术馆主办了"回望手写时代·中国现代文学馆馆藏 80 年代手稿展"，展出了巴金、莫言、汪曾祺、刘心武、刘斯奋等 16 位名家的 24 部作品的珍贵手稿，为了庆祝改革开放四十周年文学成就。①2019 年文学周的核心目标为"立足花城，服务湾区，面向世界"，又恰逢澳门回归 20 周年，因此举办了多场澳门文学专场活动。

在活动内容调整方面，第二届广州国际文学周保留了首届的核心大型活动，如"文学周开幕式""花城国际诗歌之夜""主宾国作者交流会"，又对其余活动进行了精心筛选，从 2018 年举办的 25 场活动，精简到 2019 年的 16 场，主要筛去了与文学周主题无关的新书发布会和读者见面会，增加了推动本土作家作品"走出去"的"2019 广州国际版权交流会"，促进三地作家交流的"北上广城市文学对话"以及凸显网络文学在广州文学中的重要地位的"在广州，写广州——网络作家花城对话"活动。

2. 服务对象分明，涉及场域宽广

广州国际文学周既有面向大众读者的大、中、小型文学和展览活动，也有面向作家、学者、媒体、版权经理、在校大学生等带有专题研讨会性质的专场活动。

在面向大众读者方面，文学周将重心放在推动广州文学阅读，营造文学氛围目标上，以提供震撼人心的审美体验的"花城国际诗歌之夜"为代表。外国诗人以国际视野提供了一种别样审视中华文化的视角；本土诗人凭着一种对地方文化的使命感，用诗歌让广州发声，用诗歌让广州的诗意得以展现，用诗歌丰富广州的文化、意蕴，也让广州文化"走出去"，让更多的人认识广州、理解广州、爱上广州。以多角度、多

---

① 中国现代文学馆 . 回望手写时代——中国现代文学馆馆藏 80 年代手稿展，全国巡展开始了，第一站，广州，轰动全城［Z/OL］.（2018-12-20）［2021-10-08］.https://www.sohu.com/a/283355055_734798.

层次的形式，让国内外知名诗人以诗会友，架起一座沟通诗歌与大众的桥梁，打造一场广州市民广泛参与的诗歌盛会。①

而作为 2019 年广州国际文学周核心活动的"北上广城市文学对话"，有别于以往作家们只是在作协、高校等小范围讨论文学问题的惯例，而是将讨论场所放了广州购书中心这一面向大众读者的公共空间，让更多的文学爱好者得以体验到高水平的文学互动。该活动出席的作家从 50 后跨度到 80 后，均是中国当代文学创作的中坚力量，包括北京作家刘庆邦、梁鸿、吕约、石一枫，上海作家薛舒、唐颖、周嘉宁、黄昱宁、韩博，广州作家张欣、王威廉、陈崇正、郭爽，由北师大教授张柠担任主持，中国当代"先锋派"小说的代表作家马原特邀出席。这场旨在打造全国文学城市对话平台的活动，以文学交流的方式实现三地作家思想的碰撞与融合，掀起了中国城市文学交流的新篇章。②

广州国际文学周在与广州各大高校联动，服务大学生方面，有借力广东外语外贸大学外语之长展开的主宾国嘉宾进校园活动，也有发扬暨南大学侨校和现当代文学研究专业优势的澳门文学专场活动。2018 年由广东外语外贸大学日语语言文化学院承办、校级重点人文社科基地"东方学研究中心"协办了主题为"何为好的文学？——作家、研究者以及受众看文学"的中日作家·评论家·读者对谈会，邀请平野启一郎、阿部公彦、高桥睦郎、平田俊子、大崎清夏 5 位日本著名作家、诗人、学者。③2019 年则由广东外语外贸大学中文学院、东语学院和创意写作中心承办了题为"新时代·新景象·新发展"的中韩文学交流研讨会，围绕"新时代以来中韩文学发展的新现象、新特征和新趋势"和"新时代以来中韩文学作品互译出版的现状和展望"两个议题展开讨论。出席的韩方嘉宾有著名作家李文烈、高炯烈，著名诗人罗喜德、李杰妮，著名文学评论家洪廷善，资深出版人梁元锡。④2019 年，广州国际文学周还在暨南大学举办了"澳门文学的光荣与梦想"对话活动，广东省作协主席蒋述卓、澳门笔

① 吴波，刁宵华.2019 花城国际诗歌之夜盛大召开［Z/OL］.（2019-12-17）［2021-10-08］.https://www.gzdaily.cn/site2/pad/content/2019-12/17/content_1096825.html.

② 郭珊.北上广三城首度进行文学对话，掀开中国城市文学交流新篇章［Z/OL］.（2019-12-16）［2021-10-08］.http：//www.chinawriter.com.cn/n1/2019/1216/c403994-31508121.html.

③ 日语语言文化学院.中日作家·评论家·读者对谈会在我校举办［Z/OL］.（2018-12-20）［2021-10-08］.https://www.gdufs.edu.cn/info/1106/49628.htm.

④ 中国语言文化学院."汉风阵阵"对话"韩流滚滚"——"2019 年广州国际文学周"中韩文学交流研讨会在广东外语外贸大学召开［Z/OL］.（2019-12-18）［2021-10-08］.https://zwxy.gdufs.edu.cn/info/1123/7521.htm.

会理事长林中英、《香港文学》主编周洁茹、澳门笔会秘书长廖子馨、澳门作家黄文辉、陆奥雷、杨颖虹、袁绍珊、评论家申霞艳、资深编辑林宋瑜等粤港澳三地作家齐聚，共同梳理了澳门文学的发展历程与成就，并探讨在粤港澳大湾区发展背景下，澳门文学未来发展的新路径。①

在服务广州本土作者，推动广州文学精品创作和人才培养方面，广州国际文学周也举办了相匹配的活动。在2018年文学周活动中举办了"写作坊·广州"发布会，并同时举行了中国中生代作家创作分享会，吕约、魏微、鲁敏、李修文、徐则臣、葛亮等6位中生代作家出席会议。"写作坊·广州"项目依托中国作协强大的作家资源，邀请有潜力的青年作者到广州进行集中的交流和培训，并邀请国内文学名家担任导师，为青年作者提供公益性质的文学培训服务，鼓励青年作者关注当代社会生活与思想文化，激发创作热情，为新时代的文学创作提供新生力量。写作坊期望培养和扶持具有写作潜力的基层文学作者，激发全民创意能力、创造能力、创作能力，增大出好作家、好作品的概率，提升广州的文学格局与文学高度，共同探讨文学传承和创新的话题。②

2019年广州国际文学周更是专门增设了"国际版权交流会议"，应邀出席的嘉宾有获得中宣部"中华图书特殊贡献奖"的韩国著名文学评论家、学者、出版人洪廷善教授，韩国兰登书屋董事长梁元锡，资深国际版权人、文学顾问薛欣然，美国墨石文学代理顾问公司创始人、作家吴凡，埃及翻译家、汉学家米拉·艾哈迈德，还有广东省版权保护联合会秘书长梁守坚，中山大学外语学院教授戴凡，广州代表中青年作家张欣、张梅、王威廉等，以及广州各大出版社的版权负责代表。版权会议聚焦国际版权交流合作，介绍研讨在版权保护、版权开发代理方面的举措和经验，并集中推荐本土代表作家作品"出海"，搭建起文学版权交流的南方基地。③

广州国际文学周另一个显著的特点是，它涉及的举办场所非常广泛，旨在营造出广州这座城市整体的文学氛围。两届广州国际文学周举办活动的场地包括了广州国际媒体港、岭南活力非遗艺术馆（广州文艺市民空间）、广州图书馆、广报中心、学有

---

① 冯秋瑜，刁宵华.粤港澳作家齐聚，讲述澳门文学的光荣与梦想［Z/OL］.（2019-12-17）［2021-10-08］.http：//www.chinawriter.com.cn/n1/2019/1217/c403994-31509295.html.

② 黄宙辉."写作坊·广州"项目近日启动 打造南中国的作家培训基地［Z/OL］.（2018-12-20）［2021-10-08］.https://www.sohu.com/a/283314494_119778.

③ 君明.出版大咖共议国际版权，助力大湾区作家"出海"［Z/OL］.（2019-12-28）［2021-10-08］.http://feng.ifeng.com/c/7sm9wXSPnh1.

缉熙美术馆、暨南大学、广东外语外贸大学以及广州购书中心、方所书店、树德生活馆、扶光书店、西西弗书店等广州特色书店，涵盖广州多处文化地标性场所，倘若读者跟着文学周活动安排的节奏穿梭于这众多的文化空间里，也算是对广州进行了一场城市文化寻旅。

（二）广州国际文学周存在的问题

1. 自身品牌知名度不高和传播力度不足

广州国际文学周举办初衷就致力于"推动广州文学阅读，营造文学氛围，要将广州打造成新时代'文学之城'"，要达成这一目标关键在于让大众读者对文学周从知道、了解，到产生兴趣、主动参与，到口口相传、翘首企盼，完成从官宣到自宣的过渡。但就从传播的效果来看，广州国际文学周更像是一种文学圈内人的"自嗨"，对大众读者来说，除了特别声势浩大的品牌活动，如"花城国际诗歌之夜"会留下明显的记忆点以外，对广州国际文学周的其他活动来说，大众读者并不能分清这与一般图书宣传活动如作者见面会、新书发布有何区别。

从媒体报道来看，主流的官方媒体如新华网、人民网、大洋网、《广州日报》《羊城晚报》《南方日报》《澳门日报》、新浪微博、"南方+"App等均有对两届广州国际文学周的详尽报道，涵盖整体概况介绍到单个活动报道以及活动嘉宾访谈等。但在大众读者活跃的社交平台如新浪微博上，我们可以从一组统计的话题数据看出广州国际文学周与其对标对象的差距。

表3　文学周微博话题热度对比

新浪微博话题	阅读次数	讨论次数	原创人数
广州国际文学周	15.7 万	39	9
上海国际文学周	192.3 万	540	68
2014 年上海国际文学周 *	2266.8 万	1.4 万	22
南方国际文学周	105.9 万	353	29
南国书香节	4599.8 万	2 万	7582

*备注：数据核对于 2020 年 7 月 20 日，由于每届上海国际文学周都有单独的话题标签，表格中选取人气最高的 2014 年的数据单列一行。

而在近年越来越流行的抖音、快手等短视频社交平台上，更是一条与"广州国际文学周"相关的视频都没有。对在校大学生来说，甚至有在同一个校区内举办了广州国际文学周的相关活动，由于不是本系主办，他系的学生都不知道有该活动的情况出现。可以看出，广州国际文学周的品牌形象和传播力度都远远不足，大众读者的反馈才是最真实的，才是对一个活动的效果和品牌影响力最赤裸裸的考验。

2. 儿童文学在广州国际文学周中缺位

值得注意的是，在广州国际文学周中，儿童文学的缺位与失声是主办方不可忽视的缺憾。这跟长期以来儿童文学在文学研究、创作及出版中作为独有的分支的地位是分不开的。这也许是跟儿童文学独有的生态有关：在人们把文学作为讨论对象的时候，在大众文学领域，一个人既可能是读者，也可以是创作者，甚至是研究者；但在儿童文学领域，这三个角色通常是绝对地分离开来的——儿童文学的读者天然地指向儿童，成人当然也可以成为儿童文学作品的读者，但绝不可能占读者中的多数；儿童也有可能成为儿童文学的创作者，但成为研究者的可能性甚微。正因如此，儿童文学被从文学领域中分离出来，生发成一个专业化甚高的领域。以儿童文学为主题的活动，无论是服务读者的，还是学术交流的，都可谓长年不断，但它们大多没有被纳入大众文学的交流活动中。

然而，在粤港澳大湾区文化共融的过程中，儿童文学恰恰是可以打通大湾区三地文化的跳板——粤、港、澳三地有着同源的方言。同源的方言脚下是共同的文化土壤，在这片土壤滋生出来的儿童文学作品，能让大湾区青少年及儿童更清楚地认识到自己从哪里来、哪里是自己的家乡、将来可以到哪里去。让大湾区青少年通过儿童文学作品和交流活动，清晰了身份认同，从而产生文化认同、对家国的认同，这也是从维护国家统一、增加民族凝聚力层面上希望达到的目的。

事实上，三地儿童文学作家的交流活动在改革开放以来从未间断。在广东省、香港及澳门作家协会组织的交流活动中，三地的作家经常互访，趁着香港书展等文化活动之机，以公开讲座、座谈会、作品研讨会等方式进行交流。这样的交流活动，不仅能丰富彼此的创作素材，也能让粤港澳大湾区儿童文学作家成为一股团结发展的力量，与江浙一带、京津一带的儿童文学创作圈共争鸣。在广东省作家协会 2020 年 6 月组织的一场"全省儿童文学创作座谈会"上，广东省作家协会党组书记、专职副主席张培忠提出了要结合粤港澳大湾区的建设"打造广东儿童文学高地"的号召；与会者也在讨论中表示"丰富独特的岭南文化、生动鲜活的改革实践、如火如荼的大湾区建设，都为广东儿童文学创作提供了特有的素材，这些都有待广东的儿童文学作家发现、挖掘、创作"①。交流会后，广东省内各文化单位都着手部署，合力搭建广东省儿童文学交流平台，制订作家培养计划，整合媒体宣传资源。

综上所述，将儿童文学活动纳入广州国际文学周对粤港澳大湾区的建设有着必要的战略意义；同时，依靠粤港澳大湾区的经济发展优势，以及三地多年来的儿童文学交流基础，在广州国际文学周期间开展儿童文学交流活动，也有相当的可行性。

3. 广州国际文学周对于广州城市国际形象构建的帮助有待商榷

（1）广州的国际身份

从其命名上可以看出，广州国际文学周被冠以"国际"二字，主办方的初衷就是把这一活动打造成国际化的品牌，而这一活动的定位也是面向世界、面向国际的。

活动的主办地广州位于改革开放的前沿，是国家对外开放的南大门，有着毗邻港澳的地理优势，早就是一个国际化的城市。但是随着国家对外开放的步伐加速，在沿海一线城市的竞争中，广州的国际化好像就止步于半个世纪以前就开始的中国进出口商品交易会（广交会），在产业发展方面也停滞于数十年前"世界代工厂"的水平。近20年来，随着国际经济结构变化，国内经济发展转型，珠三角的制造业式微、外贸业急剧萎缩，广州的竞争优势也越来越小。在2018年中国社会科学院财经战略研究院与联合国人类住区规划署共同发布的《全球城市竞争力报告2018—2019：全球产业链：塑造群网化城市星球》的报告中，我国有10座城市进入全球50强，排名依次为：深圳、香港、上海、广州、北京、苏州、武汉、天津、南京、台北②。广州要树立其国际化大都市形象，除了靠产业转型，更需另辟蹊径。

外交研究学者龚铁鹰观察到城市在国际关系中的地位日渐突出，与国家中心论的传统外交关系不同，在经济全球化的浪潮下，外交活动也出现了分散化和去中心化的现象，而城市就成为"非国家行为体"，从而归纳出了城市外交的三种形式：国际友好城市、城市间国际组织、各国城市对外直接交往——当中，对外文化交流在当中扮

① 吕晓霞 . 打造广东儿童文学高地 推动广东儿童文学异军突起——全省儿童文学创作座谈会在广州召开［Z/OL］.（2020-06-22）［2021-10-08］.http://www.gdzuoxie.com/v/202006/13125.html.

② 中国社会科学院，联合国人居署 . 中国社会科学院（财经院）与联合国人居署共同发布《全球城市竞争力报告 2018—2019》［EB/OL］.（2019-01-25）［2021-10-08］. http://gucp.cssn.cn/xw/201901/t20190125_4817717.shtml.

演着重要角色①。

对于文化交流活动在让城市获得其国际身份的作用，研究者张沁认为，城市一般可以通过三种方式获得国际身份。第一种是国家授权，即由国家中央政府在某一领域赋予城市某一特定角色，例如，让城市承办奥运会等国际活动；第二种是依靠国际环境对城市的认知，依靠人们对城市在历史中继承的集体认知；第三种就是国际互动，通过城市的对外交往在国际间建立起一种共同认知，从而确立城市的国际身份②。

由此可见，通过"文学周"这一形式的文化活动树立广州的国际形象，正是广州重塑自身国际身份的有利之举。

（2）广州的城市名片

城市名片化是21世纪初兴起的地域发展新思路和新方法，所谓"城市名片"既可以指向"城市形象""城市魅力"等非物质性的概念，也可以指向"城市特色"等物质性的事物③。如同社交场合互递的名片一样，城市名片能快速地把城市的印象烙印在人们的脑海里。例如，提起北京人们会想起故宫、天安门，提起上海人们会想起外滩，提起重庆人们会想起麻辣火锅和洪崖洞；而提起广州，人们想起的大多是其"花城""食在广州"等美名。这些关于城市的印象在媒体传播的过程中不断被重复、加深。

但是说到城市名片化，更多的是各个地方政府有意打造用以招徕游客、招商引资的手段。因此在历史上流传以及在大众媒体中广泛传播的城市印象与政府打造的城市名片，往往还是有所区别的。

广州也曾经给自己派发过城市名片。在2010年第16届亚运会举办前夕，广东电视台、《羊城晚报》、广东电台与TOM网新闻中心就曾召集专家、号召市民和网民投票，选出了广州的8张城市名片。

广州经济名片：广交会（广州经济发展的地标、企业、展会等的代表）。

广州文化名片：陈家祠（广州文化特色、人文景观、高校等的代表）。

广州历史名片：中山纪念堂（广州城市历史的代表）。

广州生态名片：白云山（广州城市风光生态景观、动植物等的代表）。

① 龚铁鹰.国际关系视野中的城市——地位、功能及政治走向［J］.世界经济与政治，2004（8）：38-42.

② 张沁.次国家行为体与国家形象建设——以上海国际化城市形象建构与传播为例［D］.上海：复旦大学，2012.

③ 刘梅秀.城市名片的打造与现代意识的崛起［D］.青岛：青岛理工大学，2012.

广州旅游名片：珠江夜游（广州城市著名景点、旅游项目的代表）。

广州美食名片：老火靓汤（广州的菜肴、食物等的代表）。

广州另类名片：迎春花市（范围不限，能代表广州特色）。

浏览以上的城市名片，其分类其实是值得再斟酌与推敲的。例如，所谓"文化名片"陈家祠、"历史名片"中山纪念堂和"生态名片"白云山实际上都是旅游景点，被归为"旅游名片"也无可厚非。这样的城市名片，只会让人产生巧立名目之感。

实际上，纵观国内其他城市给自己订立的名片，不难发现这些名片都是以旅游为导向的，其目的都是为了吸引外地人到当地旅游消费，以拉动城市 GDP。这样的做法导致的结果就是各个城市都一味地宣传当地的名胜和美食，因为景点和餐馆是让人消费的主要场所；在消费主义影响下产生的城市名片，最终指向的目标就只有一个——消费，于是到了最后，每个城市留给人们的印象都是"逛吃逛吃"的各种消费活动。这样的城市名片，是不利于树立城市独特形象的，更不用说具备国际吸引力了。

尤其当各个城市的现代化程度趋同，除了依靠上文提到的历史资源、地理资源、城市基础建设等自身的物质条件外，文化建设这种非物质性的条件就是各个城市能否脱颖而出的关键。城市有了真正的文化名片，才能在钢筋水泥建成的现代大都市的筋骨之上，生长出属于自己的气血和皮相。

（3）广州国际文学周在城市形象打造中的作用

在讨论"文学周"这一文化活动如何参与打造广州的国际城市形象之前，我们需要厘清文学周所属的文化活动范畴。因为文化所覆盖的领域很广，与文化相关的活动都可以被称为文化活动；如果不把焦点放在对的地方，所做的调研也只会是徒劳。

国内有研究者针对我国城市文化建设进行研究的时候，就曾对城市文化以"广义"和"狭义"划定过范围：广义的城市文化包含了整个城市人类的所有生产、生活方式；而狭义的城市文化仅仅指城市人类的精神意识形态，主要指精神理念和精神产品[①]。从这一定义区分上看，文学周的概念及其相关系列活动，应属于广义的城市文化活动，因为它不仅仅指向于某种精神理念或产品。

从长期以来广州市对自己的文化活动的宣传来看，不难发现很多文化活动都只属于上述狭义的范畴。研究者侯青在其《城市文化品牌定位研究——以广州为例》的研究中，将广州的文化活动进行了分类，包括：艺术文化（包括粤剧、广彩等）、时代文化（因应不同时代的对外交流，如广交会等大型活动）、民俗文化（包括建筑、饮

---

① 杨章贤，刘继生. 城市文化与我国城市文化建设的思考 [J]. 人文地理，2002（4）：25-28.

食、方言等）、宗教文化（兼容并包的多种宗教并存）、历史文化（包括历史事件、名人等）①。

这些指向特定精神及产品的文化，无疑是狭义的文化，在文化传播和对外推广中会出现以下的问题：①在媒介传播中会受地域壁垒的阻隔，例如，粤剧和广府童谣等方言文化产品，在其他地区传播，其接受度就会因为目标受众不懂方言而大打折扣；②因其物质性太强而法以资讯的方式重现，例如，以其细节出彩的广彩、广绣等艺术品以及陈家祠等著名建筑，仅以图片或视频方式是无法传递其精妙之处的；③过于突出城市的历史特点，忽视了当代受众的需求，所推广的文化活动甚至已经不是城市人们的生活方式了，例如，戏曲如粤剧、建筑如趟栊门，都不再是现代广州人生活中常见的事物了，更不要说有效地对外传播了。

在现代文化活动中，每年举办的广州国际马拉松却成为广州的城市名片之一。研究者周丽婵在其《城市马拉松在媒介语境中的城市形象营销——以广州市为例》的研究中，认为广州国际马拉松与其他城市马拉松一样，可以将城市的地理空间变成媒体符号，在媒介中有效传播。观众通过媒介对赛事的直播、讲解员的旁白，有效地接收了符号化的城市基础建设、历史遗迹和休闲娱乐空间，从而构成对城市的想象②。同时，广州国际马拉松赛事也参与了塑造城市空间和市民生活的过程：比赛前，人们会蜂拥争夺参赛资格，并为赛事做准备，让跑步成为日常锻炼的生活方式，这直接带动了城市休闲跑的风潮，让政府因应市民的需要，在市政建设中加大了城市绿道的建设投入；比赛后，人们还可以继续使用这些新建的城市绿道，延续跑步锻炼的生活方式。

广州国际文学周可借鉴广州国际马拉松作为文化活动的成功经验，如果说广州国际马拉松成功地勾勒出了广州在地理空间上的印象，广州国际文学周也可以在精神空间上勾勒出广州要留给外界的形象，并重塑市民的精神生活模式。

（4）广州国际文学周举办的目的与定位

如果广州国际文学周是为广州的国际形象构建服务的，那么它的一系列活动就要围绕它所要建构的形象来开展。如上面论述所揭露的问题，广州目前在国际城市竞争中因为产业转型而陷入了一种面目模糊、软实力不足的困境；要在国内一线城市中脱颖而出，就要依靠自身的地理和历史优势，办出有特色的文化活动。而从文化活动对城市品牌建构的有效性上看，只有真正成为人们生活一部分的活动，才可以从实质上

① 侯青.城市文化品牌定位研究——以广州为例［D］.广州：广东外语外贸大学，2014.

② 周丽婵.城市马拉松在媒介语境中的城市形象营销——以广州市为例［D］.广州：华南理工大学，2016年.

成为城市名片，成为有内驱力、可持续发展的城市品牌活动。

因此，广州国际文学周举办的目的与定位都清晰了起来：因其毗邻港澳的地理优势，共建粤港澳大湾区的方略也已提上日程，所以该文学周应活化粤港澳大湾区的文学资源，利用每年这段特定的时间，让文学像马拉松那样登台唱主角，并让文学创作、出版、推广和交流活动成为一种生活方式在人们的日常生活中留存下来，从而让文学成为广州这座城市的独特气质和国际竞争软实力。

反观 2018 年以及 2019 年这两年的广州国际文学周，虽然在 2018 年首届活动上，就用了"粤港澳大湾区文学盛典"这一主题，但纵观两届文学周的系列活动都没有抓住这一地缘优势、突出粤港澳大湾区的特点；第二届文学周更偏重以诗歌为主的文学形式，显得有点曲高和寡，难以走进大众的生活。因此，两届的文学周都没有得到预期的关注度，使活动的知名度还不如从 2012 年就开始举办的南方国际文学周（后更名为"南方文学周"）。由此可推断，广州国际文学周的主办方在明确活动的目的与定位上，仍有可探索和改善的空间。

四、对广州国际文学周的发展建议

（一）做好顶层设计，协同发展规划，避免同质化竞争

从首届广州国际文学周的全称"广州国际文学周暨粤港澳大湾区文学盛典"可以看出，广州国际文学周依托了粤港澳大湾区文学这一概念，也希望代表广州对繁荣建设粤港澳大湾区文学出一份力。粤港澳大湾区文学作为伴随着粤港澳大湾区建设而提出的一个崭新的文学概念，在学界引起了广泛的讨论，其中比较有代表性的活动包括：2018 年 11 月 4 日，在暨南大学举行的"首届粤港澳大湾区文学研讨会"，会议由广州文学艺术创作研究院、广州市作协、广州市文艺评论家协会、暨南大学中国文学评论基地、暨南大学华文文学与华语传媒研究中心联合主办，并在与会期间正式成立"粤港澳大湾区文学工作坊"[①]；2019 年 7 月 6 日，广东省委宣传部指导、广东省作家协会主办的"粤港澳大湾区文学周"正式启动，并成立了粤港澳大湾区文学合作联盟，广东省作家协会、香港作家联会、澳门笔会代表三地文学组织签署战略合作协

---

① 沈河西."粤港澳大湾区文学"是否可能？［Z/OL］.（2018-11-05）［2021-10-08］.http：//www.bjnews.com.cn/culture/2018/11/05/518115.html.

议，其间还召开了"粤港澳大湾区文学发展峰会"①。同样冠以"粤港澳大湾区文学发展峰会"为题的研讨会，因主办方的不同，就分别在深圳、广州、澳门三地召开。仅以在广州举办的大型文学周活动为例，对不了解内情的大众读者来说，让他们区分"广州国际文学周暨粤港澳大湾区文学盛典""粤港澳大湾区文学周""南国书香节"实属困难，如果无法办出自己的特色，甚至会造成同质化竞争。

《提升粤港澳大湾区的城市品牌综合竞争力》一文指出，要推进城市文化品牌的整合性营销，就要"利用重大事件的影响，做好湾区城市品牌的推广。重大事件能够塑造城市的文化形象，利用重大事件营销应避免事件之间的孤立，可以通过设立城市文化品牌营销机构的方式协调重大事件之间的互补关系，以充分抓住大众的注意力，进而实现城市品牌的整合传播②。"广州国际文学周、南国书香节和粤港澳大湾区文学周三大活动，其实正是制造重大事件营销的契机。如何让三者形成互补关系，首先就要从顶层设计的高度找准自身定位，协同发展规划，特别是在主办单位高度重合的前提下，这是切实可行的。不同于南国书香节自带的展销性质、粤港澳大湾区文学周侧重的文学圈内性质，广州国际文学周的落脚点就应该在"大众化"加"国际化"上。以大众化来说，从上文两届广州国际文学周内容的对比，可以看出主办方已经做出了调整，增加了如"北上广城市文学对话"这类面向大众读者的专业文学研讨，应在今后的文学周活动中进一步加重这类活动的比重；从国际化来说，这两届邀请的海外嘉宾主要以诗人为主，在嘉宾身份的丰富性上还有待提高。活动在保留每一届有主宾国的同时，可以效仿上海国际文学周，每一届明确一个要共同探讨的主题，这样更加容易加深大众读者的印象。

（二）充分利用新媒体展开宣传，提升粤港澳三地高校大学生的参与度

从目前广州国际文学周相关宣传材料投放的媒体渠道可以看出，媒体渠道还是以主流官方媒体为主，这也是从一个侧面显示了其宣传力度的不足。广州国际文学周目前还没有自己独立的微信公众号，而是借助"大湾区文学工作坊"这个微信公众号发布活动预告，而且比对两届文学周发布的信息，2019 年文学周只剩活动预告，没有了2018 年文学周重要活动的现场报道，明显忽略了微信宣传的重要性。目前，微信日活量超过 10 亿，可以说是国民社交生活软件，是最重要的新媒体平台之一，而且微信

---

① 徐子茗，刘奕伶."粤港澳大湾区文学周"在穗开幕，粤港澳大湾区文学联盟成立［Z/OL］.（2018-11-05）［2021-10-08］. http://news.southcn.com/gd/content/2019-07/07/content_188233050.htm.

② 段淳林.提升粤港澳大湾区的城市品牌综合竞争力［N］.中国社会科学报，2019-08-12（8）.

用户的黏性强。广州国际文学周要做出自己的品牌，首先就要有以自己品牌冠名的微信公众号，因为大众读者一般不会关注账号的主体组织是谁，他们与广州国际文学周是何种关系的。其次，可以将宣传重点放在视频传播平台：如 Bilibili 弹幕视频网（简称 B 站）上，B 站是新兴年轻人聚集的视频播放网站，目前，B 站日活量超 7 千万，B 站的用户年龄相对年轻，知识化程度比较高，视频不限时长，因此可以投放大型现场活动，如文学周的开幕式和花城国际诗歌之夜的回放视频，也可以用 Vlog 的形式让更多年轻人记录下广州国际文学周的参与感受。

年轻人特别是大学生正是各类新媒体的广泛用户，广州要打造国际化的都市形象，在很大程度上就要靠他们的自主宣传。正如上文所述，广州国际文学周在与高校合作上已经进行了一些有益的尝试，但还仅仅局限于广州的高校，形式还是以"专家讲，学生听"的讲座为主，大学生的互动参与度还不高。广州国际文学周可以打造成粤港澳大学生交流文学的平台，可以以招募志愿者或者是成立实践基地的方式，让更多的大学生参与进来，甚至成立由大学生组成的新媒体宣传团队，专门负责新媒体宣传的内容策划和制作，毕竟年轻人更了解年轻人关注的热点，能真正打中他们的兴趣点。

（三）专人、专职才能做到专业

截至 2019 年，上海国际文学周依托上海书展已举办了九届，在国内做出了品牌，几乎形成了一家独大的口碑效应。而南方国际文学周因为种种原因只举办了三届，其品牌在微露头角时戛然而止，极为可惜。一个品牌的孵化是艰难的，更需要充分的时间让它成长和壮大。世界上有影响力的大型书展，无不经历了漫长的发展过程，法兰克福书展从 1949 年开始办展，博洛尼亚书展创始于 1964 年。南国书香节首届举办于 1993 年，也经过了 20 多年的发展，现在已成为广州一张亮眼的文化名片。

从这两届的广州国际文学周可以看出，其有策划仓促、思路不成熟、长远规划不清晰等诸多问题，从 2019 年广州国际文学周的策划顾问处得知，这些问题归根结底是对于下一届是否还将举办的不确定性。策划顾问表示："举办一个文学周，需要政府与专业人士进行足够的沟通交流，比如，定位是什么，规模要多大，主要面向的人群和观众（是谁），偏向公共化还是专业化，这些都需要提前规划清晰。国外的文学周往往是提前一年就开始准备，邀请的人员也提前预约，但现在我们是在当年内决定，到时如果邀请不到计划邀请的人员，整个文学周的计划会被打乱节奏，整个流程会特别匆忙。整个活动结束后，后续的跟进也很少，所以说文学周的延续性也不够，现在的瓶颈在于给的准备时间少，留给策划人员的时间少。"

　　要把广州国际文学周办好，一定要配备专业的团队，要专人、专职负责，从上一届文学周结束开始就要启动下一届活动的安排，首先要组织对本届活动整体情况特别是传播效果方面的调研，总结经验和不足，预设下一届的主题与嘉宾并开始着手邀请工作。正如每年 10 月举办的法兰克福书展，一般于当年 5 月前就安排预定好重要的活动了，广州国际文学周每年 12 月举办，则可以在 8 月的南国书香节上安排宣讲会，提前公布重要活动和嘉宾，开始预热宣传，既可借助南国书香节巨大的参与者基数，又可实现与其的有机互动。

参考文献：

［1］李炎，胡洪斌 . 中国区域文化产业发展报告（2016-2018）［M］. 北京：社会科学文献出版社，2018.

深圳近五年治水成效调研报告

赵 畅 李 彦 黄海宁①

一、调研背景、目的与内容

（一）调研背景

广东深圳，从经济、产业和人口层面来讲，是一个大市，但从空间、资源、环境容量层面来讲，是一个小市。不足 2000 平方公里的面积，承载了超过 2.6 万亿元的 GDP 和超过 2000 万的管理人口。虽然降水丰富，但深圳的人均水资源量仅为全国平均水平的 1/13，是全国 7 大严重缺水城市之一。

在快速城市化进程中，深圳曾经付出了巨大的环境成本，深圳的人口、产业高度集中，产污强度高——深圳 310 条河流中有 159 个黑臭水体，是全国 36 个重点城市中数量最多的。大量历史遗留建筑缺乏配套的排水设施，排水能力与超大型城市负荷不匹配，管网缺口达 5938 公里。可以说，水污染问题一度成为深圳生态文明建设的最大短板，也是最大的民生问题。

面对高密度开发的重污染负荷与有限的环境承载能力之间的突出矛盾，2015 年年底，深圳把治水作为最大的民生工程，举全市之力开展水污染治理攻坚战。2016—2020 年，累计完成水污染治理投资 1093 亿元，建成污水管网 6207 公里，对 12665 个小区、城中村完成正本清源改造。全市 159 个黑臭水体得到治理，1217 个小微黑臭水体完成整治。

---

① 赵畅，男，深圳卫视记者、编导；李彦，男，广州大学新闻与传播学院教师；黄海宁，女，深圳卫视记者。

（二）调研目的及内容

深圳作为一个经济、产业和人口大市，面对诸多治水难题，在 2019 年因"重点流域水环境质量明显改善"受国务院办公厅通报表彰。2020 年是打好污染防治攻坚战的决胜之年，有必要通过调研来复盘深圳市的治水历程，了解深圳治水面临的挑战、采取的措施，从而总结深圳治水经验，为深圳社会经济发展、人民福祉提供保障，也为其他城市生态保护和全国城镇化发展提供有益借鉴。

此次调研在宏观了解深圳水情的基础上，深入调查了深圳河、茅洲河、观澜河、龙岗河及龙岗区、福田河的治理情况。其中深圳河是深港界河，治河历史较长，涉及两地合作；茅洲河是深圳治水重点项目，情况复杂；再加上观澜、龙岗河，本次调研涉及深圳境内流域面积大于 100 平方公里的 7 条河流中的 4 条；另外还选择了福田河作为较小流域面积河流的代表，力求做到重点突出、覆盖面广。

调研报告遵循上述思路，各部分内容如下：深圳基本水情及特点、深圳河流域治理情况、茅洲河流域水环境治理相关情况、观澜河治理情况、龙岗河及龙岗区水治理情况、福田河治理情况、深圳治水经验。其中"深圳基本水情及特点"为综述性内容，"深圳治水经验"为总结；中间 5 部分为 5 条河流治理情况，基本按照河流概况、治理情况和治理效果展开论述，其中茅洲河等治水重点在"治理情况"部分会分项详细展开。

二、深圳基本水情及特点

（一）深圳基本水情

深圳境内共分 11 个流域水系（含深汕 2 个：赤石河流域、粤东沿海水系），全市（含深汕）境内流域面积大于 1 平方公里的河流共有 362 条，总长 1249.33 公里，其中流域面积大于 100 平方公里的河流有 7 条（深圳河、观澜河、茅洲河、龙岗河、坪山河、赤石河及明热河）。

（二）深圳水情的基本特点

一是本地水资源匮乏。由于地理条件比较特殊，深圳境内无大江大河大湖大库，蓄滞洪能力差，本地水资源供给严重不足，八成以上的原水需从市外的东江引入，库容超 1000 万立方米的大、中型水库只有 16 座，人均水资源量仅为全国平均水平的

1/13，全市水资源储备量仅能满足 45 天左右的应急需要，深圳因此成为全国严重缺水城市之一。

二是台风暴雨频繁。深圳全市降雨时空分布不均，八成以上集中于汛期，年均受台风影响 3.5 次。由于城市化进程在一定程度上破坏了自然水系，加上现有防洪排涝基础设施建设标准不高，局部区域排涝设施不够完善，受洪涝灾害的威胁较大。

三是河流污染比较严重。深圳全市绝大多数河流河道短小，呈明显的雨源型河流特征，雨季是河，旱季成沟，缺乏动态补充水源，水环境容量偏小，城市污染负荷远远超出本地水环境承载力，流域城区的河流普遍受到污染，水环境治理压力巨大。

三、深圳河流域治理情况

（一）深圳河概况

深圳河发源于牛尾岭南坡，自东北向西南流入深圳湾，全长 37 公里，流域总面积 312.5 平方公里，作为深港界河，深圳河在深圳一侧占 60%，主要包括福田区、罗湖区，以及龙岗区布吉和沙湾街道，香港一侧占 40%，主要支流在深圳有莲塘河、沙湾河（深圳水库排洪河）、布吉河、福田河和皇岗河，在香港有梧桐河、平原河、新田河等。

在历史上，深圳河曾经叫"明溪"，因河水清澈而得名。深圳河一直保有其迂回曲折的自然状态，后因流域土地开发、水土流失，导致河道泄洪能力下降，仅能抵御 2～5 年一遇洪水。每到暴雨台风季节，深圳河经常造成洪灾，流域受淹严重，如 1993 年"6·16"和"9·26"两次洪水，给深圳市造成的经济损失达 14 亿元，香港方面也遭受严重的损失。

在原特区高速开发建设过程中，由于市政污水收集和处理系统建设的滞后，作为横穿特区东西的深圳河除了承担防洪功能外，也接纳了大量的生活、生产污废水，导致河流严重黑臭。

（二）治理情况

1. 治理的历史经验

1981 年 12 月，深圳市政府与当时的港英政府就深圳河的防洪问题展开谈判，并组成联合小组展开工作。1985 年 3 月基本确定了治河方案，整个工程分四期进行，按照"建设一期，准备二期，着手三期，展望四期"的原则，将深圳河治理工程逐步向前推进。工程根据不同河段的特征主要采取了拓宽挖深、裁弯取直、桥梁与河堤重建、生态治理、滞洪削峰等措施。前期工作和主体工程的费用由深港双方政府平均分摊。

1995年5月19日，深圳河一期工程正式动工，经过22年的分期建设，至2017年7月2日第四期工程完工，深港政府共同治理河段长度约18公里，完成投资约25亿元。

自工程开展以来，河道防洪标准由原先不到10年一遇提高到50年一遇，下游泄洪能力由600米³/秒提高到2100米³/秒，航运条件和水环境也得到了一定程度的改善。深圳河治理工程建成后，经受住了1998年"9805"特大暴雨、2008年"0613"超强暴雨、2017年"天鸽"台风、2018年"829"超强暴雨、"山竹"台风等众多台风和暴雨的考验，使深圳市最易受灾的罗湖、布吉地区没有明显灾情。

深圳河的治理自深港双方启动30多年以来，经过谈判、规划、建设及管理合作，深港克服了诸多困难，共建了一套行之有效、特色鲜明并获得多项殊荣的合作模式和运行机制，成为两地政府重大基础设施建设合作的成功典范。

2. 污染治理

为治理深圳河的黑臭污染，深圳市持续、系统地开展流域内污染治理工作。近年来，深圳成立了以市委记为总河长、市长为副总河长，市、区、街道和社区四级河长制体系，系统实施污水收集管网建设、雨污分流、小区内污染源正本清源、干支流及暗涵综合整治、污水处理厂提标改造扩建等工程措施，有效削减了进入深圳河的污染源。

数据显示，2016年以来，深圳河流域累计投入123亿元，实施80余项治水骨干工程；新增污水管网409公里；完成1976个正本清源小区建设；河湾流域污水处理能力达到228.6万米³/天，出水标准达到V类及以上。

在稳步推进各项工程建设的同时，深圳河流域在市水污染治理指挥部的统筹指导下，扎实开展精细化管理工作。包括坚定实施流域内"厂、网、河、站、池、泥"全要素管控；扎实推进"排水管理进小区"，解决排水管理"最后一公里"问题；持续开展清"三池"（化粪池、隔油池、垃圾池）、治"三产"（餐饮、汽修、农贸市场）工作；下沉督导，包河到人，每天巡河，确保污水不入河。

近年来深圳河水质呈现持续好转趋势，主要污染指标氨氮、总磷超标率持续降低。根据市生态环境局提供的水质监测数据，位于深圳河口的国家考核控制断面水质已于 2018 年年底达到并优于地表水 V 类标准。2019 年河口国考断面全年平均达到 V 类，旱季达到 IV 类。2019 年主要污染物氨氮、总磷浓度分别为 1.64 毫克 / 升、0.24 毫克 / 升，同比分别下降 59.5%、25.1%，水质为自 1982 年有监测数据以来的最好水平。

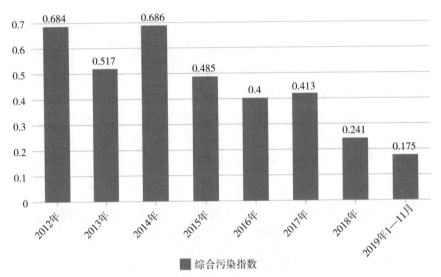

图 1 深圳河综合污染指数历年变化情况

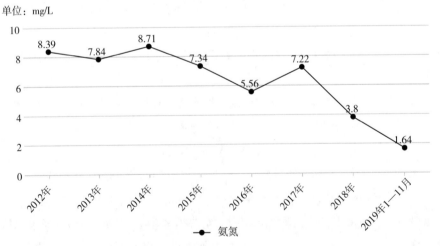

不黑不臭：氨氮<8.0mg/L 地表水 V 类：氨氮≤2.0mg/L

图 2 深圳河口氨氮历年变化情况

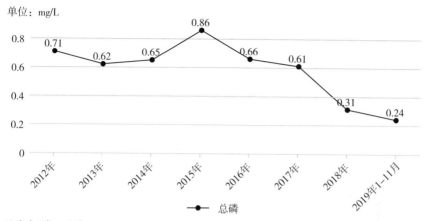

单位：mg/L

地表水V类：总磷≤0.4mg/L

图3　深圳河口总磷历年变化情况

（三）下一步工作计划

在水污染治理取得历史性转变后，深圳还将部署碧道建设，统筹谋划治水、治产、治城，优化生态、生产、生活空间格局，高标准地规划深圳河北岸碧道，提升城市环境品质，营造"水清岸绿、鱼翔浅底、水草丰美、白鹭成群"的生态廊道，将深圳河北岸建设为"城市的蓝脉，都市的阳台"。

预计到2022年年底，深圳河河流水质稳定达Ⅴ类及以上，建成500公里碧道。到2025年，水环境质量达到国际先进水平，建成1000公里碧道，成为高密度特大型的城市水环境治理典范。

四、茅洲河流域水环境治理相关情况

（一）茅洲河概况

茅洲河是深圳第一大河，被称为深圳的"母亲河"；源于羊台山北麓，干流全长31.3公里，自东向西流经宝安、光明和东莞长安，下游为深圳与东莞两市的界河，在深圳沙井注入珠江口伶仃洋。

过去这里曾有船舶穿行、鱼虾成群。然而随着区域经济、产业、人口爆发式增长，大量的生活污水和工业废水未经处理直接排入茅洲河等水体，水污染问题日益突出，茅洲河一度成为珠三角地区污染最严重的河流之一。水体污染曾让茅洲河黯然失色，快速工业化与城市化带来污水集中排放，加上缺乏稳定的来水补充，河道又淤积了大量底泥，导致河流自净能力差。河道中的深黑色黏稠液体与垃圾散发出恶臭，从此经过的路人无不掩鼻遁走。茅洲河水质不能达到规划目标的要求，直接影响区域内人民的生活环境安全，也影响各个产业的发展。

（二）总体治理情况

为了有效改善茅洲河水环境污染状况，改善环境水体水质，实现可持续发展的战略目标，从保证服务区域的可持续发展，改善片区的生态环境出发，实施茅洲河综合整治工程十分必要和紧迫。茅洲河流域综合治理主要包含截污工程、底泥清淤工程、再生水补水工程、湿地工程、生态修复工程等技术手段。

1. 河流清污

茅洲河是广东水污染治理的主战场，深圳宝安区是茅洲河主战场的攻坚阵地。为系统地对茅洲河进行污水治理，深圳宝安区建立了五级河长组织体系。深圳市茅洲河流域管理中心介绍，2017 年以来，区、街道、社区三级河长共巡河 54173 次。同时，宝安区还开展"清四乱""五清"专项行动。"四乱"指乱占、乱采、乱堆、乱建；"五清"即清污、清漂、清淤、清障、清违。据统计，茅洲河宝安片区清除排污口 1419个，清淤 328 万立方米，拆除违建 17.6 万平方米，打通巡河路 97 公里。

为实现"巴掌大的黑臭水体都不能有"的治水目标，深圳宝安区实施全域范围完整意义的雨污分流。2016 年以来，茅洲河宝安片区投入 154 亿元开展小区立管、庭院管及市政雨污分流管网建设。同时还新建污水处理厂（站）3 座，提升污水处理能力。在开展"溯源纳污"行动中，该区整治茅洲河片区的暗渠、暗涵 49 公里，消除截污总口 41 个，暗涵重新成为清水通道，不再与污水"同流合污"进厂。

2. 水环境执法工作

（1）污染源基本情况

茅洲河流域共有重点涉水工业污染源 516 家（宝安区 412 家，光明区 104 家）；"小废水"企业 1304 家（宝安区 833 家，光明区 471 家）；餐饮场所 9946 家（宝安区 4630 家、光明区 5316 家）；机动车维修、清洗场所 507 家（宝安区 321 家、光明区 186 家）；农贸市场 88 家（宝安区 67 家、光明区 21 家）；垃圾中转站 85 个（宝安区 41 个、光明区 44 个）；入河排口总数 261 个（日排量 300 吨以上的 15 个，日排量 100～300 吨的 33 个，日排量 100 吨以下的 213 个）。

（2）利剑执法工作总体情况

近年来，深圳市持续开展生态环境"利剑"专项执法行动，以更大的力度、更硬的措施、更严的执法，"零容忍"打击生态环境违法行为，采取联合执法、交叉执法、溯源执法、科技执法等执法形式不断加大对茅洲河流域各类污染源的执法力度，成效显著。

2015 年至 2019 年年底，全市各级执法部门在茅洲河流域共出动 22.46 万人次，检查企业 9.6 万厂次，查处各类环境违法 3217 宗，处罚金额 3.22 亿元，查封扣押 203 宗，移送公安行政拘留 68 宗，移送涉嫌环境污染犯罪 61 宗，刑事拘留 46 人，淘汰重污染企业 77 家，执法力度位居全国前列。

3. 水质净化厂

除了对河流本身的治理，水质净化厂也在治水工作当中发挥了重要作用。松岗水质净化厂位于深圳市宝安区燕罗街道，茅洲河左岸。项目采用 BOT（建设、经营、转让）模式投资、建设及运营，运营期 25 年；二期项目规模为 15 万立方米 / 天，占地 5.37 公顷，总投资约为 2.5 亿元。

松岗水质净化厂设计出水主要水质指标达到《地表水环境质量标准》（GB3838-2002）Ⅳ类标准限值（总氮除外），粪大肠菌群数指标执行《城镇污水处理厂污染物排放标准》（GB18918-2002）一级 A 标准；出厂污泥含水率低于 50%。

松岗水质净化厂污水处理采用"预处理（粗细格栅 + 曝气沉砂）+ 初次沉淀 + 改良 MBBR 生化 + 二次沉淀 + 深度处理（高密度澄清池 +D 型滤池）"等三级深度处理工艺；污泥处理采用"机械浓缩 + 板框压滤脱水"工艺；消毒采用"次氯酸钠 + 紫外线"组合消毒工艺；除臭采用生物除臭工艺。

目前，水质净化厂已投入商业运营，出水 COD、氨氮、SS 达到地表准 Ⅳ 标准，稳定达标。

（三）湿地工程

湿地工程是茅洲河水环境综合整治工程的组成部分，是茅洲河水质提升技术措施之一。

为加快推进茅洲河流域水环境整治，2015 年 8 月，深圳宝安区政府、宝安区环境保护和水务局考虑茅洲河流域宝安片区实际情况，利用先进治河理念，结合已有相关规划成果，通过综合工程措施，开展茅洲河综合整治工程，切实改善流域水环境。

在茅洲河岸的燕罗湿地，是茅洲河水污染防治的典型工程。燕罗湿地定位为水质净化型湿地，以改善茅洲河中上游干流截污箱涵末端水质改善工程应急处理设施部分出水水质（一级 B 标准）到准Ⅳ类为主要目标，同时兼顾生态保护和生态修复、生态景观游憩休闲功能。

1. 项目基本信息

燕罗湿地位于深圳市宝安区燕罗街道，松岗水质净化厂北侧、洋涌桥大闸上游段茅洲河河滩上，形状呈"弯月形"，占地面积 6.5 公顷。燕罗湿地所在河道现状堤距为 200～245 米，河道行洪控制宽度为 135 米，湿地位于河道滩地上不占用河道主行洪河槽，对 20 年一遇以下洪水无影响。燕罗湿地水处理主要工艺流程为：预处理（提升泵＋生态氧化池＋高效沉淀池）＋垂直潜流湿地＋水平潜流湿地。能够有效改善茅洲河中上游干流截污箱涵末端水质改善工程应急处理设施部分出水水质，燕罗湿地污水处理最大设计规模 1.80 万米^3/天，进水水质为一级 B 标准，设计出水水质标准为地表水 Ⅳ 类（总氮除外）。同时兼具生态保护和修复、生态景观、游憩休闲、科普宣教等功能。

燕罗湿地融合了海绵城市建设理念，通过自然积存、自然渗透、水质净化等措施，使得污水、雨水经处理达标后就近回补河道，同时营造动植物栖息地，构建人水和谐共生的生态环境。

2. 项目运行情况

燕罗湿地自 2017 年 9 月 5 日开工，2018 年 10 月 10 日完工，2019 年 5 月 15 日正式移交给深圳市河道管理中心负责日常管理、运行及维护。

为保障公园环境和设施正常运行，巩固治水成效，给市民提供安全舒适的游园环境，安排多工种对公园进行日常管养，其中包括安保、绿化、保洁及设施设备运行维护等。湿地公园自接管以来，出水水质持续稳定达到地表水准 Ⅳ 类。

3. 环境效益

如今的燕罗湿地放眼望去水清岸绿，堪称深圳市治河造景典范。燕罗湿地内植被繁茂，乔木主要有菩提树、水蒲桃、洋蒲桃、杨梅、银海藻、木棉、落羽杉、鸡蛋花、散尾葵等；灌木主要有琴叶珊瑚、灰莉、连翘、铁树、鸭脚木、杜鹃、红背桂等；两侧潜流湿地设置灯芯草、千屈菜、黄菖蒲、茭白、水葱、水芹、香根鸢尾、水芋、再力花、纸莎草等湿地植物，中间表流湿地两侧和荷花池周围设置挺水植物，如芦苇、芦竹、旱伞草等，表流湿地和荷花池中间设置九品香水莲、狐尾藻等沉水植物。燕罗湿地已完成构建与茅洲河流域环境相适宜的水湿生植物群落目标，实现生物多样性应与河流生态、物种衔接。

燕罗湿地现已成为深圳一大网红点，即为周边广大市民提供了休闲游玩的好去处，又成为白鹭、野鸭等动物的栖息地。时隔多年，于 2018 年 6 月 5 日，龙舟赛在茅洲河燕罗湿地段再次举办，将龙舟文化与茅洲河治污治水结合起来，既是传承传统文化，又充分展示水环境治理成效，受到外界的广泛关注和一致好评。

4. 主要特色、亮点及经验

第一，改善水质，科普水环境整治。湿地是将水质改善和景观人文结合最紧密的措施之一，且相对雨污分流管网工程、污水处理设施、配水等工程措施，群众更容易接触湿地工程水质净化的整个过程，具有较强的可视性和亲民性。燕罗湿地工程临河而建，四周交通方便，因此借湿地建设为契机，建立茅洲河水环境整治科普教育基地，供学生及访客在此获取水环境保护的相关科普知识，使水环境保护的概念深入人心，从观念上促使群众加入水环境保护的行动中来，以持续茅洲河水环境整治工程的整治效果。

第二，增加城市河道景观，提高居民生活质量。通过人工湿地工程的建设，可以充分发挥茅洲河水环境资源的良好优势，激活河道，营造湿地特色景观。随着城市经济发展和人民生活水平提高，居民对生活环境提出了更高的要求，人们渴望得到更多的城市滨水自然空间和生活休闲空间。城市水环境的改善，已越来越被社会各界重视，让居民生活在碧水绿茵的环境下，已是目前各地政府逐渐重视的问题。通过人工湿地建设，结合景观设计，布设亲水平台，改善区域的生态环境和水质情况，同时在茅洲河流域支流、干流沿岸为居民创造一个优美、舒适的休闲娱乐场所，提高居民生活质量，促进身心健康。

人工湿地采用植物多样性镶嵌群落设计，保护原生态环境和脆弱的场地生态环境、修复受损生态景观、提高生物多样性，从而达到提升区域生态环境。湿地项目使周边的水体得到净化，随着湿地系统的建设，生态系统将逐步恢复，并为鸟类、鱼类、昆虫提供一个良好的栖息地，改善环境及生物多样性，符合深圳市建立水污染治理生态系统的目标要求。

第三，改善投资环境，有利于茅洲河流域周边经济可持续发展。茅洲河流域沿线产业密集，且高污染、高耗能的传统型企业居多，工业区与居住区混杂，环境品质低下，土地利用效率较低，配套设施严重不足，通过人工湿地工程，推动区域城市生态环境建设，对于沿河地区的投资环境，促进和带动宝安区经济可持续发展，提高城市形象，具有重要作用。并且，通过区域生态环境的改善，提升了周边土地的价值，将吸引更多的投资商在茅洲河流域周边投资，促进茅洲河沿岸地区经济的快速健康发展。

（四）治理成效

经过近 5 年的系统性大力治理，2019 年 11 月起，茅洲河水质达到地表水 Ⅴ 类，达到 1992 年来最好水平，全流域所有黑臭水体全部消除，4 年多的时间内补齐了 40 年的历史欠账。如今茅洲河畔白鹭翔集，龙舟竞渡，周边居民纷纷感叹，终于可以放心打开窗户了！

五、观澜河治理情况

（一）河流概况

观澜河是位于深圳龙华区境内的主要河流，是东江水系一级支流石马河的上游，发源于民治街道大脑壳山的牛咀水库，于观澜街道企坪处进入东莞市境内，流域总面积 246.5 平方公里；河道全长 111.69 公里，龙华区内干流全长 14.2 公里，构成了龙华区中轴水脉。观澜河也被誉为龙华的母亲河，是龙华诞生的摇篮，也见证了龙华的高速腾飞，但经济发展与环境保护的失衡使得河流脏乱黑臭，母亲河曾一度黯然失色。

（二）总体治理情况

近年来，深圳龙华区积极统筹流域综合治理，有序推进各项水务工程，填补基础设施短板。

1. 河道治理

龙华区对观澜河编制了"一河一策"实施方案，有针对性地推进全流域水环境治理，共开展 23 条河黑臭治理工程、108 条小微黑臭水体整治工程，治理长度百余公里，全区高峰时期共有治水工地 2000 个、参建人员近万人。实现观澜河支流全面消除黑臭，并通过截污纳管，清淤疏浚、生态补水、景观提升等措施全方位提升了河道水质。

2. 补齐污水管网缺口

龙华区新建污水管网 1033 余公里，基本补齐管网缺口，实现了污水管网建设全覆盖。

3. 正本清源改造

龙华区采用"每日督导＋每周通报"等形式，开展小区正本清源改造工作。2017—2019 年完成正本清源改造 2032 个，实现了正本清源小区全覆盖。

4. "双超额完成"海绵城市建设

今年来，龙华区大力推进海绵城市建设，2017年新增海绵面积4.36平方公里，海绵城市建设项目共计67项，完成率121%；完成既有设施海绵化改造15项，完成率125%。2018年新增海绵面积6.83平方公里，海绵城市建设项目共计135项，完成率114%；完成既有设施海绵化改造54项，完成率180%。2019年新增海绵面积7.8平方公里，完成率120%；完成既有设施海绵化改造90项，完成率300%。

（三）观澜河支流高峰水治理

1. 基本水情

高峰水为观澜河二级支流，龙华河一级支流，河长2.05公里，起点位于高峰水库溢洪道出口，由西南向东北流经赤岭村、龙胜村，于赤岭新村北汇入龙华河。流经区域均为高密度建成区，为典型城市型河流。河道上游为高峰水库，水库的总库容为394万立方米，可保障高峰水的生态景观需水量。随着高峰水流域周边城市化进程加快，河道行洪能力不足、周边排水管网建设不完善等问题日益凸显，加上河道周边整体环境较差，污水直排现象较普遍，河边常有生活垃圾和其他杂物，导致水质氨氮超标，为重度黑臭。

2. 治理工作

2016年至2018年，龙华区开展了高峰水河道综合整治工程，①河道防洪工程：对河堤进行改造，整治后河底宽8～13米，沿河堤岸顶部设置塑木栏杆和钢筋混凝土花槽，并新建混凝土巡河路2993平方米、人行道1161平方米。②水质改善工程：对工程范围内排水口进行截污，铺设截流管接入市政污水系统，铺设截污管2491米，新建检查井78座、截流井22座，拆除及修复浆砌石河堤408立方米。③生态修复工程及景观工程：重建人行桥，新建四方亭以及木栈道、园路、花廊、自然景石等，建设景观给排水工程及夜景照明工程；对河岸斜坡上进行绿化种植，绿化面积达到2万多平方米，主要种植常绿乔木和草坪，局部种植低矮花灌木；此外还有水土保持及环境保护、交通疏解工程。

3. 治理成效

经过系统整治，高峰水水环境得到极大提升，①水安全方面：目前已达到20年一遇防洪标准，整治后再未出现内涝情况，保障了沿岸居民生命财产安全。②水质量方面：目前高峰水水质稳定达到地表水Ⅴ类标准，多数时间可达到地表水Ⅳ类标准。③水景观方面：黑臭治理完成后，恢复了河流生态系统，实现了"水清、岸绿、景美",高峰水成为周边居民亲近自然、享受生态的滨水好去处。④水经济方面:完成综合治理后,河道美化、水体变清,高峰水周边土地迅速增值,两岸居民是最直接受益者。高峰水综合整治工程更被评为 2018 年度深圳市治污保洁工程优秀项目。

(四)观澜河人工湿地水治理

观澜河清湖段生态治理工程人工湿地是对龙华城市污水处理厂一期尾水(一级 A 标准)进行深度处理,使得排放至观澜河的水质达到国家地表水 III 类标准,同时兼顾生态保护和生态修复、生态景观游憩休闲功能;观澜河清湖段生态治理工程人工湿地面积共 43358 平方米,其中人工湿地占地面积 31048 平方米,人工湿地日处理量为 2 万米³/天。

清湖人工湿地扩建工程位于观澜河清湖段西岸,处于规划完善的城市路网中心,东临观澜河清湖人工湿地一期工程,西临观澜大道,北部为中小型企业厂区,南部为机荷高速。总占地面积为 5.47 万平方米,其中湿地处理区面积 3.68 万平方米,处理规模为 2.5 万米³/天,水力负荷为 0.68 米³/(米³·日)。

清湖人工湿地工程采用了"生态氧化池 + 高效垂直流人工湿地 + 表流人工湿地"工艺。工程引水管接自龙华污水处理厂一期尾水分流井,通过引水管道将污水厂尾水送至湿地进水提升泵站,再通过进水提升泵将污水提升至湿地处理系统处理,为减轻人工湿地的负荷,在尾水进入湿地前进行强化预处理,强化预处理的工艺为"生态氧化池",尾水总的各种污染物得到进一步降解,预处理出水再进入人工湿地处理,为使湿地配水更加均匀,在湿地前设置配水渠,通过配水渠和配水管网将原水均匀地分配给 32 个垂直流湿地独立处理单元,垂直流人工湿地出水,经收集管收集后,排至集水槽,集水槽出水再进表流人工湿地复氧。

污水进入湿地后,通过湿地的物理、化学及生物三重协同作用将水中的 COD、氨氮和总磷进行较彻底的净化,湿地出水达到 III 类水标准,作为河道补充水,排放至观澜河。

为实现湿地具有亲水体验的功能,清湖人工湿地工程设计一个亲水体验区,其水质需要达到《城市污水再生利用景观环境用水水质标准》(GB/T18921—2002)中的娱乐性景观环境用水水质的要求。为此,人工湿地处理出水经二氧化氯消毒处理后,再作为亲水体验区的用水。

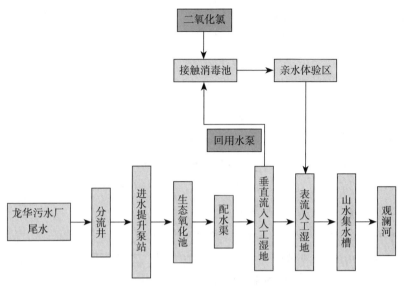

图 4　清湖人工湿地小处理工艺流程

垂直流人工湿地所配种的植物主要为花叶芦竹、大叶再力花、风车草、香蒲、荷花、美人蕉、金鱼藻等，表流人工湿地选择金鱼草、眼子菜、睡莲及荷花等植物。

（五）治理成效

民之所望，施政所向。观澜河的治水提质工作成绩斐然，观澜河企坪断面水质考核主要指标浓度逐年下降，水质持续提升。根据深莞联合采样检测结果，2018 年 12 月至 2019 年 12 月，观澜河企坪断面水质稳定达到地表水 V 类以上标准，全年水质均值优于地表水 V 类标准，氨氮、总磷同比 2017 年分别下降 78.5% 和 55.6%。2019 年 5 月底，龙华区 2019 年龙舟文化艺术节国际龙舟赛在观澜河举办，碧水清波直观展示了观澜河整治成效。

六、龙岗河、龙岗区水治理情况

（一）龙岗河概况

龙岗河位于深圳市东北部（龙岗区及坪山区），是东江二级支流淡水河的上游段，河流发源于梧桐山北麓，流经深圳、惠州两市，龙岗河正源为梧桐山河，与大康河汇合点为龙岗河干流起点。龙岗河流经龙岗区横岗、园山、龙城、龙岗、坪地 5 个街道，在坪山区进入惠州市，深圳市境内河长 21.1 公里，其中龙岗区河长 19.9 公里，西湖村断面以上龙岗区流域面积 263 平方公里，跨界河流主要为吓陂村断面以上"三河"，即丁山河、黄沙河和黄沙河左支。

（二）综合治理情况

1. 龙岗河干流综合整治一期工程

龙岗河干流综合整治一期工程实施范围为干流大康河和梧桐山河汇合口至南约河口 10.9 公里河段，主要工程内容包括沿河修建截污涵（管）、河道及岸坡生态修复，一期工程总投资 7 亿元，于 2010 年 9 月开工，2011 年 7 月顺利完工。

2. 龙岗河干流综合整治二期工程

龙岗河干流综合治理二期工程位于龙岗、坪地街道，工程实施起点为干流南约河口，终点为坪山区坑梓吓陂交界断面，河长 9 公里。二期工程主要构建了 4 大系统，分别为：①新建 12.35 公里截污管涵、对 2 个支流口和 113 个排放口实施截流的水质保障系统；②构建河流生态系统、改善水质及生物物种和栖息地，沿河绿化 70.6 万平方米绿色护岸系统；③征用 17 万平方米规划绿地新建湿地处理系统；④延伸绿道网，结合巡河路建设绿道 17.3 公里，打通沿河步行和自行车的交通绿道系统。二期工程总投资 10.22 亿元，主体工程已于 2012 年年底顺利完工。

（三）龙岗河支流南约河污染治理

1. 南约河基本情况

南约河位于深圳市龙岗区龙岗、宝龙街道，是龙岗河中游右岸一级支流，发源于炳坑水库溢洪道，流域集水面积 49.9 平方公里，河长 8.3 公里，沿河两岸有大量住宅、厂房。在整治以前，南约河的两岸以早年建成的浆砌石直立挡墙为主。南约河 2016 年列入国家建成区黑臭水体，其中黑臭河段为前进路至汇入龙岗河河口处，长约 3.19 公里。

2. 南约河综合整治措施

南约河综合整治工程整治范围从炳坑水库溢洪道出口至龙岗河汇入口，治理全长 8.3 公里。黑臭水体考核范围已全部纳入河道综合整治范围。整治内容包括防洪、截污、清淤、景观绿化等内容，工程于 2016 年全部完成，主要取得 3 个方面成效：①拓宽了河道行洪断面，使河道达到了 50 年一遇的行洪标准，保障了汛期河道行洪安全；②完善了截污系统，河道两侧新建 16 公里的截污干管，截流沿线 39 个排污口，污水全部截入龙岗河干流下游横岭水质净化厂进行处理，并对河道进行了清淤，恢复河道生态基底，南约河基本实现"不黑不臭"。③对河道两侧进行了景观绿化，为周边居民打造了休闲步道。

2017年，为进一步恢复南约河的生态系统，深圳龙岗区利用龙岗河上游横岗再生水厂的尾水，对河道进行生态补水，每天补水量达2万立方米，河道实现了"长制久清"。

3. 南约河治理成效

通过对南约河流域实施支流整治、雨污分流及小区正本清源改造工程，大量的清洁基流得到释放，南约河水生态进一步得到改善，雨季河道水质得到稳步提升。近年来，南约河水质已达到地表水 V 类，部分时段达到地表水 IV 类的标准。2018年5月通过住建部、生态环境部"初见成效"评审，2019年3月通过市级"长制久清"评估。

（四）龙岗河、龙岗区流域治理成效

截至2019年年底，龙岗河在黑臭水体整治方面，流域内共21个黑臭水体已全部完成治理；流域内324个小微黑臭水体已全部完成整治。

正本清源方面。2016—2018年龙岗区共完成小区、城中村正本清源改造1082个，2019年完成1019个。

污水管网方面，2016—2018年龙岗区累计建成1152公里管网，2019年新建管网170公里，修复改造75公里。

治污设施方面，龙岗河流域6座水质净化厂和4座临时污水处理设施出水水质主要指标均达到地表水 IV 类，流域总处理规模94万米³/天。2019年新建污水临时处理设施3座，其中丁山河口10万米³/天、同乐河2万米³/天、回龙河1万米³/天，都已通水运行。规划的7座调蓄池6座已进场施工，总容量达35.5米³/天。

河道综合整治方面，龙岗河流域内共37条河流，对32条河道开展了整治工程，其中龙岗河干流、南约河、龙西河、大康河等31条已完成，剩余1条正在加快整治；目前正在推进其他3条暗涵型河道的治理。响水河道现状环境良好。

考核断面水质方面，2019年，龙岗河出境吓陂断面全年均值已达 V 类水标准；龙岗河西湖村省考断面氨氮下降至0.71毫克/升、总磷浓度下降至0.25毫克/升，优于 V 类水标准，达到省考要求。

经过不懈努力，龙岗区水环境质量有了根本性的改变。据2019年10月广东省生态环境厅对全市黑臭水体整治的明察暗访情况通报，龙岗区40条黑臭水体全部消黑除臭。根据深圳市生态环境局最新通报，龙岗区62条河流中，29条河达到或优于地表水Ⅴ类标准，为2018年同期的5倍，16条河因干涸或为暗涵未采样，剩余17条水质也有明显提升。涉及国考深圳河口断面的布吉河、沙湾河交界断面，涉及省考观澜河企坪断面的岗头河、坂田河交界断面，涉及省考龙岗河西湖村断面的吓陂、惠龙断面，于11月全部达标。龙岗河西湖村断面12月首次实现Ⅴ类水达标。全区河流达到有监测以来历史最好水质。

七、福田河治理情况

（一）福田河概况

福田河位于深圳市中心区西面，是深圳河的主要干流之一，流域面积15.9平方公里，干流全长6.8公里。暗渠段起点为梅林坳，终点为北环皇岗立交桥附近，全长1.87公里，俗称"河道隐脉"，雨污混流严重，是治污工程的深水区。

（二）总体治理情况

福田河在治理前，主要采取总口截污方式，通过在暗渠出口设置截污闸，将暗渠污水抽排至截污系统，进入水质净化厂处理达标后排放。但此种方式在雨季存在较大弊端，一是增大截污系统压力，二是存在污水溢流现象。对此，福田区提出暗渠源头治理，通过实施暗渠清淤、截污，打开暗渠总口，从根本上解决河流污染顽疾。

一是追根溯源。多个政府部门、企业单位等参建各方共同打造"厂站网"一体化治水新模式，对暗涵排水口追根溯源、查漏补缺，系统消除入河污水源。

二是科学治理。工程按照"控源截污、内源治理；活水循环、清水补给；水质净化、生态修复"的基本技术路线，采用"大平行、小流水"的方式组织施工，通过河道两侧排污口布置截污管进行末端截污，确保旱季污水不入河，并在降雨初期，收集部分初雨进入污水系统，从一定程度上消除黑臭，提升河道水质。

三是安全保障。严格执行有限空间作业审批制度，坚持"先通风、再检测、后作业"程序，采用清淤、截污双管齐下的施工工艺，实施清污剥离，提升河道水质。借助无人船、气体监测和人脸识别门禁等科技化、信息化手段，实现对暗涵工作面的全覆盖管理和全天候监测，在人工不便施工的部位使用清淤机器人作业，保证作业安全的同时提高了工作效率。

四是常态管理。设置安全出口反光等指示性标识，同时通过暗涵主涵内安装照明、可视化视频监控设备，连接后台终端实现实时监控的举措，为暗涵可视化、透明化管理提供有力支持，及时判别、迅疾响应，保障入涵施工及后期管养工作人员人身安全。

（三）排水管理进小区工作

污染在河道，根源在岸上，核心在管网。近年来，为解决小区排水管渠错接、乱接和混排的问题，福田区投入了大量人力、物力和财力，全面开展正本清源工程，基本实现小区雨污分流。

为探索排水管理进小区工作，福田区先行选取了位于荔枝湖流域的商住类小区百花园一期作为试点小区，共清疏埋地雨污水管道 814 米、更换雨污水检查井座 77 座、雨水箅 29 座和垃圾房周边排水设施改造等，累计实施 14 项工程措施，投入约 35 万元。

在取得试点小区治理经验后，福田区又扩大试点范围，选取有 14 个小区的园岭街道南天社区继续开展治理，为全面推广排水管理进小区工作积累经验。2019 年 10 月中旬，福田区将试点范围继续扩大到整个荔枝湖流域（涉及园岭、华强北街道，共 164 个小区），截至 2019 年年底，深圳市水务集团已对近 130 个小区开展进场工作。

福田区通过试点创建工作，打造了一个排水设施完善、排水行为规范的示范排水小区，形成了可复制、可推广的经验和做法。将有效解决小区排水管渠长期管理不善、管道淤积以及雨污管网错接、乱接等问题，为源头治理打下坚实基础，有效改善河流水质。福田区将约 4000 公里的小区管网全部移交专业排水公司运营管理，实现管网全覆盖一体化运营的专业管理模式，助力福田区早日实现辖区河流"水清、河畅、岸绿、景美"的目标。

（四）治理成效

通过治理，福田河暗涵出口水质达到地表水 III 类标准，实现了消除黑臭目标。昔日黑臭水体，如今清水潺潺，生态基流入河为福田河带来了活力与生机，也是碧水福田的最美呈现。

放眼福田区，治理河道共 10 条，改造小区管网近 500 公里，2114 个排水小区实现雨污分流，打造荔枝湖片区污水零直排示范，辖区水环境得到整体性改善。

但福田辖区仍有约 45% 的河段为暗渠，随着城市的发展，暗渠化河道逐步成为城市藏污纳垢的所在，严重影响河流整体水质。为全面消除辖区黑臭水体，福田区探索暗渠化河道治理方案，加速推进凤塘河、新洲河上游暗涵、福田河上游暗涵、笔架山河（福田段）、皇岗河暗涵清淤和截污工程。整治暗涵总长 43.5 公里，清淤总量 7.29 万立方米，新建截污管 12.77 公里。

2018 年深圳河、福田河、新洲河等 3 段黑臭水体已全面消除黑臭，福田河荣登国家黑臭水体整治光荣榜，受到住建部通报表彰。2019 年以来，河流水质整体大幅改善，福田河水质稳定达到地表水 IV 类标准，深圳河、新洲河水质达到 V 类标准，基本实现"水清.岸绿.景美"目标。

八、深圳治水经验

通过对各流域的治水工作的调研和梳理，我们基本对深圳全市近年来的治水成效有了全面了解。深圳的水污染治理也获得多方关注。2019 年 8 月，深圳开始了"中国特色社会主义先行示范区"的新建设阶段。在中共中央 国务院《关于支撑深圳建设中国特色社会主义先行示范区的意见》当中，赋予深圳 5 大战略定位，其中之一便是"可持续发展先锋"。除了被国务院"点名表扬"，在媒体报道方面，仅中央电视台就多次大篇幅对深圳的水污染治理进行报道，包括一部纪录片，以及《焦点访谈》的 15 分钟专题报道等。其他国家级、省级和地方级媒体每隔一段时间就会对最新的治水进展进行跟踪报道。总结经验，深圳的治水成效一定会作为典型案例，被国内乃至世界范围内的其他城市借鉴。

（一）党的领导，统筹水治理与经济社会发展

习近平总书记提出"节水优先、空间均衡、系统治理、两手发力"治水思路，这既是实践经验的总结，也是思想理论的发展，对深圳市推进治水兴水大业具有重大而深远的意义。深圳市委站在历史和时代的新高度，把综合治水作为建设"大湾区"、建设"先行示范区"的重要组成部分，拉开新时代生态建设的序幕。深圳全面系统规划，以人民福祉为目标，综合考虑自然、经济、社会因素，综合考虑流域、地域特点，注重生态保护、水安全规划与经济建设、社会事业发展、土地利用等规划的统筹，增强规划的整体性、协调性。

（二）政府重视，善水资源管理体制机制

2016 年 12 月，中国中共中央办公厅、国务院办公厅印发了《关于全面推行河长制的意见》。深圳市委市政府高度重视，市政府坚决落实河湖长制，各项工作推进扎实有力，示范引领作用明显，水环境改善成效显著，河湖长制从"有名"走向"有实"，河湖管理保护不断取得新成效。此外，市政府落实市委部署，高度审视人口、经济与资源环境的关系，协调水利、环保、城建等部门切实履行职责，统筹辖区河流流域联防联治强化水资源环境刚性约束，动员社会参与协调解决水治理和水资源问题。

（三）科学规划，善用科技手段推进水治理

深圳市科学规划水治理及水资源的保护开发和利用。在城市建设规划的基础上，逐步完善水利发展规划、生态环境保护和建设规划、水土保持规划、水资源规划、地下水勘查规划。深圳市积极向治水专家取经，引入新理念、新技术，完善"河长制"软件，定期采集排污口水样进行送检，绘制排污口污染物指数变化曲线图，精准治理超标污水。数字化测量河道断面水质指标，为分析水质变化查找污染源和规划各项水质提升工程提供依据。

（四）多方联动，注重发挥企业等多方力量

深圳市注重协同发挥政府和市场作用，既使政府发挥在保障水安全方面的统筹规划、政策引导、制度保障作用，也使市场在水资源配置中发挥好作用，鼓励企业在包括排污治污、开发利用、资源配置等治水的多个环节投资兴业。强化水情教育，发动机关干部、党员干部、志愿者和人民群众等个人和团体参与小微水体整治、工业区块雨污分流、垃圾分类、卫生保洁、街角小品建设等治水活动，形成了全民治水的良好氛围。

（五）综合利用，共享水治理成果

近年来，深圳市水生态环境的不断优化，促进区域生态涵养能力持续提升，为全市经济社会发展提供坚实的水环境保障，建成连片成串的开敞式公共绿地和有创意的人文与自然景观节点、休闲娱乐配套服务设施，形成显山露水、和谐宜人的休闲旅游环境，为市民营造旅游观光与休闲娱乐于一体的开放绿色生态空间。

中医药出海前景及困局

——三家广东企业的中药出海策略调研

李　卓　彭奕菲　刘新歌　蔡颖琪　代　倩　冯园芳　周芷晴①

一、前言

（一）中医药走出国门的紧迫性

中药，是中国传统医学特有的药物，中药的采集、炮制已有数千年的历史。改革开放以来，在我国中医药事业不断传承、发展与创新中，越来越多的国家关注并尝试应用中医药物防病治病、强身健体。②2020 年是国家"十三五"健康中国规划收官之年，也是"健康中国 2030"行动新十年的开局之年。当下全民新冠疫情防控阻击战虽已取得重大阶段性胜利，但毫无疑问，这场全民战疫已经进一步赋予了"健康中国"新的内涵和意义。③而中医药在抗击疫情中起到的重要作用，也受到国际社会的关注。韩国、日本、意大利等多个国家的医院都明确表示希望得到中成药的使用经验及观察报告；很多海外人士和华侨同胞也重新认识了中医的价值，纷纷呼吁中医"出海"

---

① 李卓，女，广东南方日报，记者；彭奕菲，女，广东南方日报，记者；刘新歌，女，广东时代传媒有限公司，记者；蔡颖琪，女，广东外语外贸大学新闻与传播学院新闻学专业本科生；代倩，女，广东外语外贸大学新闻与传播学院新闻学专业本科生；冯园芳，女，广东外语外贸大学新闻与传播学院新闻学专业本科生；周芷晴，女，广东外语外贸大学新闻与传播学院新闻学专业本科生。

② 杨果平.市场难入认知难塑　中药出海，标准化是"通行证"［N］.医药经济报,2018-05-03（7）.

③ 吉翔.京东健康助力　互联网医疗加快"健康中国"行动步伐［Z/OL］.（2020-10-18）［2021-10-08］.https://www.chinanews.com.cn/business/2020/03-24/9135629.shtml.

相助。

但是目前，在西方主流医药市场，中药作为药品注册在美国尚未取得零的突破，在欧盟能成功注册的也屈指可数。美国将中药产品定位为膳食补充剂，加拿大、澳大利亚等国将中药作为保健食品。

从国家层面来看，虽然中药出口呈现逐年上升的趋势，但是与亚洲市场相比，中国进口的中药产品占整个欧美中药市场的比例仍旧很低。同时中国出口的中药产品在中药国际市场上的占有率较低约3%，与之相比的日本却占有近90%的中药国际市场。

从历史渊源来看，日本的中药文化也是源自古代中国，但是我们无法占领庞大的国际市场，除了因为过去国家实力稍显薄弱之外，更重要的是我国的技术创新力度不足导致的出口结构单一；还有我国对于中药的专利保护意识不到位以至于在国际上难以受到专利权的保护；除此之外，最大的挑战来自美国食品药品管理局（FDA）和欧洲药品管理局（EMA）以及欧盟成员国药物注册（GMP认证）的相关法规要求设置的门槛苛刻，难以打开欧美市场。总体来说，近年受主要经济体需求不振，价格竞争日趋激烈，中药海外注册、准入门槛高等诸多因素影响，中医药外贸出口步入低速增长期，面临的困难和挑战不容小觑。[1]

近年来，在"一带一路"建设加快推进和粤港澳大湾区优质中医药资源整合共享的背景下，中医药在沿线国家推广的步伐也在加快。据保健品进出口商会统计数据显示，2019年我国中药外贸继续保持出口和进口双增长态势。全年贸易总额61.75亿美元，同比增长7.05%。其中，出口额为40.19亿美元，同比增长2.82%；进口额为21.55亿美元，同比增长15.93%。由此可以看出，我国在不断加快推进中药"出海"的进程，伴随着中医"出海"成功，加上中医与中药相辅相成，二者不可分割，中药理应走向属于中国中药的国际舞台。

就广东自身而言，身处经济发达的东南沿海地区，毗邻香港、澳门，在交通、信息、资金、人才等方面处于优势地位，具备充分的中药出口贸易快速发展条件。总部位于广州的广州医药集团有限公司（简称：广药集团）是全国最大的制药工业企业和最大的中成药生产基地，连续8年蝉联中国制药企业百强榜第1位。其自身的资源优势还在于广药集团是集科、工、贸于一体的大型企业集团，拥有先进的科学技术，专业人才、专利成果、著名商标、名优产品众多，配套现代企业管理和配备现代物流体

---

[1] 欧秀芳.我国中药产品出口现状分析［D］.兰州：甘肃中医药大学经贸与管理学院，2019.

系，有效提升了生产和服务水平和效率。然而，从表1排名数据来看，广东出口中药的实力依旧偏弱，未能凭借先天优势而拔得头筹。

表1 2017年中药出口企业20强名单

排名	企业
1	上海津村制药有限公司
2	江苏艾兰得营养品有限公司
3	盛实百草药业有限公司
4	晨光生物科技集团股份有限公司
5	谱赛科（江西）生物技术有限公司
6	陕西嘉禾植物化工有限责任公司
7	云南瑞宝生物科技股份有限公司
8	北京同仁堂国际药业有限公司
9	深圳津村药业有限公司
10	浙江惠松制药有限公司
11	中国医药健康产业股份有限公司
12	漳州片仔癀药业股份有限公司
13	青岛纳盛特贸易有限公司
14	安徽同辉香料有限公司
15	宁波绿之健药业有限公司
16	仙乐健康科技股份有限公司
17	北京绿色金可生物技术股份有限公司
18	广西锦莹药业有限公司
19	亳州市豪门中药饮片有限公司
20	湖南信华食品有限公司

2017年中药出口企业20强名单（数据来源：中国医保商会统计）

排名第9的深圳津村药业有限公司，也是设立在广东省的唯一上榜的药业公司。该公司为中国医药保健品进出口商会会员单位、广东省医药行业协会常务理事单位，而且它还是日本株式会社津村的全资子公司。作为实力雄厚的广药集团是否也能够独立自主，扛起广东中药"出海"的旗帜，向远海出发呢？而不是依靠外资企业协助我国中药"出海"，值得我们深思。

中医药是中华文明的瑰宝，我国中药材资源丰富，种植面积广阔，中药材应用历史悠久。国际市场对中药的需求增加，人口老龄化和人类疾病谱的变化给中医药的国际化带来了巨大的市场需求和发展机遇。中医药有效防治疾病的理念、方法和技术正在逐渐被世界认可和接受，中医药在常见病、多发病、慢性病及疑难杂症、重大传染病防治中的作用逐步得到国际社会的认可，中药产品和服务也越来越受欢迎。① 本报告分析了中医药走出国门的前景和困局以及中医药出海的趋势和启示，以广州白云山医药集团股份有限公司（简称：广药集团）、广东一方制药有限公司（简称：一方制药）、广州市香雪制药股份有限公司（简称：香雪制药）这三家在助力中药走出国门的药业为调研对象，充分解析在新时代、新背景及新的国际政治经济环境下，在面对中药出海的种种困境与生机，中国药企需要怎样的准备及对策，全力推进中药走出国门，引领国际中药市场。

（二）中药走出国门的困局

1. 面临的主要风险

（1）经济风险

中药走出国门在经济上的风险主要分为两个部分，一是前期准入资格获取的巨额投入；二是由于国际关系而不断动荡的市场萎缩。以中药出口市场的重要部分——欧美市场为例。在欧美地区，中药大多是以保健品身份在国际市场上销售，而非处方药。

美国是目前中药出口的第一大市场。根据 2004 年美国食品药品管理局颁布的《植物药产品指南》表述，目前中药想以药品在美国上市，只能通过新药上市申请获批上市。新药上市申请认证是一个漫长艰苦的过程，从新药立项到新药上市申请审批至少需要 10 年的时间。据 IMS Health（艾美什）的研究数据显示，美国食品药品管理局批准的新药平均费用大约在 15 亿美元。目前，我国尚无中药成功获得美国食品药品管理局认证，仅有 10 种中药通过了美国食品药品管理局的临床研究申请进入临床研究阶段②。其中最具代表性的天士力复方丹参滴丸，耗时将近 20 年，整个申报过程中花费了数亿元，虽完成了 III 期临床，但是迄今仍然尚未获得美国食品药品管理局批准。

欧美国家虽对进口植物药包括中药产品做了相应的政策调整，但短期内中成药还是无法以药品的身份出口到欧美医药市场。在欧美医药市场很多中成药以食品补充剂、保健品和饮料的形式注册，因不能标明主治功效，又不能在药店出售，而大大限

---

① 李羽涵，罗臻. 基于 SWOT 分析的甘肃中药出口贸易发展策略研究［J］. 兰州文理学院学报（社会科学版），2019（2）：31-35.

② 陈丽湘，陈永辉. 战"疫"虽立功 中医药出海准入困局仍待解［Z/OL］.（2020-04-02）［2021-10-08］. http://stock.stcn.com/2020/0402/15796255.shtml.

制了成药的销量①。根据欧盟《传统植物药注册程序指令》（2004/24/EC），中药在欧盟市场上的准入除了高昂的注册费用，更需提供大量在其成员国中的使用证明。

我国中药企业若想走出华人圈，真正开拓国际市场，让药品以处方药的身份进入欧美国家的视野，获得欧美的准入资格是必不可少的，而申请认证的这个漫长且耗费巨大人力、物力的过程已经让很多企业望而却步。况且，受世界经济影响，欧美中药市场有所萎缩。从经济上来说，中药企业开拓国际市场尤其是占比巨大的欧美市场，除了前期投入在市场准入资格上的昂贵的注册及实验费用压力外，在市场上的销量及营收也面临着一定的风险。

（2）专利保护风险

作为我国医药的"国粹"，中药在中国有数千年的历史，所以我国在中药领域本应拥有更多的自主知识产权。但是，我国在国外申请专利的数量少之又少。据调查，在中草药国际市场上，日本和韩国占了80%～90%的份额，其原料70%～80%来自中国，而我国有4000多种中药制剂，在国际市场仅占3%～5%。在美国的中药专利申请中，日本已经占到近一半，而中国没有②。

由于专利少，我国不少药企在这一方面已经吃过亏。跨国药企诺华大张旗鼓地与我国中药研究所合作，以独特方式进军我国中药产业。其他一些跨国药企也不断利用合作、并购、兼并等方式"抢夺"我国一些有价值的古方、验方③。这与我国中药企业的专业保护意识薄弱不无关系。在国内，在中药品种保护这一行政手段的庇护下，所以企业对专利保护的要求尚不强烈，但在国际市场上并不如此。

一旦进入技术竞争激烈的国际市场，由于存在市场准入和专利冲突等特点，中药产品走出去不但要满足来自行政管理部门的规范要求，又要面临知识产权保护的压力，而一旦核心技术构成专利侵权，就会对该品种甚至整个企业的国际化注册进程造成严重打击。另一方面，中药出口类型以中药材和植物提取物原料为主，收益低，中成药市场份额偏小，造成了国产中药产品在国际市场反而不如国外中药品种的局面。专利代表行业产业的技术创新汇聚，但专利的国际申请难度远大于国内申请，高额的申请费用和维护费用也是企业望而却步的主要障碍。④

在专利申请时需注意到，海外专利的申请在各个区域，对各种药品的申请方式和

① 张伶俐.中药产品出口贸易的现状与策略研究［D］.广州：广州中医药大学，2009.

② 涂娟.从专利保护角度为我国中药产品"出海护航"［J］.商场现代化，2007（24）：27-28.

③ 涂娟.从专利保护角度为我国中药产品"出海护航"［J］.商场现代化，2007（24）：27-28.

④ 何俗非，王邈，孟凡英.天津市中药海外专利布局现状分析［J］.天津科技，2019（5）：61-66.

标准各不相同，这就需要企业熟悉海外专利申请的法律环境和地域区别。同时，中药的特殊性要求在专利申请中需有中药学与专利知识双重背景的人才介入，但目前国内相关人才处于较为缺乏的状态。这些都加大了我国中药在国际市场上专利保护的风险和难度。

2. 面临的主要困难

（1）海外准入门槛高

①技术壁垒。欧美市场准入门槛非常高，以欧盟为例，出口欧盟市场的药品需要通过欧盟的《药品生产质量管理规范》（GMP）审查，药品质量必须符合欧盟药典标准，传统植物药要遵循《欧盟传统植物药品注册程序指令》。由于中西医医学理论体系和标准本身存在较大差异，导致中药产品难以达到美国、欧盟等主流市场审查标准，中药在海外上市也因此十分艰难。

②绿色壁垒。美国、欧盟、日本、韩国等国家对进口植物制品的农药残留、重金属含量、放射线有十分严格的检测指标，如韩国《生药等残留污染物质标准和实验方法》针对 500 余种中药材及制剂制定了 3000 余条限量标准。目前我国大部分中草药种植、生产和加工仍然采用传统的生产方式，对产品质量把关不严格，使得部分中药在生产和加工环节达不到出口植物制药绿色检测标准。

③安全壁垒。中药尤其是复方制剂含有多种成分和复杂的不良反应，中药的有效性和安全性难以检测。中药的药效和毒性在大规模生产过程中可能出现增减变化，难以通过海外市场安全检测[①]。

（2）中药生产标准和国外中药准入标准不匹配

中国符合中药材生产质量管理规范（GAP）标准的种植中药材基地少，且大部分名存实亡。符合中药材生产质量管理规范的药材种植成本高，且中药材采用轮作种植方法，中药材生产质量管理规范不符合中药材种植规律。2016 年 2 月 3 日，国务院印发《关于取消 13 项国务院部门行政许可事项的决定》，规定取消中药材生产质量管理规范认证。

我国缺乏符合国际市场要求的中药材质量标准体系，部分中药材种植存在农药、化肥使用不规范，农药残留和重金属超标等问题。中药材及饮片使用传统方法加工，缺乏专业化设备，导致中药国际认可度较低。中成药产品出口的主要剂型是浓缩丸，却未能在国外成功注册为药品，只能以膳食补充剂、保健品或其他身份销售，无法进

---

① 姜振俊，张红梅，于志斌，等. 中国中药材出口面对的国际市场标准［J］. 中国现代中药，2018（2）：217-223.

入国际主流药品市场^①。

在我国同一品种中药材种植广泛，由于中国南北气候差异大，光照、水分、土壤矿物质条件不同，导致中药材质量存在差别，难以保证中药制剂的质量。

（3）海关中药出口商品编码分类松散

现行海关商品 8 位编码中，中成药海关商品编码过少，这对于我国推动中医药国际认可与中医药的国际化极为不利。中药饮片由于没有海关独立商品编码，只能以食品及植物原料的形式报关出口。中药提取物的海关商品编码过于笼统，大多数产品多年来一直只能在其他植物液汁及浸膏（13021990）和其他天然或合成再制的苷及其盐（29389090）等海关商品编码中的两个综合码报关出口。

欧盟《传统植物药注册程序指令》中规定传统药物可以在欧盟通过简易注册获得药品身份，证明材料包括：相关文献、药用使用记录以及企业单个品种的出口海关记录等。我国大量的中成药实际上以综合的海关商品编码出口，这对于我国企业申请欧盟传统药物注册极为不利，影响了我国中药产品的国际注册^②。

（4）中国药企海外信任度低

海外企业高度重视中药企业的生产技术、管理经验，但是我国中药出口贸易企业总体呈现数量少、规模小、竞争力弱的特点，国际声誉不够高。中药企业存在产业集中度不够，难以形成规模经济；中国药企存在创新能力较弱，研发水平低，中药科技水平较低的问题，导致国外企业对中国药企信任度低^③。

此外，中医药本身治疗周期长，见效缓慢，中药剂量因人而异。中医药的效用难以用欧美标准来检验，导致欧美国家及民众怀疑中药疗效导致中药信任度低^④。

（5）开拓中药国际市场的人才不足

目前中国中药企业国际化水平低，规模偏小，缺少能够带动行业发展，引导发展方向的行业龙头企业。大部分企业缺乏国际化理念和视野，国际化营销和实施经验不足，对国际医药市场需求、法律法规研究不足。同时，我国缺乏开拓中药国际市场的

① 李羽涵，罗臻.基于 SWOT 分析的甘肃中药出口贸易发展策略研究［J］.兰州文理学院学报（社会科学版），2019（2）：31-35.

② 姜振俊，张红梅，于志斌，等.中国中药材出口面对的国际市场标准［J］.中国现代中药，2018（2）：217-223.

③ 潘琪，徐琴琴，王隽."一带一路"背景下国外企业进口浙江省医药产品意愿调查分析［J］.现代商贸工业，2019（26）：45-46.

④ 李静，江珂.实现中药产业竞争优势的策略分析［J］.当代经理人，2006（17）：2.

人才，开拓中药国际市场需要一大批既懂专业技术又懂国际市场运营的复合型高级人才，也需要规范中药用语，准确翻译中药名称、术语，把中医药文献翻译成外文向世界推介的人才①。

（6）中医药面临文化壁垒

中西医药文化差异明显，中西医医学理念、诊断、治疗方法大相径庭，中医往往很难融入西方国家的主流医学。中医诊断学、治疗学比较复杂，如果对中药材机理、副作用解释不清楚，会加大西方社会对中医的怀疑。中医"整体观、系统论、辨证论治、治未病"等理念很难被西方社会直观地理解，这对我国中医药在国际社会传播和沟通造成了一定的困难，影响了中医药在西方国家的应用，制约了中药出口贸易②。

（7）中药国际市场竞争激烈

日本、韩国的"洋中药"抢占国际市场，对中国中药出口造成威胁。在海外中药市场上，中国拥有的专利权仅为 0.3%，而日韩占据了 70% 以上，尤其日本获得了《伤寒杂病论》《金匮要略方》中的 210 个古方专利；日韩占据了目前海外 80% 的中药市场销售份额，而中国出口的中药仅占 5% 左右。21 世纪以来，随着日本"精细化管理和过程化控制"的理念在汉方药领域的贯彻，使日本汉方制剂得到日本民众和国际市场的认可③。我国中药类产品具有低附加值、低技术含量等特点，在国际市场竞争激烈的情形下，很容易被他国产品取代，竞争优势不明显。

（8）贸易保护，法律法规限制

中药饮片、中成药在欧美不能作为合法药品在药房出售，譬如，奥地利禁止药房出售某药厂提供的中药复方制剂，而作为食品、营养品、食品添加剂在普通商店出售，无须国家药品管理部门的审批；英国、荷兰、比利时等国家将植物药只作为食品补充剂；西班牙等国不予承认植物药；美国把中药按照食物补充品管理，不能标示有预防和治疗作用。④

---

① 李羽涵，罗臻.基于 SWOT 分析的甘肃中药出口贸易发展策略研究［J］.兰州文理学院学报（社会科学版），2019（2）：31-35.

② 姜振俊，张红梅，于志斌，等.中国中药材出口面对的国际市场标准［J］.中国现代中药，2018（2）：217-223.

③ 李羽涵，罗臻.基于 SWOT 分析的甘肃中药出口贸易发展策略研究［J］.兰州文理学院学报（社会科学版），2019（2）：31-35.

④ 朱建平.新中国成立以来中医外传历史、途径与海外发展［J］.中医药文化，2019（3）：7-15.

（三）案例选取与研究方法

本报告选取的三家广东企业分别位于广州（广药集团，香雪制药）、佛山（一方制药）。这两个城市所代表的珠三角地区是广东对外经贸最活跃的区域。三家企业案例也具有代表性，分别代表了广州中医药企业进入全球市场，走出国门的三种可行路径。

其中，广药集团在国际市场深耕10年以上，华佗再造丸和白云山汉方，一老一新，既是中药老字号出海代表，也是创中药现代化先锋的新秀代表。华佗再造丸连续多年稳坐出口量第一的中成药宝座。白云山汉方植物抗肿瘤药获得了由欧洲药品质量管理局（EDQM）签发的欧洲药典适用性认证（CEP），成功拿到进驻欧美市场的"绿卡"。广药集团在全力打造现代中药、时尚中药的形象，为中药传承、现代化、国际化做出不少贡献。

香雪制药和一方制药算是较晚进入国际市场的后起之秀，香雪制药专攻"数字化中药"领域，作为数字化中药引领者和药典标准制定者，率先拥有国内首个通过英国药监局（MHRA）注册批准产品（香雪板蓝根颗粒）。一方制药则是中国以现代植物提取技术改革中医中药传统汤剂的先行者，1999年率先通过澳大利亚联邦药物管理局（GMP）认证。公司产品出口到美国、加拿大、澳大利亚、中国香港、新加坡、英国、瑞士、意大利等20多个国家和地区，出口额以每年50%的速度增长。并且通过了美国箭牌公司、高露洁公司等多家国际知名企业的质量体系认证，成为其健康产品的原料供应商。2016年荣获"中国中成药行业出口十强"称号。

这些企业在中药出海取得的成功经验能为后来者提供借鉴。本研究采取文献资料分析法和案例调查法相结合的方式，对三家企业的案例进行研究分析。在案例调研阶段，我们主要采取访谈和材料分析的方法对三家企业分别进行了调查。

二、中医药出海范式

（一）广药集团：立足大湾区布局中药生态矩阵

广药集团旗下拥有12家中华老字号企业，其中百年老字号就有10家，中医药底蕴深厚，早在10多年前年就提出了中药"四化"战略，即中药现代化、中药国际化、中药科普化和中药大众化。

2002年，广药集团已有多个中药产品被批准为国家二级中药保护品种，其中20

种受保护药品享有独家生产权。广药集团也对名优中成药品种进行二次开发研究，提高名优中成药产品质量标准，增加科技含量。同时，从提取开始，解决主成分定性、定量测定，加快系列标准规范实施。广药集团还利用现代化科学方法与手段，对中药生产工艺、生产装备进行开发研究，确保研制现代新型的中药剂型。

时任广药集团总经理李益民曾说："从制药环节的前工序提取技术开始把关，再从生产工艺、装备技术、包装环节等层层跟进，又有详细的数据证明药理成分科学，那么产品不愁打不开国际市场。"

广药集团也的确在产品国际化道路上有了突出的表现。2002年11月，广药集团与俄罗斯签订合作意向，准备在俄罗斯合作设厂，生产广药旗下的华佗再造丸。而在此之前，广药集团已与英国欧普曼公司签署合同，以合作形式在伦敦设立广州药业（英国）有限公司，广药集团以"广州药业"和"采芝林"的品牌在英国及欧共体国家的独家使用权出资，在英国及欧共体国家销售中药产品。除了俄罗斯和英国，广药集团还通过贸易的方式，把药品销售到了东南亚、欧洲多个国家，当时广药集团的产品在世界上已具有一定竞争力。广药集团认为，中药产品本来就是我们的"国粹"，只要建立起标准化的生产体系，在国际市场上仍有优势。

2006年，广药集团正式提出了中药"四化"战略，即中药现代化、中药国际化、中药科普化和中药大众化。

从2008年起，广药集团旗下广州白云山和记黄埔中药有限公司就连同广州医科大学呼吸疾病国家重点实验室、澳门科技大学中药质量研究国家重点实验室等科研院所，对板蓝根进行较为全面的临床循证和基础研究。2009年，双方联合美国国立卫生研究院（NIH）就白云山板蓝根颗粒抗病毒机制研究签订合作协议，白云山板蓝根成为全球首个获美国国立卫生研究院资助的中药研究项目。

广药集团名优中成药品种的二次开发也取得了不少成果。2014年，白云山中一滋肾育胎丸成为首个在辅助生殖领域开展循证医学研究的中成药。2015年，广州白云山和记黄埔中药有限公司与广东药学院等四家单位联合申报的"调肝启枢化浊法防治糖脂代谢紊乱性疾病基础与应用研究"项目荣获国家科技进步奖二等奖。

2015年年底，广药集团投资2亿元成立全国首个中医药国际化基金，用于在"十三五"期间专项支持旗下名优中药产品的境外注册、国际市场开拓和国际化合作等工作。

在国际认可度方面，广药集团的华佗再造丸已连续10多年位居全国中成药出口第一名，并进入俄罗斯等多个国家的医保。脱胎于中医药的王老吉凉茶"足迹"遍布全球五大洲，出口已达 50 多个国家和地区。被誉为"凉茶始祖"的王老吉，在 2016 年登上了世界权威科技杂志 *Nature* 自然的中国广州特刊。这篇题为《188 年王老吉：国际化和科技创新之旅》的整版文章显示，2013 年王老吉与诺贝尔奖得主穆拉德博士联手，启动王老吉凉茶国际标准研究工作；2014 年，王老吉与屠呦呦教授所在的中国中医科学院药物所联手首创将世界顶尖基因条码技术用于植物饮料原材料鉴定，创造出凉茶配方原料专属"基因身份证"。2017 年年初，王老吉又凭借参与的"中草药 DNA 条形码物种鉴定体系"项目荣获国家科学技术进步二等奖。

广药集团还将通过中医药国际化基金的投入，利用中医药立法、"一带一路"、广州打造 IAB（信息技术、人工智能、生物科技）新兴产业等政策机遇，在市场占有、渠道铺建、品牌引领和文化影响等方面，推动广药白云山的国际化、中医药的国际化。

广药集团认为，中医药发展首先要解决的是信心问题，要让全世界"了解中医药、相信中医药、选择中医药，最终受益于中医药"。因此，在中药科普化方面，广药集团先后建设了神农草堂中医药博物馆、王老吉凉茶博物馆、陈李济博物馆、采芝林中药博物馆等中医药文化科普平台。屠呦呦获得诺贝尔医学奖后，广药集团在神农草堂中医药博物馆设立了全国首个以"青蒿素"为主题的中医药展馆——"青蒿呦呦馆"，展示屠呦呦研发青蒿素的历程、葛洪的医学成就以及对岭南医学的贡献、青蒿及青蒿素知识的科普、人类与疟疾的斗争历史等内容。神农草堂中医药博物馆已经成为广东科普中医药文化的重要平台。

2017 年，广药集团在中药现代化、国际化方面取得了让人振奋的突破：属下白云山汉方现代药业有限公司成功获得了欧洲药典适用性认证。广药灵芝孢子油是该技术的代表产品。该认证由欧洲药品质量管理局签发，是全球门槛最高的药品认证之一，也是药品进入欧盟市场的通行证。这意味着广药集团相关技术水平和质量体系已达到国际领先地位。

在 2019 年 9 月召开的"2019 中国（澳门）传统医药国际合作论坛"上，广药集团与粤澳合作中医药科技产业园合作签约，正式进驻产业园，双方拟合作加速中医药产业国际化布局与发展。该论坛以"共享传统医药成果，深化国际交流合作"为主题，重点展现以粤澳合作中医药科技产业园为载体、推动澳门中医药产业发展的重要成果，并进一步推动更宽领域、更高水平的融合发展。

2020 年 1 月 3 日，广药集团在澳门成立澳门总部，定位为广药国际化业务的对外窗口，着力构建包括医药产品研发、先进制造、商贸流通、文化体验与健康养生的医疗健康产业完整生态，打造具有全球影响力和国际竞争力的医药科技、文化和产业高地，致力打造引领粤港澳、辐射东南亚和葡语系国家，打造具有国际竞争力的医药产业新增长极，加快广药集团国际化布局。

2020年新冠肺炎疫情肆虐全球，中医药在抗疫防控中发挥了积极作用，其中也包括广药集团的身影。在国家及各省新冠诊疗方案、防控物资参考清单的药品中，广药集团的产品有18个。随着疫情在全球蔓延，"粤造中药"迅速驰援海外。为了满足国外对中医药产品的激增需求，广药集团紧急定制了海外包装的白云山板蓝根以加大产品的出口供应。

中药影响力遍及国际"朋友圈"，板蓝根、金银花等中药在一些国家甚至出现了脱销。广药紧抓风口加速中医药现代化，推动中医药走出国门。广药集团董事长李楚源介绍，根据规划，广药集团澳门国际总部将在"一国两制""一企两地""一品两卖"的思路下促进产业联盟的形成："一国两制"是指充分发挥"两制"的优势让广药集团加速"走出去"的步伐；"一企两地"是指广药集团的基地在广东广州，国际总部在澳门，从而充分发挥两地的资源优势；"一品两卖"是指更大地面向国内市场和国际市场。

（二）香雪制药：中药数字化变革，为中药配上"指纹"

作为广州生物医药领域的龙头企业，广州市香雪制药股份有限公司（以下简称"香雪制药"）已在广东、北京、山西、四川、重庆、安徽、云南、宁夏等地成立60多家子公司，大规模符合药品生产质量管理规范的生产基地、良好农业规范药材种植基地相继而起，构筑成一条集中药资源开发、新药研发创制、中药先进制造、现代物流配送的完整产业链。

1958年，香雪制药前身——萝岗制药厂成立。1997年，萝岗制药厂改制成立广州市香雪制药股份有限公司。2003年，正值"非典"时期，香雪制药的抗病毒口服液供不应求。2008年，"香雪"商标入选中国驰名商标。2010年，香雪制药在深交所创业板挂牌上市，成为一家集中成药制药、生物医学工程为一体的医药综合企业。

香雪制药并不仅仅满足于得到国内市场的认可，带着中医药走出国门是它更大的目标。

香雪制药董事长王永辉在接受媒体采访时表示，他第一次带着香雪抗病毒口服液到美国时，就遇到了困难。西药配方需精确到每种化学成分的分子式，每批次产品的质和量都要保持一致；而中药则由多味草药熬制而成，成分复杂，很难一一离析检测，即便药效再好，也难受国际认可。这次的碰壁，让王永辉决心开启现代化、标准化、数字化的中药革新之路。

现代中药指纹图谱质量控制技术，是香雪制药数字化进程中的一个亮点。该技术利用先进仪器，为各中药产品量身打造图形波谱。不同药材形成特殊的波形组合，含量多少则决定波峰高低，只要像比对指纹一样按图索骥，就能一一辨别中药产品中的主要成分和具体含量，通过比较不同批次产品的图谱相似度，即可保证药品质与量的一致性。这套新技术终在 2003 年通过国家成果鉴定，写入《中国药典》（2010 年版）第一增补本。

此后，香雪制药将数字化技术进一步拓展到药材溯源、生产流通、质量控制、临床评价等多个环节。不仅对旗下种植面积超 2 万亩符合中药材生产质量管理规范的药材种植基地实行精准管理，严格控制药材产地、重金属、农药残留等 20 多项指标，保证 1200 多种中药饮片不含有害物质，还不断优化生产工艺、提高质量标准，增加了 100 多个检测项目和指标。

同时，香雪制药还是全国首个完成万例中成药上市后安全性研究和感冒类中成药双盲安慰剂对照临床研究的企业，率先引入中药临床循证医学评价方法，通过大样本、多中心、大规模临床数据评价体系量化药效，并对药品安全性、临床有效性、不良反应等跟踪研究，用科学数据说话。

2007 年，香雪剑桥中药国际研究中心在英国成立，这是中国药企首次在欧洲设立科研机构，也是我国首家海外中药研发单位。2017 年，该中心提交的板蓝根颗粒注册申请，获得英国药品和健康产品管理局批准，成为首家按照欧盟指令要求申报中成药的中国药企，也是首款在英国获得销售许可的感冒中成药。

目前，香雪制药与多家国际知名药企强强联手，收获颇丰。如与英国合作研发的植物药，获得英国药监局药品注册。而与美国合作的国内首个小核酸新药 STP705 和脑胶质瘤新药 KX02，也均已获得中美两国临床批件。此外，香雪制药还探及抗癌领域，其开展的新一代基因抗肿瘤新药和 T 细胞受体基因治疗项目，均是全球抗癌研究的前沿领域。

新冠肺炎疫情期间，香雪制药接到的抗疫药品海外订单大量增长。王永辉介绍，公司每年的出口量大概是几个货柜，近期受疫情影响，抗病毒产品出口额增长了 10 倍。香雪制药市场部负责人黄锐表示，运送到美国销售的抗疫产品包括抗病毒口服液、橘红痰咳液等。

借此契机，香雪制药加快"出海"布局。2020 年 4 月 1 日，香雪制药在肇庆市投资建设的颗粒生产基地正式开工。

香雪制药迅速组建了一支外贸团队，专门处理相关事宜。针对美国、欧洲等部分国家和地区对中药进口的相关规定，香雪制药的科研团队迅速进行技术攻关，研发"粤抗1号"颗粒剂生产工艺。"粤抗1号"凉茶由液体改变成固体颗粒剂出口，这样既便于出口运输，又符合海外国家的相关标准。香雪制药正在把扩张海外市场作为2020年以及未来发展的新增长点。

（三）一方制药：推广更易服用的中药配方颗粒

谈起中药，人们很容易想到各种药材和煎煮用的药煲。传统中药汤剂是中医临床最重要、最有效的用药方式，然而其煎煮麻烦、携带不便、量大难喝、质量难控等问题是中医药出海的一道坎。

如何将中药的使用变得更加符合现代生活是一个亟待解决的问题。20世纪90年代，广东一方制药有限公司（以下简称"一方制药"）根据国家中医药管理局中药饮片剂型改革的要求，在国内率先开展中药配方颗粒的研究与开发工作。

中药配方颗粒是在中医药理论指导下，以符合炮制规范的中药饮片作为原料，经水提取、浓缩、干燥、制粒等现代制药生产技术制成，其性味归经、主治功效均与中药饮片一致。作为中药饮片的补充形式，中药配方颗粒具有安全、有效、方便、稳定可控等优点，用其配药，不需煎煮，只需冲泡就能服用。

一方制药隶属于国药集团中国中药控股有限公司，1992年由广东省中医药工程技术研究院创办。1993年11月，国家中医药管理局医政司确定一方制药为"剂型改革生产基地"。1994年3月，国家中医药管理局科技司确定一方制药为"单味中药饮片浓缩颗粒研究开发试点单位"。一方制药1995年进入国内市场，1996年进入海外市场。2001年11月，国家食品药品监督管理总局确定一方制药为第一批"中药配方颗粒试点生产企业"。

一方制药依托研究院和广东省第二中医院的强大科研和临床支持，研究生产了700余味产品，建立了中药配方颗粒特征图谱质量控制标准，开展了中药谱效学研究、等量性与等效性研究等科研工作，与研究院共同承担完成省、部级科研课题近40项。目前拥有十一大生产基地，100多个常用品种的药材基地。

一方制药于1999年通过澳大利亚治疗用品管理局（TGA）的药品生产质量管理规范认证，2001年研制出中药配方颗粒智能调配系统，2011年荣获"国家科学技术进步二等奖"，2017年通过中国合格评定国家认可委员会（CNAS）实验室认证，

2018 年被认定为国家企业技术中心。

目前，一方制药的产品已经出口到欧洲、北美洲、澳大利亚、东南亚等 30 多个国家和地区。并在 2016 年荣获 "年度中国中成药行业会员企业出口十强"。2018 年一方制药在俄罗斯完成了 300 多个配方颗粒的产品注册。

在抗击新冠肺炎期间，一方制药在 "广东中医药支援全球抗疫公益行动" 向全球疫情较严重的 13 个国家捐赠了防疫物资，同时还向匈牙利、津巴布韦等国家进行了捐赠。不用煎煮、便于携带、方便服用的中药配方颗粒，在海外产生了积极广泛的影响，尤其是 "肺炎 1 号" 方，受到了极大的关注度。

一方制药海外负责人张斌表示，一方制药负责生产的 "肺炎 1 号方"（正式名为 "透解祛瘟颗粒"）在抗击新冠肺炎疫情期间增加了海外订单，2020 年 3 月初已有近 3000 剂 "肺炎 1 号方" 发往美国洛杉矶。另外加拿大当地代理商也发来需求，还有不少海外华人华侨通过熟人找到公司来购买。此外，在此次抗击新冠肺炎疫情中，作为预防和治疗用药多次出现的金银花、白术、黄芩、广藿香等 10 多味中药材，海外的需求也大为增加。

谈及一方制药在中医药出海过程中的经验和创新，张斌归纳出了以下四点。

第一，一方制药自 1996 年进入海外市场以来，就采用发达国家的各项检测标准，如农药残留、重金属、二氧化硫限量等。在初期，这种高标准的执行对企业造成了较大的困扰，但随着企业的发展和业务量的增加，企业的高品质产品得到了海外客户的好评，无论是在客户的 "审厂"，还是在后续的合作中，一方制药稳定可靠的品质均赢得了客户的信任。

第二，一方制药积极通过如澳大利亚治疗用品管理局认证，清真国家认证，ISO 体系认证等，为产品走向国际化提供了保障。同时还与荷兰莱顿大学、澳门科技大学、香港科技大学等知名院校进行标准研究和合作。

第三，一方制药还积极参与国际标准的制定，从顶层设计上拥有话语权。如 2016 年 4 月，一方制药参与起草制定的国家标准《中药编码规则及编码》（GB/T31774-2015），成功升级为国际标准。

第四，一方制药还积极开展与日本津村等跨国集团的合作，提升产品各项指标。

未来，一方制药将逐步扩大药品注册的国家和地区，并加大与海外知名科研机构、跨国企业的技术合作，紧随国家发展战略。"一方制药希望能借助'一带一路'倡议，进一步开拓沿线国家和地区的市场。" 张斌说。

三、中医药出海的趋势和启示

（一）大势所趋：中医药有必要、有需要出海

中医药是中国的，也是世界的。让中医药走向世界，是习近平总书记在广东考察时提出的振奋人心的号召。让中医药走向世界，目的是让中医药优质的健康医疗服务惠及世界、造福人类。

1. 中医药应该为人类健康做出贡献

随着人们健康观念的更新，中医药天人合一、未病先防的健康理念正越来越多地被人接受。相对于西方医学的"头痛医头、脚痛医脚"，中医更重视整体，强调生理和心理的协同关系，同时突出"治未病"。

新冠肺炎疫情全球肆虐，中医药更显"神威"。自疫情发生以来，在尚未有特效西药和疫苗的情况下，中医药凭借历史上对付瘟疫的扶正祛邪治则和辨证论治方法，参与防控救治全过程，发挥了重要作用。

国家中医药管理局公布的数据显示，截至 2020 年 4 月，在中国新冠肺炎确诊病例中，有 74187 人使用了中医药，占 91.5%，其中湖北省有 61449 人使用了中医药，占 90.6%。临床疗效观察显示，中医药总有效率 90% 以上。

因此，中医药走向世界是必然的趋势，这不仅是弘扬中华民族传统中医药文化、让中医药走向世界的需要，也是我国承担大国责任、为全人类的健康做出贡献、构建人类命运共同体的需要。

2. 世界需要中医药

近年来，作为世界民众眼中的"神秘力量"，中医药也频频成为话题焦点。"青蒿素"的发明，拯救了全球数百万人的生命，还摘获了诺贝尔医学奖。里约奥运会上，菲尔普斯身上的火罐烙印，也在全球掀起中医热潮。

目前，中医药传播遍及全球 183 个国家和地区，海外建立的中医药中心已有 10 个，中医药事业已成为中国与世界各国开展人文交流、促进东西方文明互鉴的重要内容。世界卫生组织统计数据显示，截至 2020 年 4 月，103 个会员国认可使用针灸，其中 29 个设立了传统医学的法律法规，18 个将针灸纳入医疗保险体系。

新冠肺炎疫情中我国中西医结合的抗疫经验也被海外不少国家推崇，中医药在对抗击新冠肺炎当中发挥的重要作用也愈来愈受到海外的认可。在海外社交媒体上，多国网友纷纷表达了对中医药的期待与信任。美国、意大利、荷兰、英国、匈牙利等多

国中医药诊所的问诊人数大增，诊所的中药饮片和配方颗粒更是销量翻番。

3. 中医药出海任重道远

虽然中医医学理念和医疗方式更符合现代人的需求，但因为医理和制作方式的不同，国外社会对中医药的接受人群增幅较缓，其市场潜力也一直未能完全释放。

目前，在英国、法国等欧美国家，虽然开设了一批中医药诊所，但仍以针灸、推拿、按摩理疗为主，中药销售量较少，且多局限于华裔人群使用。中医药要进入国外医疗主流体系，还有很长的一段路要走。

中医药出海遇阻，与国外现行医疗管理和标准体系不无关系，但"打铁还需自身硬"，中医药要成功实现国际化，还需中医药行业本身的努力，来迈过产业升级、建立中医药的国际标准等重重关卡。

（二）共同启示：中医药要"国际化"，亟须规模化、标准化、现代化和规范化

近年来，在国家有关部门的大力支持下，中医药作为一张国家"名片"，正加速推广至海外。但中医药要成功实现国际化，还需"内外兼修"，努力迈过多道"坎儿"。

1. 产业升级，打造绿色、安全中药产品

目前，中药材从传统医疗服务需求扩展到健康服务的商业需求，这对其质量、品质和安全性要求更高，需要对中药材全产业链进行统筹规划，加强对中药材种植、采收、加工、生产、流通等环节的供给侧结构性改革。

另外，我国中成药由于成分复杂，很难用仪器检测出所有有效成分，难以符合欧美国家的进口要求，而且中药的使用在欧洲有很多的法律限制。例如，欧盟对重金属、农药残留等监控严格，而中国生产的一些中药的农药、化学残留高于欧盟标准。

再者，中药材市场人工种植和替代品泛滥，不乏"劣币驱逐良币"的现象，卖相好、价格低的"劣药"不断挤占质量好、药效好的道地药材市场空间。

这种不良现象也引起相关部门和人士的注意。如全国政协委员、祈福集团副董事长孟丽红在2020年两会的相关提案中建议，在"三区三州"成立道地中药产业特区，打造种植、加工、销售的产业链，并以"三区三州"为模板，逐步建立中医药临床的统一标准和体系。

三区三州的"三区"指西藏自治区和青海、四川、甘肃、云南四省藏区及新疆南疆的和田地区、阿克苏地区、喀什地区、克孜勒苏柯尔克孜自治州四地区，"三州"则指四川凉山州、云南怒江州、甘肃临夏州。

三区三州是很多道地中药材的产地。在孟丽红看来，在三区三州成立道地中药产业特区可保证中药质量，又有助于中医药的现代化和国际化。

2. 建立一套中医药的国际标准

中国工程院院士、中国中医科学院院长张伯礼认为，创新不足、低水平重复等问题是阻碍中药国际化进程的主因，需尽早建立一个科学的、能够与国际标准接轨的中医药标准。

目前，中药标准国际化过程中存在着行业内标准化意识不强、认识不一致、标准适用性不强、推广运行机制不健全、基础条件薄弱、缺乏标准化专业人才等问题，这些都难以满足医疗、科研、教育发展和对外交流合作的需要。

另外，和西药不同，中药多属复方，组成复杂，作用机理常常是几味药品协同作用的结果，其具体的有效成分和作用机制并不明确、可控性较差，这是难以有验证中药的具体标准的原因，也是中药难以通过外国药品审批的原因所在。正因如此，中药并不适应于西方的现代新药研发评审系统，很难以药品的身份获得进入该国或地区医院的通行证。

鼎臣医药管理咨询中心创始人史立臣认为，很多西方国家不承认中药是药品，认为中药缺乏统一科学的标准，而将中成药、中药饮片归为膳食补充剂或健康食品。国外认可的是临床数据，解决出海困境关键在于从源头解决安全性、有效性。

在业内人士看来，困难的关键之一就在于中医药缺乏能让西方国家认可的统一科学标准。因为中医药体系和西医理论体系差异较大，中医药在西方主流医药市场一直未能被接受。甚至中成药走出国门后，也只能摆在保健品或者食品添加剂的货架上，无法获得药品身份。

有业内人士称，"就像我国有具体的药品进入制度和规定一样，海外各个国家也是如此，但由于各国标准不尽相同，且中医药理论科学实验较难，很难通过他国的认定。例如，2018年广受美国民众欢迎的川贝枇杷膏，在美国也并未获得相关药品批文。"

广东省中医院副院长卢传坚表示，制定中医药技术标准规范，包括常见病的诊疗指南及常用技术操作规范，掌握中医药话语权，这是中医药走向国际的安全保障。

卢传坚还建议，在制定标准过程中，可进一步动员吸引相关的中医药企业以及中医从业人员加入，从而使得所发布的中医药国际标准更能服务于行业、产业利益相关方的实际需要。

3. 在海外加强中医药教育

中医药出海遇到的困难，与中医药体系和西医理论体系差异较大息息相关。因此，除了加强和保障中药安全、建立中医药的国际标准外，加强海外的中医药教育、强化世界各国对中医药的认识和了解相当重要。

第一，要继续重视国际化中医药标准化人才的培育。卢传坚指出："只有加大国际标准化人才的培养，才能有效应对传统医药国际标准化的严峻形势，掌握国际标准制定的主导权。"

第二，中医药国际化，人才培养是关键。要建立健全中医药健康服务产业综合的全方位多层次科学的人才培养体系。加快完善中医药健康服务人才培养政策。建立健全院校教育、网络教育、继续教育、国际教育、师承教育和终身教育等贯穿始终的人才培养体系。从提升发展空间、薪酬回馈等方面入手，吸引校地合作、校企合作、产学研协同创新等多种培养形式。吸收社会各种层次办学资源，创建中医药健康旅游服务人才培训与管理机构，加快现阶段发展急需人才和专业复合高端型人才培养。推进中医药健康服务教育产业的合理有序快速发展。

第三，优化中医继续教育课程设置。以针灸为例，目前美国针灸教育的种类包括中医学院教育、西医医学院的中医教育、西医师的中医继续教育、美国国立卫生研究院补充替代医学博士后项目四种形式。参加针灸执照考试者，必须先在正规中医针灸学院接受针灸教育，完成学业并获得毕业证书。但对于已取得西医执照的美国医师，则无须参加统一考试，只需学习200至300小时的指定针灸课程，即可获得针灸执业许可。

广州中医药大学博士曾钦表示，这些经过短期针灸培训的西医师给病人开展不规范治疗的话，会损害中医在泰国的口碑。泰国中医师总会会长、泰国卫生部中医管理委员会委员林丹乾认为，通过推动延长培训周期、邀请中国专家授课、优化课程设置等方式，促使受训西医师进行较为系统的中医理论与临床学习，而非简单掌握用针技巧。

广东省英文对外传播调研

——以中央、省、市三级媒体为例

邓含能　龚春辉　向秀芳　刘　帅　孙艺芳　傅　瑶　张成晨①

一、前言

（一）广东加强对外传播的紧迫性

2016年2月19日，习近平总书记在北京主持召开党的新闻舆论工作座谈会并发表重要讲话，他在讲话中提出了新的时代条件下党的新闻舆论工作的48字职责和使命，其中一条是"联接中外、沟通世界"，同时，他还强调，要加强国际传播能力建设，增强国际话语权，集中讲好中国故事，同时优化战略布局，着力打造具有较强国际影响的外宣旗舰媒体。总书记的讲话为新时期对外传播工作指明了方向。

作为中国第一经济大省，在全球把新时期的广东形象、广东人形象、广东文化形象、营商环境等进行现代化的传播，是很有必要的。研究显示，无论是比较国际上的一线大城市还是比较国内的其他一线城市，广东省内大城市的国际影响力仍然偏弱，广东的国际传播能力建设仍然大有可为。与国际上的三个大都市——纽约、巴黎、东京相比，广州、深圳的国际影响力远低于平均水平。与国内两个国际化大都市——北

---

① 邓含能，女，英文《深圳日报》新媒体部主任；龚春辉，男，《南方日报》记者；向秀芳，女，《21世纪经济报道》记者；刘帅，男，广东外语外贸大学新闻与传播学院硕士研究生；孙艺芳，女，广东外语外贸大学新闻与传播学院硕士研究生；傅瑶，女，广东外语外贸大学新闻与传播学院硕士研究生；张成晨，女，广东外语外贸大学新闻与传播学院硕士研究生。

京、上海对比，广东省的两个一线城市（广州、深圳）国际影响力也较弱。

广东相比北京和上海国际影响力偏弱，有其历史原因。北京有身为首都的政治地位，而上海一直是跨国公司设立中国总部甚至亚太地区总部的首选。据《解放日报》的报道，2020 年 1 至 4 月，上海实际利用外资 64.62 亿美元，同比增长 4.1%；新增跨国公司地区总部 15 家、研发中心 7 家，累计分别达到 735 家和 468 家——上海继续成为内地吸引跨国公司地区总部和外资研发中心数量最多的城市。

广东省的广州和深圳属于我国总部经济发展能力第一能级的城市，在吸引跨国公司设立地区总部方面取得了一定的成绩，但总体上与北京、上海仍然存在较大差距。相比之下，广东的企业以民营企业、中小企业居多，国际知名度较低。

就国际媒体聚集度而言，北京作为首都，国际媒体聚集度最高；上海作为跨国公司总部聚集地，也吸引了不少国际媒体聚集。相比之下，广东省的国际媒体聚集度最低。因此，提升国际影响力，塑造与经济地位相称的广东国际形象，是非常有必要的。

（二）对外传播面临的几个问题

1. 人才的匮乏

进行国际传播，需要有大量精通英语、善于传播，特别是善于用新媒体传播的人才。人是传播活动的主体，贯穿着整个传播的每个环节，因此对人才的培养不能忽视。我们的对外传播人才不仅要有良好的外语水平，还要有扎实的新闻传播功底。不可否认的是，对外传播是个比较难盈利的领域。国内不少英文媒体的资金来源主要来自传统媒体母公司的补贴，在传统媒体式微的今天，其薪资水平很难吸引到高水平的人才。

2. "宣传"观念的桎梏

长久以来，"以正面报道为主"是国内新闻报道的主旋律，因为负面报道可能会诱发一些不稳定的因素，而正面的报道可以凝聚人心、激励公众，有利于国家的团结和稳定。然而一直以来，这一观念在很大程度上被片面地理解为"报喜不报忧""家丑不可外扬"。在过去相当长的一段时间内，这种片面的传播观念也不可避免地对我国的对外传播工作产生了影响。

宣传味太浓、主观倾向明显是我国对外传播中亟待解决的一个问题。根据拉斯韦尔（Harold Dwight Lasswell）在《世界大战中的宣传技巧》中的定义，宣传（Propaganda）指的是以消息、谣言、报道、图片和其他种种社会传播方式来控制意见的做法。而传播（Communication）更多指的是信息流动的过程。在这里，传播作为信息交流或分享的过程，从字面上看来没有功利性目的。它不会给传播主体带来现实的利益。所以，从这个意义上来说，传播行为往往比宣传行为具有更大的公信力和说服力。官方媒体的对外传播实际肩负着对外新闻报道与舆论引导的责任，而目前诸多官方媒体的对外传播实际存在传播观念滞后的问题，不考虑受众的差异，导致内容死板，传播效果较差。

3. 复杂的国际政治环境

国际传播"西强我弱"的格局并未因中国近年来加大对国际传播工作的投入而发生根本转变。当前国际传播领域仍然由西方主导，很强的时效性和相对较高的新闻专业素养使其成为全球主要信息源。基于互联网技术发展起来的社交媒体所带来的媒体领域技术与传播规制的巨变一直都在上演。诚然，社交媒体时代极大地降低了信息跨国传播的成本，提供了精准传播的效率，但是在社交媒体时代，西方控制信息流动、加强信息甄别和筛选的成本也随之降低。

随着世界局势特别是中美关系的变化，当前中国的对外传播正面临日益严峻的挑战。如2019年，社交媒体推特和脸书就以"散播关于香港示威的虚假信息"为由，封锁了大量中国账号。推特发文宣布，停用了936个来自中国境内的账号，因他们为了"损害"及"破坏"香港"抗议运动"的合理性，而"散布假信息"。而脸书也移除了7个页面、3个群组和5个账号，原因同样是"涉及散播关于香港的假新闻"。

（三）调研的对象与方法

对外传播有广义和狭义之分。广义的对外传播是一个国家对外交流的有机组成部分，包括国际广播、卫星电视、网络传播、对外书刊出版、文化艺术交流、体育交流、学术交流、国际旅游、人民友好团体及活动、海外华人及华侨团体的联系及活动、通过国际组织和非政府组织以及民间团体所进行的联系及活动、宗教界的联系及活动、在国外举办的大型综合性活动、个人演讲与访谈等。狭义的对外传播指大众传媒的对外传播活动。在媒体功能日益多元化的今天，媒体除了进行传统的报道工作之外，也承担活动举办等功能。因此，本文所探讨的对外传播活动，包括媒体所进行的报道活动，以及媒体作为社会组织通过活动、论坛等的举办所进行的国际传播活动。

本文中的"对外传播"主要指针对讲英语人群的传播。作为世界第一大语言，英语对于"讲好中国故事"的重要性毋庸置疑。英语不仅是最多国家使用的官方语言，也是世界上使用最广泛的第二语言，还是最多国际组织和英联邦国家的官方语言之一。

本报告选取的三家传播机构涵盖国家级、省级、市级三级媒体，即《中国日报》、南方报业集团旗下英文网站南方英文网（Newsgd.com），以及深圳的英文报纸《深圳日报》。这三家媒体机构都为广东的国际传播做出了贡献，可以说大部分广东的国际传播稿件都由这三家机构创作。这三家传媒机构的工作方式、经验具有一定的代表性，对我省未来的国际传播工作有一定借鉴意义。本研究采取的是案例调查的方式，我们主要采取访谈和材料分析的方法对这三家传媒机构讲述的"广东故事"进行了调查。

二、看 3 家机构如何讲述"广东故事"

（一）南方英文网

作为中国的经济大省、外贸大省、开放大省、口岸大省、华侨大省，加上毗邻港澳，广东国际人员往来频繁，在粤常住的外籍人员众多，跨境人员流动十分频繁。2019 年，从广东口岸入境的外国人达 760 多万人次，出境的外国人达 736 万多人次。截至 2020 年 4 月 11 日，广东全省共有常住外籍人士 11.7 万人，其中亚洲 6.08 万人，美洲 2.89 万人，欧洲 1.57 万人，非洲 6700 多人，大洋洲 4700 多人。履行"联接中外、沟通世界"的职责使命，广东主流传媒集团既有这样的能级，也应有这样的抱负和担当。

1. 平台搭建

南方英文网（Newsgd.com）是南方报业传媒集团、南方新闻网承办的全英文门户网站，于 2003 年 10 月正式开通上线，承担着拉近广东与世界之间距离的使命。经历近 20 年的发展，3 次重大改版，南方英文网现已拥有一网、一刊、两微以及三个海外媒体客户端组成的多个移动互联网传播平台。

南方英文网为世界各国用户动态播报广东时政、经济、社会热点新闻，也为来粤投资、学习、旅游、工作、生活的各界人士提供全面的生活信息服务。目前，南方英文网日均流量在 20 万左右。2016 年以来，从登录的 IP 地址看，共有来自 180 多个国家和地区的读者浏览过南方英文网。如今，南方英文网已经成为中国十大英文新闻网站之一和世界了解广东的重要窗口。

根据数据显示，南方英文网的海外读者主要来自美国、欧盟、加拿大以及新加坡。在广东本地，南方英文网已覆盖全部驻粤外国领馆（截至 2020 年 8 月，外国驻广州总领馆共 66 家），大部分外国驻粤商会，近百家在粤的全球顶尖跨国公司的高管和公关，数十家世界主流媒体以及数千名关注广东的专家、学者和政府官员。

近年来，随着广东进一步加深国际交流合作，南方英文网持续拓展和海内外新媒体平台以及国际媒体的合作。2016 年 12 月，南方英文网在广东的友好省比利时林堡省的官方网站上开通了介绍广东的专属网页。此外，南方英文网在微信和境外社交软件脸书、推特、油管、照片墙上开设了名为"GD Today"（今日广东）的账号并定期更新。

2. 人才培养

南方英文网拥有一支既了解广东省情又懂国际传播技巧，既熟练掌握外语又兼具采编技能的专业团队。采编人员 80% 以上拥有硕士以上学位或者海外留学经历，还与两名外籍编辑（负责稿件校对、节目主持等工作）建立了合作关系，并组建了外国专家队伍。

3. 内容选取

目前，南方英文网分成新闻、文化旅游以及生活版块。其中，新闻版块报道广东热点新闻资讯，向外国主流受众，特别是在粤外国人提供最鲜活的广东动态。文化旅游版块通过推荐广东的风景名胜和主题线路游，向全世界展现婀娜多姿的岭南风景、丰富多彩的岭南文化。生活版块向外国人提供包括签证、语言学习、粤菜烹饪等实用、接地气的生活指南，为外国人在广东学习、经商、创业和居住提供便利。

在媒体融合的背景下，南方英文网锐意创新，不仅通过文字传达各种资讯，更通过微视频、H5、手机小游戏等不同的产品来传播广东的最新资讯以及传统中国文化，作品多次获得广东新闻奖国际传播类奖项等荣誉。其中，《嚟广东过個"猴赛雷"嘅春节》专题获中央网信办颁发的网络优秀专题页面奖；《广东通讯电子周刊》精准推送外籍精英读者，相关经验被中宣部肯定推广。南方英文网《东游记工作室》是南方报业传媒集团"南方名记"项目，节目以外国人的视角感受新广东，项目出品的《在粤外国人玩转中国"新四大发明"》系列微视频全网点击超 1000 万。

系列新春拜年视频是南方英文网春节全媒体专题的拳头产品，被各外国驻穗领馆广泛转发，在腾讯视频、秒拍、脸书、油管等国内外社交平台播出，覆盖 200 多个国家和地区的 800 多万海外观众，总播放量 8000 多万。另外，通过南方报业传媒集团户外数字化平台"南方全线通"，南方英文网出品的系列新春拜年视频覆盖广州 20 多个商场和 1000 万人流。

比如，2019 年春节前夕，南方英文网邀请广东省省长和来自五大洲 20 国驻广州总领事录制《广东向世界问好》短视频，用各国语言向世界人民送上新春祝福，生动、直观地表现了新时代广东朝气蓬勃的新发展、喜气洋洋的新气象。同时，南方英文网在《广东向世界问好》短视频的基础上，制作《世界送福，福聚广东》短视频，借用外国驻广州总领事的发言邀请世界关注粤港澳大湾区建设，了解广东持续对外开放的决心与成就，以及在中华人民共和国成立 70 周年之际与世界各国一道构建"人类命运共同体"的愿景和信心。此外，在春节到来之际，南方英文网还通过《接财神红包，赢"洋洋"大礼》H5 小游戏、与南方日报专刊部合作的《过年怎么玩？金牌导游带你打卡年轻人最爱的广东"网红"地》5 集系列短视频，充分调动广大中外网民对春节的参与度，把喜庆中国年的氛围传递到网上网下、境内境外，精准有效地推动春节文化"走出去"。

下一步，南方英文网还计划在春节宣传的基础上推陈出新，继续围绕元宵、清明、端午、七夕、中秋等中国传统节日做好宣传，为扩大对外文化交流、推动中华文化的国际影响力、服务于"构建新型国际关系，推动构建人类命运共同体"做出努力。

4. 涉外活动举办

每年定期、不定期举办各类涉外活动，是南方英文网扩大新闻产品覆盖面、提升品牌影响力的重要措施。2019 年，为营造庆祝中华人民共和国成立 70 周年的热烈氛围，抓住海内外各界人士高度关注中国的国际传播契机对外"讲好中国故事"，南方英文网以全球各地外国人在广东工作、学习、生活的真实故事为内容，推出"China Do Re Mi（中文名：中国音阶）"融媒体策划，展现中国 70 年发展成就，重点呈现改革开放特别是中国特色社会主义进入新时代以来广东省在深度参与"一带一路"建设、举全省之力推动粤港澳大湾区建设所取得的一系列辉煌成就，在海内外取得热烈反响。

在采访人物选取上，南方英文网精心构思，以初心、创新、匠心为"China Do Re Mi"融媒体策划的主线，以每 10 岁为年龄段采访了 10 至 70 岁的 7 位外国人，以年龄从小到大的顺序排列成上行的"中国音阶"。其中，以在深圳北理莫斯科大学首届俄罗斯留学生尼基塔的故事反映广东深度参与"一带一路"建设所取得的成果；以在中新广州知识城创立生物医药高科技公司的美籍华人萧亨利反映粤港澳大湾区对创新创业的巨大促进作用和对世界人才的巨大吸引力；以年过六旬依然在珠江钢琴生产一线坚守，并为国产中高档钢琴取得重大突破的瑞士匠人史蒂芬·莫勒的故事反映"工匠精神"和中国进一步发展的活力。

在视频摄制上,南方英文网"巧借外嘴"传播新思想。例如,来自法国的欧美著名蒙氏早期教育专家莱蒂西亚在视频中表示十分赞同习近平总书记"系好人生第一粒扣子"的理念并自觉运用到日常教学中,来自俄罗斯的尼基塔引用习近平总书记在写给莫斯科大学中国留学生回信中的"青年一代有理想、有本领、有担当,国家就有前途,民族就有希望"来阐述自己来到深圳的初心与梦想。"China Do Re Mi"融媒体策划在英文网首发后获得了海内外的热烈反响,获《人民日报》英文版客户端转载、广东省委网信办全网推送;被美国广播公司第 7 频道、美国 CNBC(美国消费者新闻与商业频道)第 21 频道、日本每日新闻、法新社日本等 223 家媒体转载,潜在覆盖 1.2亿读者,测算全网点击浏览量超过 5000 万。

另外,借助南方报业传媒集团媒体深度融合发展的"东风",南方英文网还与南方日报、南方新闻网、"南方+"客户端、南方都市报进行紧密联动,重点从旅游文化方面营造国庆浓厚喜庆氛围,带动全球更多的受众认识广东、发现广东、走进广东。

一是借文化名片推动岭南文化"走出去"。推出《一桌佳肴贺国庆》短视频,邀请广州米其林星级餐厅名厨、西餐外国名厨用一道菜为中华人民共和国成立 70 周年送上贺礼,通过广东"越擦越亮"的"风味之乡"美食文化名片引起西方主流受众"围观",带动他们走进广东文化。

南方英文网与南方新闻网新闻中心、产经新闻中心联动,组建"非遗传播工作室",在中秋节前后采访广东省级非遗项目——百年饼店第四代传承人严韵键,以外国留学生体验百年非遗技艺的视角,通过镜头展现出一家三代的"喜饼情节",点缀"团圆"的意境。在 2019 年国庆前一周,南方新闻网非遗工作室来到国家级非物质文化遗产名录项目广绣的传承世家,专访广绣项目代表性传承人梁秀玲及其子女,讲述了他们家族传承广绣的坚持和努力,以及共同创作作品"千里江山图"献礼国庆的故事。以外国留学生体验广绣"工匠精神"的角度对外传播岭南文化。

二是全景展示大美广东、壮丽广东。2019 年 9 月 29 日,"港珠澳大桥网上展览馆"正式上线,南方英文网及时编译南方新闻网的原创稿件进行宣示,同时在网站首页以大图重点展示推送。该稿件被广东省网信办在省内全网推送,并通过广东省内各大英文网站及其海外社交媒体平台在海外推广,展现了壮丽广东的"伟大工程"。

另外,2019 年 9 月至 10 月,南方英文网与南方日报、"南方+"客户端、南方都市报紧密联动,在脸书上发布《70 秒云上瞰广东》系列短视频和《云端之上 锦绣南粤》短视频，全景展示广东省 21 地市的壮美河山，向海外展示大美广东。系列视频在脸书上点赞量突破 1.5 万 / 条，转赞量达到 200 次 / 条，取得良好的传播效果。

尤其值得一提的是，南方英文网还积极开展媒体合作，推动岭南文化"走出去"。2019 年 6 月 6 日至 14 日，南方报业传媒集团与新加坡报业控股华文媒体集团合作举办"中国（广东）——新加坡新闻文化交流周"活动，并积极配合"魅力中国·广东文化周"活动，做好宣传报道，相关新闻产品总点击量达到 4500 万。

"魅力中国·广东文化周"开展了《习近平谈治国理政》第二卷（韩文版、日文版）图书展、中韩友好交流故事会、中日友好交流故事会、"国风粤韵——（中韩、中日）民族音乐会"、许鸿飞"肥女"系列雕塑展、"美丽广东"图片展、广东非遗展等丰富多彩的文化交流活动。南方英文网积极配合，充分调动南方报业传媒集团全媒体立体传播体系，在整个广东文化周期间，以中、英、日、韩四个语种推出相关原创报道 42 篇、新媒体产品 10 个，转载报道 12 篇，做到每场活动有稿件，主要活动有创新，持续形成传播力、影响力，宣传高潮不断。

在"魅力中国·广东文化周"举办期间，除新加坡站活动获得"爆炸式"传播效应外，南方英文网配合"中国动漫日本行"推出的新媒体有声海报、中英日三语网络推广文章在南方网、南方英文网、"南方 +"客户端及旗下微信、微博等多个平台发布，总计获得超过 200 万播放量；日本三大报之一的《每日新闻》，日本共同社、法新社日本等世界主流媒体，《秋田魁新报》《千叶日报》、伊势新闻、京都新闻等日本地方媒体广泛转载活动文章，全球点击量达到 510 万。在韩国站综合稿件《"魅力中国·广东文化周"走进韩国》以中英韩三语搭配图文发布，被韩联社及韩国第一、第二大的门户网站 Naver 和 Daum 转发，覆盖受众约 450 万。

（二）《深圳日报》

深圳是中国最大的移民城市，外来人口占比巨大，常住人口超过 1400 万，实际管理人口超过 2000 万。作为国内各类口岸最多的城市，深圳也是中国与世界交往的主要门户之一，每年过境外籍人士达到 800 万人次。

1. 平台搭建

《深圳日报》为深圳报业集团旗下报纸，于 1997 年创刊，成立于香港回归之日，时为中国大陆唯一的三家英文日报之一。（另外两家为《中国日报》和《上海日报》）目前纸媒每天出版 16 ～ 20 个版面。

网站方面，《深圳日报》与政府部门合作，开展深圳市委、市政府、各区英文网站内容运营。一方面，可拓宽报纸收入来源；另一方面，也拓宽了稿件传播渠道。以《深圳日报》代运营的深圳英文门户网站"爱深圳"为例，网站月浏览量超过 10 万，在国内同类英文网站名列前茅，被评为"2018 年度最具影响力外文版政府网站"。"深圳推动公交全电动化"这条新闻，在"爱深圳"网站发布后，被知名环保机构"气候现实"等多个机构转发，在脸书的阅读量迅速达到 49 万。

社交媒体方面，《深圳日报》先后开通了微信、微博、脸书、推特、油管等新媒体账号，第一时间分享深圳日报优质内容。以微信为例，《深圳日报》早在 2013 年就开通了英文版微信公众号，是国内首批开通英文微信公众号的媒体之一。开通之初，腾讯团队的英文审核力量不够，英文稿件经常不能发出。如今，微信的英文版"WeChat"已经非常成熟，居住中国的外籍人士大都会用 WeChat 来沟通和获取信息。《深圳日报》的微信公众号也已经成为在深外籍人士获取深圳和粤港澳大湾区新闻的主要渠道。《深圳日报》的微信公众号还实现了多种服务功能，包括活动组织、报料、线上订报。

社交媒体账号终究依托于第三方平台，比如，微信每日发文有条数限制，今日头条由于"英文稿件审核力量不够"的原因关闭了《深圳日报》的头条号，海外社交媒体账号发稿也容易受到 VPN 影响。因此，《深圳日报》上线了自己的 App，将对其新闻生产方式、频率、传播效果产生巨大的影响。

2. 人才培养

《深圳日报》拥有一支英语和采编水平都较高的团队。采编人员 90% 以上拥有英语或新闻专业硕士以上学位或者海外留学经历。目前媒体人的薪酬普遍不高，而新媒体时代对英文媒体人的技能需求有增无减：除语言能力和写作能力之外，视频拍摄、新媒体运营、活动策划，都是必备技能。如何吸引人才、留住人才，是《深圳日报》面临的最大问题。

3. 内容选取

在新闻写作方式上，《深圳日报》遵循国际权威主流报纸的新闻写作规范，要求记者就同一事件采访多个消息来源或者引用多家评论以求公正。新闻稿件中尽量避免出现主观色彩和意识形态色彩浓烈的词语，以此保持新闻的客观性。新媒体和传统媒体平台遵循同样的质量标准，《深圳日报》无论在报纸、网站，还是在社交媒体账号上发表的稿件，都必须经过严格的"三审三校"程序后方能刊发。

在报道选材上，《深圳日报》坚持民生优先，关注民生、经济、环境保护这样的民生类新闻议题，对政治题材、政府领导的报道偏少。近年来，深圳屡次成为国际焦点，如华为事件、中兴事件、基因改造事件，《深圳日报》都第一时间关注，积极回应国际舆情，为城市发声，也增强了报纸影响力。

在视频为王的时代，《深圳日报》特别重视视频内容的创作，通过双语视频拍摄，特别是文化类视频拍摄来提升国家和城市的对外传播效果。《深圳日报》视频团队每周会创作1～2个中英双语视频，这些视频已经成为深圳最主要的双语视频创作来源。以2019年出品的《深圳鸟人》为例，《深圳日报》视频记者历时半个月，采访了深圳一群爱鸟、护鸟的志愿者，记录了深圳人对环境的保护、对自然的热爱，也传达了这样一个事实：深圳不光是创新之城，也是环保之城，从政府到民众都在为保护深圳的自然环境做出努力。《麦乐迪的春晚》，拍摄了参加2019年中央电视台春节联欢晚会的在深外籍家庭，反映了外籍人士对深圳、对中国的热爱之情。对于深圳"城市文化菜单"的每一项重要活动，《深圳日报》均派记者进行拍摄，留下了城市文化活动的每一个精彩瞬间。

在报道内容选取上，《深圳日报》特别重视从新媒体渠道获取信息。例如，新冠肺炎期间，《深圳日报》记者通过微信朋友圈发现一群外籍人士创作了一个武汉加油的音乐视频，经征得创作者同意后，该视频被发布到《深圳日报》微信公众号。由于视频播放量很高，记者进一步采访了多位创作者并发表在报纸上，形成了良好的新媒体到纸媒的循环。

针对纸媒、网站、社交媒体账号等不同的发布平台，《深圳日报》编辑会进行不同的内容和标题制作，在不同的平台上打造各自最适合的内容。同时，纸媒报道上会放新媒体报道的二维码，社交媒体上会放纸媒新闻的网站链接，便于读者在不同平台之间做切换，看到最适合自己的内容。

4. 涉外活动举办

《深圳日报》常年举办各种涉外活动。"深圳外国人中文演讲暨中华才艺大赛"每年都会吸引几百名居住在深圳和珠江三角地区的外籍人士报名，上百万人通过线上线下观看比赛。外籍人士以"我眼中的深圳"作为主题演讲并展示他们各自的才艺，极大地激发了外籍人士爱深圳、爱中国、爱中华文化的热情。大赛还捧出了许多外籍明星，如参与大赛的俄罗斯选手喜莲娜已成为电视荧幕上的闪闪明星，参演了中央电视台制作的电视剧《彭德怀元帅》。参加了第一届比赛的加纳小伙子雷锋，则受到鼓励积极学习中文并热衷公益，成为深圳首支外国人志愿团队的核心成员。在"酒店业国际礼仪大赛"中，来自福田香格里拉、深圳华侨城洲际、大中华希尔顿等30多家国际酒店踊跃报名，通过服务行业的技能比拼，提升了本地国际化服务水平。

2019 年 6 月，《深圳日报》承办了首届"国际友人在深圳"摄影大赛。大赛吸引了来自 20 多个国家的国际友人投稿，参赛作品超过千幅。美丽幽静的深圳湾畔、高耸入云的摩天大楼、幸福美好的市民生活、色彩缤纷的大芬油画村……一张张代表深圳独特城市形象和文化魅力的"名片"通过外国友人独特的视角向世界展现和传递了深圳这座城市的蓬勃生机和人文风采，讲述了他们对这座城市的内涵、精神、气质的理解，记录了深圳创新、成长、繁荣的故事。

随着《深圳日报》影响力逐渐增强，越来越多的国际活动也"找"上了它。2018年，世界政党大会首场专题会议在深圳召开，来自 100 多个国家、200 多个政党的数百位嘉宾出席，《深圳日报》除负责英文报道之外，还承担了媒体接待任务。2019 年全球青年创新集训营"Unleash"在深圳召开，来自全球 160 多个国家和地区的创新人才参加活动，《深圳日报》负责新闻中心的运作。2019 年国际篮联篮球世界杯深圳赛区的新闻中心也由《深圳日报》承办，从新闻中心设施的提供到会务信息的发布，《深圳日报》帮助境外记者获取各种信息，全方位展示中国形象。

（三）《中国日报》

《中国日报》是主要的中央级外宣媒体之一，自 1981 年创刊以来不断开拓创新，在媒体融合发展上取得瞩目成绩，目前已从一份英文报纸发展成为一个拥有报纸、网站、移动客户端、社交平台（推特、脸书、微博、微信）等全媒体平台的媒体集团。据了解，中国日报全媒体用户规模已超过 2 亿，是世界各国民众了解中国的一个重要窗口，读者主要是来自全球各界的精英人士，其中包括各国驻华使节、国际组织驻华代表、跨国公司在华高层等。

1. 平台搭建

作为一家国家级英语媒体，《中国日报》经过 40 年的发展，已经形成了一个由传统媒体和数字媒体构建的覆盖全球各大洲的融媒体传播体系。资料显示，目前中国日报社在国内拥有 35 个分社、记者站和 14 个印点。而在海外设有亚太分社、欧洲分社、非洲分社和美国分社 4 个指挥中心，下设记者站、办事机构等。

2019 年 1 月 2 日，《中国日报》整合了原有的美国版、英国版、欧洲版、亚洲版、东南亚版、非洲版、拉美版和加拿大版等多个海外版资源，正式推出《中国日报国际版》，同时启动了国际版的网站、客户端及社交媒体账号。目前，《中国日报国际版》在全球拥有 33 个全彩印刷印点，总期均发行量 30 万份，覆盖 63 个国家和地区的高端读者。通过资源整合与优化配置，《中国日报国际版》进一步突显中国立场、国际视野的定位，倾力打造向世界述说中国故事、传播中国声音的主渠道和新平台。

与此同时，中国日报社持续优化网站与英文客户端的建设，致力于在海内外社交平台上提高影响力，加强与更广泛受众群体之间的互动与连接。目前，中国日报社在微博、微信、微视频、脸书和推特等社交媒体平台已完成全面布局。资料显示，截至2019年8月，《中国日报》微博粉丝数超过4500万；微信订阅人数600万，客户端全球下载用户超过2000万，是我国唯一下载量过千万的英文新闻客户端。海外方面，《中国日报》的脸书账号粉丝数8000万，位居全球媒体账号粉丝数前列；推特账号粉丝数400万。

另外，中国日报社与超过20个国家的60多家主流媒体网站建立了合作关系，通过"借船出海"的方式为海外各类媒体平台供应大量中国权威信息，实现了联合国官方语言的全部覆盖。除了供版合作，中国日报社还与全球主要媒体有广泛的交流合作，包括路透社、美联社、法新社、塔斯社、今日俄罗斯通讯社、彭博社、英国广播公司等。在亚洲地区，中国日报社是亚洲新闻联盟（ANN）的核心成员，该联盟由中国、泰国、新加坡、马来西亚、印度尼西亚、韩国、印度等20个国家的24家权威媒体组成。

2. 人才资源

作为国家对外传播的主力军，中国日报社不仅聚集了大批来自国内知名高校的优秀人才和海外留学人才。在人才培养机制上也积极创新，通过与北京外国语大学等国内知名高校合作，以联合培养、驻场实习等方式打造强大的储备人才队伍。

中国日报社还组建了强大的外籍记者队伍和专家团队，在充分发挥外籍人力资源优势的基础上，不断探索创新适应海外受众接受习惯的传播方式。比如，《外籍记者观察》栏目、系列微视频《英国小哥解码新时代》《艾瑞克跑两会》等多个媒体产品，通过充分调动外籍记者团队资源，用外国人的视角解读中国，取得了良好的传播效果。以外籍记者艾瑞克（Erik Nilsson）为女儿讲述睡前故事的方式制作的系列短视频《"一带一路"睡前故事》，在为海外受众阐述"一带一路"倡议方面获得巨大成功。

3. 内容选取

随着现代信息技术不断发展，世界已经进入了互联网化、智能化时代。人人都可以成为"自媒体"，信息爆炸并呈现碎片化的趋势。在推动融媒体发展，遵循新媒体时代传播规律的同时，《中国日报》始终秉持"内容为王"的理念，向世界讲述中国故事，增强中国媒体的国际话语权。无论国内外的重大主题，《中国日报》始终坚持国际视角，通过海内外联动，多媒体形态融合对外报道，回应国际关切，表达中国立场。

　　例如，在 2019 年推出的《70 秒·看见中国》33 期系列短视频，通过 70 秒展示中国发展成就的创新表现形式，在社交媒体平台获得了爆款般的传播效果，作品还入选了中国记协"庆祝新中国成立 70 周年融合报道十大创新案例"。又如，《40 年 40 人》系列报道，通过与 40 名海外政商学等各界高端人士进行访谈，展示中国改革开放给自身以及世界带来的巨大影响，作品格局宏大、立意深远，获得了第 29 届中国新闻奖一等奖。

　　值得一提的是，作为国家级的对外传播媒体，《中国日报》在报道内容选取与解读角度上相对地方媒体更为宏观，国家大事、中央领导动态、宏观经济与政策动向是其主要报道方向，地方资讯占比相对较低。以《中国日报》英文网为例，其"Regional（地区）"频道汇聚了全国各大省市的地方新闻，关注领域包括各省市的经济政策、商业信息、投资动态、营商环境、风土人情以及文化习俗等。具体到广东，《中国日报》英文网设有 Guangdong China（中国广东）频道，在推特和脸书这些海外社交平台上也有广东号，但总体而言，地方频道在内容更新数量与频率上与主页相比都不可同日而语。"粤港澳大湾区"概念提出后，有关粤港澳大湾区融合发展的重大政策动态与大湾区内各地的经济发展、投资动态，尤其是广州、深圳等成为报道重点。

4. 涉外活动举办

　　凭借在全球化传播网络和语言覆盖方面的资源优势，《中国日报》长期以来一直是为我国召开重要国际会议和活动制作英文官方会刊的主要媒体。早在 1990 年 9 月，《中国日报》就为北京亚运会出版了全彩英文《亚运新闻》。1995 年又为第四届世界妇女大会出版英文会刊《世界妇女报》。此后，在 2008 年北京奥运会、2010 年世博会、2014 年 APEC 峰会、2016 年 G20 峰会、2017 年"一带一路"高峰论坛、金砖会议、财富论坛、互联网大会、2018 年博鳌论坛、中非论坛北京峰会、上合组织青岛峰会、进口国际博览会等重要会议和活动举办期间，《中国日报》出版了高质量的英文会刊，发挥了重要的国际传播平台作用。

　　此外，中国日报社积极承建了多个中央和地方政府机构的英文网站和客户端平台，包括国务院、最高人民法院、国家外国专家局、国务院发展研究中心等。资料显示，截至目前，《中国日报》网已累计为全国数百家政府、机构、国有大中型企业建设了专业化的英文网站，其中包括全国各地 30 多个地方政府的专业化、国际化英文网站，成为各级政府、企业为海外受众提供权威资讯，开展对外交流合作的重要窗口。

经过多年的发展沉淀,《中国日报》已经打造了一批具有国际影响力的品牌活动,在推动公共外交、促进国内外交流方面都取得了重要成绩,其中包括新时代大讲堂、中国观察智库论坛、"一带一路"媒体研修班、亚洲领袖圆桌论坛、"21世纪杯"全国英语演讲比赛、TESOL(教授非英语人士英语)中国大会、"亚洲媒体看中国"系列采访活动等。

三、如何做好广东省对外传播的建议

(一)转变对外传播观念,传播主体多元化

在国家推动新一轮更高水平的对外开放背景下,国际社会对包括广东在内的中国资讯需求将日渐增多。粤港澳大湾区作为中国经济增长的重要引擎,也是中国改革开放的前沿阵地,未来将引领中国新一轮全面对外开放,实现更好的对外传播已经成为现实需求。针对目前国内对外传播"宣传"意味浓厚,注重官方主导与规模效应的现实,未来在传播方式和传播主体的转变上都应该更为开放。

在传播方式上,除了目前借助《中国日报》《人民日报海外版》等国家级对外传播平台,打造南方英文网、《深圳日报》等地方官方对外传播平台,还应该更多调动民间和海外的资源。海外版抖音 Tik Tok 在全球各国的成功,以及"李子柒"在海外社交平台引发的现象级传播现象,都充分说明了民间创造力的力量。借助海外社交平台与民间力量,加强与当地社区和公众的互动,有助于提升对外传播的亲和力,让海外受众更能够接收相关信息。

此外,可以更多地发挥在粤外国人资源丰富的优势,让外国专家和在华留学生更多地参与相关活动,借助外籍人士的面孔,用国际化的视角来对外解读中国话题。比如,中国微博上的网红美国小哥"我是郭杰瑞",就是这样的成功例子。作为一名能够说流利汉语的美国年轻人,在中国有多年生活经验,对中国国情和社会有更深入的观察,可以说是非常了解中国国情的外籍人士。在他的视频作品中,不仅可以用美国人的视角向中国受众解读美国问题,也可以用中国视角向美国受众解读中国问题,是一个真正可以融通中文、平等中立视角,有利于跨文化传播的案例。另外,地方媒体也可以和海外华文媒体展开积极合作,事实上近年来包括南方英文网、《深圳日报》在内,国内不少媒体已经在这方面取得了很大突破。

（二）对外传播主题应该更具现代性、亲近性

回看源远流长的中外交往史不难发现，茶叶、丝绸、书法、京剧、功夫等传统中国文化元素扮演着不可或缺的角色。然而，从现代国际社会舆情来看，现代中国人的生活状态才是"中外信息差"中缺失最严重的部分。虽然中国已经改革开放超过40年，经济发展和现代化取得了人类历史上罕见的成就，但海外各国民众对中国民众生活方式上的巨变知之甚少。

一方面，在国际传播上拥有话语权的西方媒体在报道中国时，更多的是关心政治体制、产业经济等宏观层面的话题，要么就是特别关注一些无法代表中国普罗大众生存状态的少数人群的生活状态。另一方面，国内对外传播上也倾向于宏大叙事，注重强调国家整体经济成就与历史变迁，而微观层面的企业及个人故事相对稀缺，而这些恰恰是与西方民众的关注点更为接近的东西。

为打破中西方民心"隔阂"，促进中西方民众互相了解，应该让更多主体参与进来，让他们为现代中国代言，讲述现代中国人的故事与情感。让真实的中国人与海外民众"想象"的中国人对接，让海外民众了解到现代中国人与自己在追求美好生活的愿望上并无本质差异。在不同的文化背景下，更多的是人性和情感上的相通。

此外，在中国推动新一轮对外开放，国内经济继续与世界经济保持联系的背景下，外界对于中国经济、金融、科技等各行各业的发展，中国投资机遇等，都是外国企业和投资者关心的重要话题。而在国际社会上，中国经济的议程设置往往是被路透社、彭博社、华尔街日报等国际财经主流媒体主导，因此，中国经济、科技领域的对外报道能力亟待提高。

大湾区在国家经济发展和对外开放中的引领作用，随着粤港澳三地市场互联互通，大湾区市场与国际市场接轨，越来越多大湾区企业"走出去"，越来越多外资企业来到"大湾区"寻找机遇，大湾区相关金融、商业动态和政策解读，将成为境内外企业和投资者的刚需。举例来说，受2019年的社会动荡事件影响，国际社会对香港作为国际金融中心的信心已经有所动摇，而从伦敦国际金融中心、纽约国际金融中心地位的确立历史来看，打造国际金融中心，国际金融话语权必须先行。因此，国内在财经对外传播话语权建设方面具有现实的迫切性。

（三）创新国际传播人才培养方式，打造一支具有国际视野的优秀传播人才队伍

在国内媒体竞争白热化，传统媒体遭遇新兴互联网巨头挤压的背景下，不少国内媒体生存经营压力较大，而打造具有国际视野的传播人才队伍，无论是聘请外籍专家和采编队伍，还是招募具有国际视野和经验的本地人才成本都非常高，要走得长远可能需要政府资源在一定程度上有所倾斜。

此外，国内高校教育课程设置上也需要与时俱进。随着中国国际地位的提升及其在国际社会上的角色转变，中国媒体不仅肩负着向国内介绍世界，向世界阐释中国的使命，也需要在国际舆论上就重大国际话题表达中国立场、中国态度，这都对从事国际和对外传播的人员素质提出了更高要求。不仅要准确理解中国国情，也要准确把握世界局势。在社会形势变化日新月异的背景下，新闻院校的传播人才培养应该要跟得上时代变化的步伐，新闻院校可以与媒体在人才培养上进行更紧密的合作与创新尝试，学界业界联手有针对性地培养稀缺人才，解决人才短板问题。

参考文献：

[1] 孙尚武.在推动媒体深度融合中提升国际影响力［J］.中国报业，2020（13）：16-19.

[2] 蔡虹.对外传播之"借船出海"策略研究［J］.新闻战线，2020（1）：86-88.

[3] 何翔.我国对外传播存在的问题及解决途径［J］.当代传播，2008（5）：115-116.

[4] 郭镇之.中国对外传播面临的新挑战及创新对策［J］.对外传播，2020（1）：13-15.

媒体如何帮助政府推动决策

——以广州媒体推动垃圾分类政策落地调研为例

梁怿韬　邱瑞贤　宋金峪　陈思陶①

一、前言

（一）广州城市安全运行和城市形象离不开垃圾分类

　　几乎每一位广州市市民，每天都会制造生活垃圾。也许每人每天只会丢弃一小包垃圾，但当这些生活垃圾集中汇集起来，将是十分可怕的数据。广州市城市管理和综合执法局公布的数据显示，2019 年 1 至 11 月，广州全市生活垃圾处理总量每月约 67.53 万吨，日均处理量 2.22 万吨。2019 年 1 至 11 月，广州每月的生活垃圾处理量，与去年同期相比均出现"同比增长"之势。在 2018 年，广州日均处理生活垃圾约 2.04 万吨。

　　广州生活垃圾数量增长，并不是仅出现在 2018 年到 2019 年之间的现象。早在 2009 年至 2010 年，广州的生活垃圾数量已出现增长之势。2009 年广州生活垃圾无害化处理量为 297.41 万吨，约每天处理 8148 吨；2010 年则升至 372.93 万吨，约每天处理 8984 吨。

---

①　梁怿韬，男，羊城晚报，广州新闻全媒体编辑部突发新闻采访室主任；邱瑞贤，女，广州日报全媒体传播中心副主任；宋金峪，男，羊城晚报视觉新闻部多媒体采编室副主任；陈思陶，女，羊城晚报报业集团新快报经济中心记者。

表 1　广州城市（市区）市容环境卫生（统计年鉴 2011）

城市（市区）市容环境卫生（统计年鉴 2011）			
项目	Item	2009	2010
道路清扫保洁面积（万平方米）	Area of Roads under Cleaning Program（10000 sq.m）	9247	9480
#机械化	By Mechanizat ion	2931	2985
生活垃圾清运量（万吨）	Volume of Living G arbage Disposal（10000 tons）	329.87	356.62
生活垃圾处理量（万吨）	Living Garbage Treatment（10000 tons）	329.87	356.62
生活垃圾无害化处理厂（场）数（座）	Number of Living G arbage Harmless Disposal Factories（unit）	2	2
生活垃圾无害化处理能力（吨/日）	Capacity of Living Garbage Harmless Disposal（ton/day）	8040	8984
生活垃圾无害化处理量（万吨）	Vblume of Living G arbage Harmless Disposal（10000 tons）	297.41	327.93
生活垃圾无害化处理率（%）	Rate of Living Garbage Harmless Disposal（%）	90.16	91.96
粪便处理量（万吨）	Vblume of Excreme nt and Urine Disposal（10000 tons）	18.45	21.12
公共厕所（座）	Number of Public Lavatories（unit）	992	1011
市容环卫专用车辆设备总数（辆）	Number of Special Vehicles for Environ mental Sanitation（unit）	1799	1881

　　生活垃圾的大量产生，成为广州需要考虑处理的问题。2009 年，生活垃圾未经分类的填埋，仍是广州处理的主流方法。在广州市番禺区，区内的生活垃圾，在当时只能运往火烧岗填埋场进行填埋。长年累月的填埋，让原本呈下洼地貌的火烧岗，被堆出一座近 70 米高的"垃圾山"。当年选址"番禺郊区"的火烧岗填埋场，如今已被人口众多的"华南板块"包围。堆成"山"的生活垃圾，可见的首要影响是景观影响。由于"山体"为生活垃圾构成，松软的结构易酿"地质灾害"，在 2016 年 8 月 4 日，火烧岗堆体发生一起滑坡事故；由于"山体"内的垃圾未经分类，里面的有机物经长年堆积发酵，产生沼气，引发了 2016 年 9 月 27 日的火灾；还是因为垃圾没有分类，垃圾当中的有害物质或挥发进空气，或下沉至地底，对空气、土壤、地下水等均有污染。用填埋方式处理原生垃圾，既让广州城市形象受损，也对广州城市安全运行构成威胁。

　　火烧岗填埋场 2016 年发生的事故，广州各级政府部门早已预料关注到。用焚烧技术处理生活垃圾，具有让生活垃圾体积快速缩小，处理场地占地面积不大的特点。广州市一直有规划用焚烧作为生活垃圾的主流处理技术，替代占地空间大、产生多种污染、易对城市运行造成影响的填埋技术。在 2009 年，广州市番禺区规划在当时的会江地区，兴建生活垃圾焚烧处理设施。由于会江地区同样有较多居民居住，焚烧设施和填埋设施一样，会让居民和设施之间产生"邻避效应"。加上当时的广州市政府部门在推进会江焚烧项目上，与居民沟通方法不当，焚烧设施运营主体被传与政府部门个别官员亲戚存在利益勾结等问题，最终酿成了"闻名中外"的"番禺事件"。事件导致广州市番禺区停止在会江选址生活垃圾焚烧处理的项目，广州每天产生的生活垃圾，依然主要靠填埋处理。

对垃圾处理问题的"暂时不管"，导致后期"越来越难管"。2011 年，广州生活垃圾日产量达到 1.8 万吨，其中 91% 需要填埋处理，市区仅白云区李坑有一座生活垃圾焚烧处理设施。由于广州市内多座填埋设施已如火烧岗般"随时爆满"，广州面临着"垃圾围城"危机。2012 年走马上任的时任广州市市长陈建华，当年 5 月至 6 月间，先后 3 次召集广州本地和驻穗媒体负责人、生活垃圾处理专家学者、关注生活垃圾处理的市民代表，举行 3 场座谈会。尽快建设新式生活垃圾处理设施，替代单一的填埋技术，培养市民的垃圾分类习惯，法制上完善广州生活垃圾处理制度等，成为座谈的共识。自 3 场座谈会后，广州明确了加快当时在白云区李坑的广州市第一资源热力电厂二分厂建设步伐，亦明确了要在番禺（含当时南沙）、增城、花都、从化等地兴建生活垃圾焚烧处理设施，向市民宣传宣讲垃圾分类常识、培养分类习惯等决定。

由于广州市民对焚烧技术的"邻避恐惧"仍在，加上广州政府部门对于应对"邻避恐惧"市民诉求的手段有限，相关焚烧处理设施环评规划方面步骤进展缓慢，期间还发生主导广州垃圾焚烧的广州环保投资集团发生贪污窝案，多名集团负责人接受调查职务调整的事件。一系列风波中，2012 年规划，预计 2015 年可落成的新一批广州生活垃圾焚烧设施，直到 2017 年至 2018 年才陆续落成。虽然新建的焚烧设施让南沙、增城、花都、从化等区实现原生垃圾零填埋，让广州生活垃圾处理途径由原先九成填埋转为七成焚烧。但也因广州垃圾产量仍在持续上升，无法确保现有焚烧处理设施能够把垃圾"全部吃掉"，广州从 2019 年起，又要推进新一批生活垃圾处理设施的建设。

技术需要等待，习惯也需要培养。长期观察广州生活垃圾处理的宜居广州生态环境保护中心提供的数据显示，广州市生活垃圾主要成分是餐厨垃圾（剩菜剩饭、菜皮、果皮等），约占垃圾总产量的 50% 以上，30%～40% 为塑料、纸类、织物、玻璃等为可回收物。如果能将上述垃圾从垃圾总量中分出,其中相当一部分垃圾可循环再用,作为有机物的餐厨垃圾,可用于堆肥、发酵等生化处理。如果能把具有利用价值的垃圾从其他垃圾中分出来,也可减轻广州垃圾处理压力。由于分类处理的前提是分类投放,想把生活垃圾分类处理,需要培养市民的分类习惯。

从 2012 年至 2015 年,广州每年均要召开一次垃圾分类全民动员大会,在这个每年 7 月 10 日举办的"710 大会"带动下,广州探索了多种垃圾分类试点模式。其中一种被认为能在社区推行的分类投放模式,是将居民楼内垃圾桶撤除,在社区一楼重新设置垃圾分类投放点。投放点只在投放时间开设,非投放时间关闭,垃圾收运单位及时将分类投放垃圾运走的"定时定点分类投放模式"。

为了尽快培养市民分类习惯,广州全社会都倾注心血。时任广州市市长陈建华自编"能卖拿去卖,有害单独放,干湿要分开"的垃圾分类顺口溜,时至今日仍在广州"街知巷闻";除了各区各街道纷纷选出社区试点外,更有媒体参与和组织社区的分类试点工作;除了单纯的报道,更有媒体采用微电影等新潮的方式向市民宣传垃圾分类。

伴随垃圾分类推行,广州也推进垃圾分类的法制建设。从 2011 年到 2018 年,原《广州市生活垃圾分类管理暂行办法》,先后升级为《广州市生活垃圾分类管理办法》,并最终变为地方性法规的《广州市生活垃圾分类管理条例》,"个人不分类投放垃圾罚款 200 元,单位不实施垃圾分类罚款 1 万元"的法律常识,也开始在市民心中普及。由于广州连续多年都在全国特大城市中率先推行垃圾分类宣传动员,不少城市纷纷派员前来广州学习,这其中便包括了上海市。

稍显尴尬的是,尽管各阶层似乎都在力推垃圾分类,但直到 2019 年 7 月之前,大部分广州社区都没实施号称由广州首创的"定时定点分类投放制度",有的社区连分类垃圾桶也没设置,被市民戏称"垃圾分类来了,分类垃圾桶却没来";虽然广州已就垃圾分类立法,但被处罚的案例少之又少。究其原因,还是和分类后缺乏终处理设施有关。

以用"干湿分类"便可实现减量"功劳"最大的餐厨垃圾处理为例,根据广州市城市管理和综合执法局通报的数据,截至 2018 年,广州市一级餐厨垃圾处理设施,仅只有一座每天 200 吨处理能力的设施。(见表 2)

表 2　2018 年广州生活垃圾终处理设施情况

生活垃圾处理场（厂）名称	处理方式	级别	该场（厂）为隶属其他市（县）的区域共享设施	投运时间:__年.设计使用至:__年		生活垃圾处理能力（吨/日）
				投运时间:__年	设计使用至:__年	
广州市第一资源热力电厂一分厂	焚烧	AAA 级	否	2006		1000
广州市第一资源热力电厂二分厂	焚烧	AAA 级	否	2013		2000
广州市兴丰生活垃圾卫生填埋场	卫生填埋	1 级	否	2002	2028	7000
广州市兴丰应急填埋场	卫生填埋	1 级	否	2018	2026	4438
花都区生活垃圾卫生填埋场	卫生填埋	II 级	否	2015		1700
番禺区火烧岗生活垃圾卫生填埋场	卫生填埋	II 级	否	1989		1800
增城区棠厦生活垃圾填埋场	卫生填埋	II 级	否	2011		340
广州市第三资源热力电厂	焚烧	AAA 级	否	2018		4000
广州市餐厨废弃物循环处理项目试点	其他	无害化处理	否	2014		200
广州市第四资源热力电厂	焚烧	AAA 级	否	2018		2000
广州市第五资源热力电厂	焚烧	AAA 级	否	2018		2000
广州市第六资源热力电厂	焚烧	AAA 级	否	2018		2000
广州市第七资源热力电厂	焚烧	AAA 级	否	2018		1000

在仅有的一座市一级餐厨处理设施下，广州每天收运到的餐厨垃圾，实际上已经远超该设施处理能力。广州市城市管理和综合执法局统计的数据显示，2018 年全市餐厨垃圾收运量达到 290778.85 吨，平均每天 796.65 吨。这意味着每天有大量分类收运

的餐厨垃圾，没法进入专业的处理设施处理。

表3 2018年广州城市建设统计年报 CSTJ23- 城市（县城）市容环境卫生基层表

指标名称	计量单位	代码	上年	本年	增减
道路清扫保洁面积	万平方米	2101	22357	22413.7	56.7
其中：机械化	万平方米	2102	9087	9533.49	446.49
生活垃圾清运量	吨	2103	5261111	5575615.21	314504.21
其中：餐厨垃圾清运处置量	吨	2104	167884	290778.85	122894.85
建筑垃圾清运量	吨	2105	27840000	67188450	39348450
其中：资源化利用量	吨	2106	5005000	13740000	8735000
填埋量	吨	2107	13860000	53448450	39588450
生活垃圾转运站座数	座	2108	296	305	
合计中：大型（450吨/日以上）	座	2109	0		9
中型（150～450吨/日）	座	2110	4	10	6
小型（150吨/日以下）	座	2111	292	295	3
生活垃圾转运站转运能力	吨/日	2112	13930	12993	−937
公共厕所数量	座	2113	1389	1457	68
其中：三类以上	座	2114	1389	1457	68
市容环卫专用车辆设备数	辆	2115	4483	5645	1162
其中：道路清扫保洁专用车辆	辆	2116	1780	2240	460
生活垃圾运输专用车辆	辆	2117	2703	3405	702

在后端分类处理能力无法满足前端分类投放和收运能力的背景下，广州没有对基层实施较强硬的垃圾分类推广。

在分类处理能力没法满足分类投放能力后，一些有损居民垃圾分类积极性的作业手法频频出现。不少市民反映，自己辛辛苦苦分好的垃圾，在投放之后被混合收运。一些社区虽然设置了分类垃圾桶，或者已按"定时定点"的要求设置投放点，但在实际投放中，混合投放完全没有处罚，分类投放也没有奖励。

广州在干湿分类上的"不紧不慢"，开始对城市形象造成影响。2018年6月，国家住房和城乡建设部公布的《城市生活垃圾分类工作考核暂行办法通知》中，所附带的2018年第二季度46个重点城市生活垃圾分类工作情况通报显示，广州在该次情况通报排名中排第6，落后深圳、杭州、上海等垃圾分类启动相对晚的城市。2019年7月8日，中央电视台《焦点访谈》栏目，播出《垃圾分类，难在哪里》节目。广州在节目中以"反面教材"形式登场，居民区前端投放的垃圾基本部分，个别样板社区辛辛苦苦分好类的垃圾在垃圾压缩站被混合处理，后起之秀的上海在全国掀起的"侬是啥垃圾"风潮，均让广州城市形象受损。2019年7月，广州决定全面推进生活垃圾分类工作，社区配齐分类设施，有物管小区2019年年底前全面实施"楼道撤桶"，进一步加强对各场所和行业的垃圾分类宣讲宣传，让广州垃圾分类在宣传推动上再掀高潮。

在宣传掀起高潮的背景下，广州在餐厨垃圾处理设施上，也取得进展。2019年第二季度，广州有新的市一级餐厨垃圾处理设施投产，这让广州餐厨垃圾处理能力大为提升，这也让基层更有动力对生活垃圾进行干湿分类。截至2019年12月31日，广州8369个居住小区，全面实现"楼道撤桶"。

表4　2019年广州市餐厨废弃物集中处置服务单位各季度处置量（单位：吨）

季度	广州市朗云环保投资有限公司	广东嘉博文生物科技有限公司
一	未投产	9695.14
二	1693.33	26531.71
三	38099.65	3483.98

在新冠肺炎疫情缓和，各地强调"过紧日子"的背景下，实施垃圾分类，还能"省钱"。2020年6月24日，广州市发展改革委公布了广州市2020年重点项目建设计划。15个列入建设计划的生活垃圾处理项目，分别有5个属于焚烧发电项目，4个属于可处理餐厨垃圾的生化项目。5座新建或续建的焚烧发电项目，将会花掉134亿元财政经费建设，且建设周期较长，需要在2022年至2023年间才能陆续落成。4个生化处理项目，总共只需11.9亿元建设，而且全部在2021年即可投入使用。在垃圾处理的角度，只要大家能干湿分类投放垃圾，又能确保分类运输，处理餐厨垃圾就可以"平靓正"。

（二）垃圾分类，为何媒体不能缺位

垃圾分类是一项利国利民的大事。从全国层面看，党和国家主要领导人十分关注垃圾分类。2016 年 12 月，习近平总书记在主持召开中央财经领导小组会议时，便提出要研究普遍推行垃圾分类制度，强调要加快建立分类投放、分类收集、分类运输、分类处理的垃圾处理系统，形成以法治为基础、政府推动、全民参与、城乡统筹、因地制宜的垃圾分类制度，努力拓宽垃圾分类制度的覆盖范围。习近平总书记还多次实地了解基层开展垃圾分类工作情况，并对这项工作提出明确要求；2018 年 11 月 7 日，习近平总书记在上海市虹口区市民驿站嘉兴路街道第一分站调研时，表示垃圾分类工作就是新时尚。他关注着这件事，希望上海抓实办好；2019 年 6 月 3 日，习近平总书记再度对垃圾分类工作做出重要指示，强调实行垃圾分类，关系广大人民群众生活环境，关系节约使用资源，也是社会文明水平的一个重要体现。一项总书记 3 年内三度表态的工作，本身就是新闻亮点。

在国家层面尚未高度关注垃圾分类时，广州已经关注。广州市市长陈建华 2012 年走马上任后所举办的 3 场垃圾处理问计座谈会，其中有一场便是约广州本地和外地驻穗媒体负责人出席。为推动垃圾分类，2014 年广州市人民政府举办"垃圾分类万人行"活动，组织社会各阶层人士参观填埋厂、焚烧厂了解垃圾分类的迫切性。该系列活动第一场便是"媒体专场"——由陈建华亲自担任"导游"带广州本地和外地驻穗媒体负责人参观。"一市之长"如此关注垃圾处理问题，且几乎所有的"第一次"都优先照顾媒体，无论从新闻报道角度还是人情世故角度，媒体也会持续跟踪报道。

抛开新闻价值判断法则，在一些地方，如果媒体对垃圾分类完全"不闻不问"，有可能是"违法行为"。2018 年 7 月 1 日起实施的《广州市生活垃圾分类管理条例》，第八条最后一款，列明"广播电台、电视台、报纸、期刊、网络等媒体应当加强对生活垃圾源头减量和分类的宣传，普及相关知识，增强社会公众的生活垃圾源头减量和分类意识"。查询《北京市生活垃圾管理条例》和《上海市生活垃圾管理条例》，当中也有"报刊、广播、电视和网络等媒体应当加强对生活垃圾管理的宣传，普及相关知识，增强社会公众的生活垃圾减量、分类意识"。和"新闻媒体应当持续开展生活垃圾管理法规和生活垃圾分类知识的公益宣传，对违反生活垃圾管理的行为进行舆论监督"。等要求。对地方政府来说，媒体是否投入精力在垃圾分类上进行宣传，也可能影响城市形象。2018 年住建部发布的《关于印发城市生活垃圾分类工作考核暂行办法的通知》中，将"宣传工作考核细则"列入评分标准中。意味着如果参与垃圾分类工

作的 46 座重点城市，当地媒体没有对垃圾分类进行宣传报道和教育，将影响该市在国家层面垃圾分类的考核。

对媒体自身需求来说，深度参与垃圾分类报道，研发相关项目和活动产品，能带来相应流量。2019 年 7 月 1 日，羊城晚报 App "羊城派" 刊登的《别学错！广州版垃圾分类指引长这样》一稿，便引来 8 万多阅读量；通过举办垃圾分类社区推广活动，羊城晚报发行公司可以深入社区进行地推活动，发展读者和订阅用户。作为一种服务的提供，政府层面亦乐于通过服务采购的方式，邀请媒体参与一些垃圾分类活动的策划，如广州市城市管理和综合执法局在 2020 年 7 月 2 日，便对部分在垃圾分类方面有相关报道和活动策划经验的媒体实施政府采购，邀请媒体参与 "2020 年垃圾分类共建共治共享治理模式策划推广项目" 策划，媒体也因此获得一定经营收入。无论从政府需求还是媒体自身需求，以及大众知情权角度考虑，广州媒体在垃圾分类工作上，不能缺位也无法缺位。

（三）案例选取和研究方法

本次调研选取《广州日报》、广州广播电视台广州电视、《羊城晚报》《新快报》四家广州市本地媒体和省级驻穗媒体，采用访谈和材料分析法，对四家媒体助推关于垃圾分类的做法进行调查。上述四家媒体，均有长期报道和观察广州垃圾分类情况的历史。其中《广州日报》和广州广播电视台广州电视因皆是广州市委宣传部主管的媒体，需要在行政上受上级部门的安排，在垃圾分类报道中承担 "政治任务" 角色。《羊城晚报》为广东省委宣传部主管的驻穗媒体单位，在宣传报道上可以不受广州市委宣传部的行政领导，但扎根广州的属性不能完全不理市一级层面有关垃圾分类的推动。作为《羊城晚报》子报的《新快报》，理论上也存在着在垃圾分类宣传推广上，不一定要紧跟广州市步伐的实况。

二、广州媒体推动垃圾分类工作之案例

（一）《广州日报》：从全媒体传播到依托 "微社区" 系统，以技术促垃圾分类实施至 "最后一公里"

作为市委机关报，《广州日报》对广州垃圾分类问题的重视程度极高。尤其是 2019 年 7 月广州决定全面推进生活垃圾分类工作后，《广州日报》一方面全力做好全

媒体平台的融媒报道，另一方面利用旗下信息时报微社区的力量进行个性化挖掘；更结合其时正在筹备的广州市（区）融媒云平台及"新花城"客户端，把"垃圾分类"作为一个最基本的服务功能版块，依托技术平台进行全新策划设计，这在全国媒体中属首创。

2019年7月开始，《广州日报》在要闻重要版面开设专版专栏，每天报道政府部门垃圾分类的最新工作情况，以及市民群众参与垃圾分类的活动和做法，起到了较好的舆论宣传作用。

生活垃圾分类问题是市民关注的焦点。推行垃圾分类，从社区做起，从个体源头做起是广州市的重要举措。进入8月，《广州日报》推陈出新，发动记者深入基层，改变文风，尤其是整合旗下信息时报微社区"e家通"团队充分扎根社区的优势，开展100位驻街记者深入社区、深入街坊，挖掘各街各社区在垃圾分类方面的新举措、新亮点，为读者挖掘就在身边的垃圾分类达人，以生动个案的形式推动垃圾分类工作的宣传。

2019年8月11日，《广州日报》全媒体记者和信息时报微社区"e家通"展开联动采访报道，每天推出"垃圾分类街区逐个看"以及"垃圾分类达人逐个数"招牌栏目，每天介绍一条街道的垃圾分类优秀经验，以及一名垃圾分类优秀居民，采访扎实，树立典型，让垃圾分类工作的报道更接地气，更加走进百姓千家万户，不仅有效促进了政府部门垃圾分类工作，而且在宣传舆论领域，形成更有规模、更具气势、更有效果的社会效果。

据统计，从2019年7月至当年年底，广州日报客户端关于广州市全面推进城乡垃圾分类工作共发布相关报道329篇，总阅读量400万。广州日报客户端积极部署，设立了专栏《做好垃圾分类 推动绿色发展》，包括"总书记指示""动员部署""广州行动""实用指南"等子栏目，围绕垃圾分类的有关知识和广州市的相关政策、取得的成果、典型案例等开展多种形式的宣传报道。

其中，一批原创新媒体作品让人印象深刻。比如，"我们为何要垃圾分类"的评论类视频，在消化广州垃圾分类相关举措以及权威解读后，由《广州日报》评论员出镜，配上说明性字幕解读垃圾分类的必要性。同时，主动聚焦垃圾分类终端处理这个稍显敏感的话题，针对"餐厨垃圾站如何在一天'吃'掉8吨垃圾"进行现场直播，让读者更全面地了解垃圾分类全链条，也起到释疑解惑的作用。

为了让垃圾分类这个话题能吸引年轻用户的注意，广州日报全媒体团队先是制作了垃圾分类的小游戏，用户将出现在屏幕中的垃圾分类至相应种类垃圾桶，获取相应分数，根据积分高低生成不同的结果页，在小游戏中强化对广州垃圾分类认知；其次也设计制作了垃圾分类问答 H5，答错后弹出正确答案，达到科普垃圾分类知识的作用。

在广州新版垃圾分类指南发布当天，广州日报新媒体编辑部将其转化为一张图片，将信息量丰富但阅读比较吃力的文字版投放指南，通过增加相关图示，并进行版块间的梳理整合，形成视觉上更鲜活明显的一图读懂产品。同时，将其中容易混淆的几种生活垃圾单独挑选出来，制作了一图读懂易混淆垃圾该如何分类的指示性长图产品。

能在全国媒体中开先河，通过拥抱最新融媒技术平台来为"垃圾分类"这一主题鼓呼，得益于 2019 年 7 月期间，《广州日报》有正在承建广州市（区）融媒云平台的时机。该报适时向广州市城市管理和综合执法局提出了深度合作的想法——在新开发的"新花城"客户端上"量身定做"一个垃圾分类服务版块，发挥广州市（区）融媒中心记者渗透基层、扎根街区的优势，在广州市 173 个镇街通过深入社区的推广模式，全方位提升居民对垃圾分类知晓率和垃圾分类参与度，让垃圾分类真正实施到"最后一公里"。

在"新花城"客户端的"垃圾分类"服务版块，置顶的功能是提供垃圾分类信息和垃圾识别服务，这可谓广州市民生活中的"垃圾分类神器"——在线即可随时查、随地查、随手查。无论是输入文字，还是通过拍照搜索，都可以进行全场景垃圾分类检索查询。

这个版块往下拉，将关于垃圾分类的服务功能一网打尽——同时开发了知识科普功能（包括生活垃圾基本分类、微课堂），互动娱乐功能（互动游戏集锦、垃圾回收、达人挑战赛、垃圾分类社区排行榜），以及宣传资讯类（新时尚、党员在行动、分类达人）等，全方位普及"垃圾分类"新时尚，利用新的传播载体和新的技术手段创建了一个高端的、有效的、集多功能于一体的互动新媒体平台。

其中，处于客户端置顶位置的识别查询功能，支持搜索查询和拍照查询等多种查询垃圾分类的方式，可帮助用户轻松应对垃圾分类难题。查询功能支持语音、拍照、图片等多种方式，方便用户对各类垃圾进行识别，更方便用户快速掌握垃圾分类的标准。尤其是对于一些容易混淆的垃圾，这个功能可以快速帮助用户做好相关的分类指引。

客户端在生活垃圾基本分类模块，则依据垃圾分类的四个类别设置"可回收物""餐厨垃圾""有害垃圾""其他垃圾"等模块，每一模块都涵盖常见的垃圾形式、易混淆的垃圾种类及投放指南等内容，为市民提供垃圾分类投放常规指引。

"微课堂"模块放入了统一和规范垃圾分类教育培训课件和宣传资料，搭建了一套垃圾分类公众教育体系，以短视频形式宣传垃圾分类知识，实现垃圾分类公众教育规模化、平台化、常规化。该功能保持一定的更新频率，收集和广州垃圾分类相关的视频课程，让市民通过多媒体的形式学习做好垃圾分类。

"互动"模块为提高服务的趣味性而设置。通过垃圾分类的互动闯关游戏，以垃圾分类指南、知识答题和互动小游戏等形式，如"你会垃圾分类吗""垃圾分类好麻烦？客官请看这里""哪个是我的家"和"垃圾分一分，城市绿一分"等小游戏，引导居民进行正确的垃圾分类。

"垃圾回收"版块链接"92 回收"，分免费回收、有偿回收和付费回收，提供三种类型的预约上门回收服务，方便市民处理可回收垃圾，减少废弃物污染，提倡分类新时尚。

在"达人挑战赛"模块，能很好地和用户实现互动，市民通过"达人挑战赛"挑战成为"垃圾分类达人"，以挑战赛的形式，在竞赛中学习掌握垃圾分类知识和方法。

在"新花城"的具体运营中，客户端还会适时推出垃圾分类社区排行榜，根据广州市城市管理和综合执法局提供的数据提高各社区参与垃圾分类的程度的曝光度，引导和影响居民参与垃圾分类。

为了更好地发挥媒体传播功能，特别划出的"新时尚""党员在行动"以及"分类达人"模块，则分别反映党政机关、学校企业、社会团体、市民群众践行"垃圾分类就是新时尚"理念的实际行动；宣传基层党组织发挥的党建引领作用，组织广大党员投身生活垃圾分类的活动场景；以及宣传那些事迹感人、成绩突出、作用明显的垃圾分类从业人员和市民群众，推广"垃圾分类"新时尚，引领市民们参与到垃圾分类工作。

（二）从单纯报道到用媒体产品推动广州垃圾分类进程——《羊城晚报》如何帮助推动广州垃圾分类

《羊城晚报》创刊于 1957 年，由广东省委宣传部主管的报纸。自 1998 年组建羊城晚报报业集团以来，截至 2020 年 6 月，该集团除拥有《羊城晚报》报纸以外，还有网站金羊网、羊城晚报 App "羊城派"、羊城晚报官方微博、羊城晚报官方微信、活动大平台等新闻报道刊发，延伸活动组织的平台。虽然是"省报"，但以"羊城"为名，该报深度关注广州民生生活。持续多年的广州垃圾分类工作，《羊城晚报》一直有跟踪报道。较为巧合的是,《羊城晚报》主跑广州城市管理线的记者,自 2011 年至今,一直没换过人,可以说是一直在记录广州垃圾分类的进程。

发生在 2009 年的广州番禺反对垃圾焚烧事件,使广州垃圾分类实操进入萌芽阶段。2009 年,原广州市城市管理委员会,成立管理垃圾分类的处室"分类管理处"。但从 2009 年至 2012 年年初,广州的生活垃圾从投放到处理,除了部分市民有"收买烂嘢"①习惯外,几乎没有任何分类概念。自 2012 年陈建华出任广州市市长后,提升垃圾处理成效成为广州市人民政府关注之事。由于彼时广州垃圾终处理仍主要采取填埋方式,如果不根本改变广州垃圾终处理途径,广州将面临"垃圾围城"困局。通过当年 4 月至 5 月间接连 3 场面向媒体负责人、专家、市民的座谈会,广州市人民政府基本确定了尽快规划兴建新型生活垃圾处理设施,减少广州对焚烧处理的单一依赖,向市民宣传灌输垃圾分类理念,待设施建设成熟时便于分类投放处理的路径。从当年起,广州市采取了一边规划建设新型生活垃圾终处理设施,一边举办垃圾分类全民动员大会的策略。这一阶段从 2012 年,一直持续到 2019 年上半年。《羊城晚报》对于垃圾分类的相关工作,以纯报道为主,偶尔举办一些除日常报道以外的垃圾分类活动或项目。

2019 年 6 月起,《羊城晚报》对广州垃圾分类的工作,开始由单纯报道变为"报道+辅助项目+活动"。虽然广州仍在不断加强面向市民垃圾分类的宣传引导,但在实操层面上,当年 7 月 1 日正式实施垃圾分类的上海市,宣传动员和实操落实上比广州更为积极。通过新浪微博搜索"广州垃圾分类"词条时,甚至会出现相当数量网友在广州早已就垃圾分类立法的背景下,仍在询问"广州什么时候开始垃圾分类"。在这一背景下,《羊城晚报》以一波轻度的舆论监督报道,反映广州垃圾分类"动力不足",如《晕!广州早已实施垃圾分类,部分网友竟然不知道……》《日均回收 7700吨再生资源 市民分类意识仍有待提高》《硬件不到位、市民乱投放、回收大杂烩……如何解决垃圾分类痛点?》。但从鼓励的角度,《羊城晚报》也进行一波具有服务性的报道,如《别学错!广州版垃圾分类指引长这样》《家装餐厨垃圾粉碎机 上海广州皆称不提倡》。在上海 7 月 1 日正式实施《上海市生活垃圾管理条例》后,《羊城晚报》分别以广州本地跑线记者和上海驻站记者连线,广州跑线记者前往上海采访报道等形式,推出"垃圾分类双城记"策划,对比两座城市在垃圾分类实施上的异同点。随着广州最终决定全面推进垃圾分类,《羊城晚报》也动态性跟随官方的推进进程去报道,

---

① 将可回收废品卖给废品收购的换钱。

包括但不限于官方推进垃圾分类而加强执法工作，宣布全面实施"楼道撤桶"，"楼道撤桶"推进遇到痛点难点，最终全面"撤桶"等动态进程。

除了动态常规报道，《羊城晚报》在 2019 年下半年开始，亦尝试自行策划一些活动和项目，或者参与其他平台项目，合力推动广州垃圾分类工作。通过与广州市政协"有事好商量"平台合作，《羊城晚报》通过记者主动走访，跟随政协委员调研等方式，与政协委员们一道为广州垃圾分类工作建言献策。不少政协委员 7 月提出的建议，在 11 月记者回访时发现广州已在执行；由于《羊城晚报》旗下金羊网，同样是广州市城市管理和综合执法局的新媒体运行方，金羊网亦协助广州市城管部门，开发垃圾分类智能查询平台，市民通过手机输入垃圾名称，即能查询某一件垃圾到底属于哪一类垃圾。

在广州"楼道撤桶"工作遭遇推进难的问题时，《羊城晚报》适时和广州本地各物业企业合作，由采编部门和发行公司牵头，深入物管小区开展垃圾分类社区宣传活动，通过展示垃圾分类报道展板、小游戏等形式向居民宣传垃圾分类，通过深度报道举办活动小区的垃圾分类实施效果，告诉居民自己所在小区已在实施"楼道撤桶"。

为提升垃圾分类成果，广州不少小区自 2019 年下半年起，邀请休班环卫工人、小区物管清洁工、回社区报道党员志愿者等，担任"守桶员"岗位。《羊城晚报》通过与广州市海珠区城市管理和综合执法局的合作，为区内多名优秀"守桶员"进行表彰慰问，肯定他们的辛勤工作，也希望社会各界多参与垃圾分类。

总体来看，《羊城晚报》直到 2019 年下半年开始，在垃圾分类上才逐渐由纯报道转为"报道＋活动＋项目"。这一变化的主因，是广州直到 2019 年下半年开始，政府部门才有了相比往年，更强烈推动垃圾分类工作的欲望。作为服务提供方，政府部门和市民需求的垃圾分类查询系统，金羊网参与制作也是义不容辞的。每年下半年，也是媒体开展发行工作的时候。深入社区举办活动，也是《羊城晚报》进社区开展业务的手段。由于垃圾分类始终是广州避不开的新闻热点，所有的活动和项目，其最终目的，还是和新闻报道有关。不断有报道出现，才会让大家知道广州垃圾分类正在进行，而不是"广州什么时候开始垃圾分类"。

（三）广州广播电视台广州电视：精准发力 多重出击 助推垃圾分类深入民心

广州广播电视台广州电视作为市委机关电视台，在广州市垃圾分类的推广中，自然而然地担起电视类媒体宣传的重任。2019 年下半年，广州广播电视台广州电视开始在垃圾分类报道中发力，在广视网推出《垃圾分类新时尚》专题栏目，并在首页导读栏目做了入口引入并保留至今。

除了日常性的有关垃圾分类的新闻性报道，在广州市民最为关注的垃圾如何分类这一关键问题上，广州广播电视台广州电视在电视媒体的基础上，积极运用了多种形式对垃圾如何分类制作包装节目。

其中最突出的当属抓住流行热点改编而成的《野狼 disco——垃圾分类版》。

《野狼 disco》是由宝石 Gem 演唱的一首歌曲。2019 年 10 月 15 日，宝石 Gem 推出该歌曲与陈伟霆合作演唱的版本。该曲显得另类却又亲切，押着俗常的韵脚，又有粤语说唱元素。它混搭着港台金曲风，东北喊麦的市侩劲儿和复古迪斯科的强劲节奏，发布后旋即风靡全网，并马上出现了不同行业以该曲为蓝本二度创作的 MV 版本。作为广州本地电视媒体，此改编版本是利用流行热点，助推垃圾分类成为新时尚这一主题的成功作品。

2019 年 9 月，广州广播电视台广州电视推出《城市垃圾治理二十年，广州驶入快车道》专题栏目，详细介绍了广州作为垃圾分类先行城市的前世今生。片中简介提道："广州城市垃圾治理始于 1999 年，今时今日，广州对垃圾分类工作再部署、再动员、再跟进，再一次吹响了在全市全面推进生活垃圾分类工作、打造垃圾分类处理广州样本的奋进号角。廿年先行者，而今再出发！"此片通过宣传片格式打造，重点宣传了广州作为垃圾分类先行城市，2019 年重新出发的政策理念。

2019 年 12 月，广州广播电视台广州电视又在专题页面推出原创动画作品：《掂叔出来讲文明，这次教你垃圾分类》，继续在垃圾如何分类上进行新形式的助推。

（四）《新快报》：垃圾分类，媒体不是旁观者，是记录者、亲历者，也是推动者

与全国其他特大城市一样，广州也面临着垃圾处理难、环境质量下降等问题。垃圾处理仍有持久战要打，这一过程中《新快报》不是旁观者，是记录者、亲历者，也是推动者。

从报道数量上看，2019 年全年，《新快报》共有 63 条报道与垃圾分类相关，上半年报道数量较少，高峰集中于 7 月、8 月，月均报道量超过 10 条。这与 7 月上海市《上海市生活垃圾管理条例》开始实施并引起热议，广州市召开垃圾分类再出发现场会议；8 月广州市政府发布《广州市深化生活垃圾分类处理三年行动计划（2019 — 2021 年）》，广州市城市管理和综合执法局发布《广州市居民家庭生活垃圾分类投放指南（2019 年版）》等政府对垃圾分类的大力推动相契合。在 9 月至 11 月，报道数量呈

下降趋势。由于广州市加快楼道撤桶和定时定点投放部署并要求年底前基本完成，在12月考核之际报道数量出现反弹。

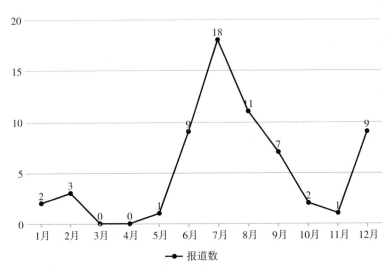

图1 2019年《新快报》每月垃圾分类报道数量（条）

从报道主题内容上看，关于垃圾分类科普的报道有4条，占比6%，内容涉及分类指南、误区提示、垃圾分类技巧及设备介绍。政府消息及官方举措的报道有23条，占比37%，涉及会议、政策、制度宣传、设备使用及工厂建设等方面。垃圾分类具体的执行方面有报道24条，占比38%，关注社区街道、居民小区、企业、学校对垃圾分类的宣传及执行。监督、评论及建议方面有报道12条，占比19%，关注撤桶、混收混运、网约回收、电子垃圾回收等问题，呼吁从制度保障、流程建设等方面推动垃圾分类。垃圾分类报道的主题内容较侧重官方消息及举措，积极配合有关部门的行动。直接的科普较少，更多被融于街道、小区等地执行垃圾分类的报道中，用积极行动和正面例子树立了垃圾分类的样板，促进全社会推进垃圾分类的良好氛围形成。同时注意垃圾分类落实中的疏漏之处，表达居民意见，有效发挥了媒体的监督作用。

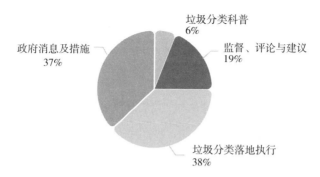

垃圾分类科普
6%

监督、评论与建议
19%

政府消息及措施
37%

垃圾分类落地执行
38%

● 垃圾分类科普　● 政府消息及措施　● 垃圾分类落地执行　● 监督、评论与建议

图 2　2019 年《新快报》垃圾分类报道主题

从报道的呈现方式上看，报纸版面、电子报、微信、微博、客户端相结合。63 条报道中，100% 于报纸版面及电子报两个渠道发布，不到 50% 的报道同时在"两微一端"渠道中发布，但发布时通常居于头条或置顶位置，从而保证垃圾分类信息的曝光。同时，63 条报道以图文报道为主，较少有视频、H5、游戏等形式展现。

通过对 4 位分别在 0～18 岁，19～40 岁，41 岁～60 岁，60 岁以上年龄段的广州市常住居民随机访问，其中 3 位通过电视、手机、车站广告等媒体报道获取过垃圾分类信息，学校及社区宣传栏也是他们了解相关信息的渠道。对于媒体的宣传效果，3 位受访者给予肯定，认为媒体帮助他们更好地了解垃圾分类的政策、方法，并依照规定做好分类；但两位受访者表示垃圾分类较为麻烦，参与其中主要靠小区强制执行。1 位受访者对垃圾分类的去向提出异议，认为居民垃圾分类仅是垃圾处理的一小部分，老人适应力较弱，混投难以避免，后期的运输、垃圾厂处理等环节是关键；但该受访者作为"旁观者"，并未在有效途径上表达过意见。

两位受访的小区保洁人员表示，媒体垃圾分类的宣传还需进一步加强，提升居民对垃圾分类的自觉性与配合度。一是垃圾分类宣传不够细致，一定时间段内存在居民投放混乱，需要指导监督；垃圾不破袋投放在垃圾桶旁，需破袋重新分类等问题。二是定时定点与撤桶的宣传不够深入，居民不理解情况，认为保洁人员负担减轻，帮助居民垃圾分类是理所应当，或不执行定时定点投放，认为误时投放点过远，在非投放时段直接将垃圾堆放在已经关闭的定点处。

三、广州媒体推动垃圾分类的启示

（一）"国策"面前，参与推动是义无反顾的

如果把"垃圾分类"作为普通新闻线索，媒体可以选择报与不报，有立场地报等做法。在党和国家领导人还没高度重视垃圾分类时，尽管广州在全国率先推行实操垃圾分类，但因具体成效不佳，且各阶层皆缺乏紧迫性。对媒体来说，既然受众重视度有限，在报道乃至包装上，也无须花太多精力去创设一个大众未必关心的话题。但在党和国家领导人皆关注，且广州如果相关工作做不好可能会让城市形象丢分时，推动垃圾分类政策在广州落地，鼓励自己的受众群体积极参与，对广州媒体来说是义无反顾的。从调研的四家媒体看，四家媒体都有 2019 年下半年开始，因应广州垃圾分类相关工作推动，涉及垃圾分类的报道和媒体产品推出频率增加的现象。

（二）媒体不再局限于原始和单一平台进行宣传报道

报纸的原始平台是纸，电视台的原始平台是电视机。如果报纸只关注在纸媒这一平台上下功夫，电视台也只是关注每晚六点新闻报道如何报好，显然会错失大量不看报纸和不看电视的人群。从各媒体的制作上看，很多作品早已突破原有平台。如《广州日报》和《羊城晚报》，均有相关作品在 App 上呈现，让手机用户也可以看到和垃圾分类有关的宣传素材，收到相关信息的人可能从来没有买过纸质版的报纸，却看到了报社提醒垃圾分类的信息。

从媒体制作的产品看，媒体的出品也突破了"只有宣传"这一迷思。《广州日报》通过"新花城"客户端，提供了可回收物变卖这一服务，这是单靠报纸这种媒介无法做到的；《羊城晚报》提供了广州官方认可的垃圾分类查询系统，用户可以通过系统准确查出某一件垃圾到底属于什么垃圾，这也是单靠报纸这种媒介无法做到的。

现有的传播规律，让媒体的产品不能"只有宣传"，但好的宣传产品依然是媒体出品必不可少的。从调查媒体的出品来看，一批好的宣传作品频频诞生。《广州日报》从 2019 年 7 月起持续在重要版面刊登垃圾分类新闻，并发动区街记者关注社区的垃圾分类动态；《羊城晚报》派记者前往上海，对上海、广州两城垃圾分类进行对比，并持续动态刊发垃圾分类新闻；广州广播电视台广州电视常态化播报垃圾分类新闻；《新快报》将垃圾分类报道设置在"两微一端"的头条位置。上述做法，都能让"垃圾分类"持续有新闻可做，并且在重要的版面得以呈现。

好的宣传方式，不能只是硬邦邦地喊口号。从媒体出品来看，各大媒体均采取了更易让人接受的方式了解垃圾分类。如《广州日报》在 App 中添加垃圾分类游戏，广州广播电视台广州电视改编《野狼 disco》，这些做法皆让可能原先根本不关注垃圾分类的受众，在各自关注的平台接触到垃圾分类。

媒体为垃圾分类做了那么多工作，并非只是"杨白劳"。从《新快报》的调研情况看，相当数量的被访市民，是从各类媒体的报道当中获得垃圾分类信息，而且被访市民也认为媒体的报道帮助他们更好地了解垃圾分类的政策、方法，并依照规定做好分类。

媒体只有在持续有人看的情况下才有生命力。通过垃圾分类，广州媒体也实现了一轮"圈粉"。如《广州日报》，2019 年 7 月至当年底，客户端关于广州市全面推进城乡垃圾分类工作共发布相关报道 329 篇，总阅读量超 400 万；《羊城晚报》则是将垃圾分类线下实体活动和发行工作相结合，在社区一边地推垃圾分类活动一边拉动发行。根据《新快报》的调研，媒体通过与社区、街道、物业等合作进行活动策划，将平面的消息变作真实可感的活动，让垃圾分类宣传更加"接地气"来吸引居民参与互动，从而消除对分类指南的盲点、提升分类正确率，并拉近其与垃圾分类的距离，进一步使垃圾分类行为日常化。

（三）政府态度开明，媒体得以发挥

媒体的创作，和政府对某一题材的看法息息相关。一些媒体行为，特别是舆论监督报道，有可能对政府施政不足进行揭露，或者质疑某项政策。但通过对广州市城市管理和综合执法局的访谈，政府部门其实也支持媒体在广州垃圾分类报道上进行舆论监督报道。毕竟如果一件事情推动起来没有阻力和难度，则不会推了那么多年都没起色。适度的舆论监督报道，能够让基层政府部门反思政策执行是否有问题，并最终解决问题。

走在改革开放前沿，广州机关单位的一些政府行为，颇有市场化头脑。根据调研团队对广州市城市管理和综合执法局的访谈，该局在垃圾分类方面，与媒体更多地采取了合作的方式。一场垃圾分类活动，与媒体合作举办。涉及垃圾分类的政务服务，譬如，垃圾分类查询系统，政府采购让媒体完成等措施，均让媒体参与垃圾分类工作越来越有动力。

四、总结

把一个推行多年的政策最终较为成功地推行下去，光有政府自己搭台唱戏是不够的。选择谁和自己一起搭台唱戏，也是很重要的。广州市政府部门将媒体列为可以共同搭台唱戏的伙伴，说明媒体在这座城市的重要性十分显著。

该唱什么样的戏才能吸引人看，最终推动一项此前难以推动的政策，这也是有讲究的。2020年6月30日，中央全面深化改革委员会第十四次会议上有关媒体融合的内容，便要求媒体需建立以内容建设为根本、先进技术为支撑、创新管理为保障的全媒体传播体系。今时今日，如果还守着"纸""电视"等单一自有平台制作媒体产品，会丢失受众，也难以起到用宣传推动某一项政府政策的作用。从广州媒体帮助政府推动垃圾分类政策的做法来看，不仅有过硬的内容，还有技术加持，最终实现多维度的全媒体传播。

媒体是推动社会进步的公器，它的属性也决定了在生命周期需要考虑经营问题。从调研情况看，广州有良好的环境，既让媒体获得在垃圾分类上较好的报道自主，也能够带动经营和吸引受众。

通过广州媒体推动垃圾分类工作的众多实效，各地地方政府日后在推动重大民生却阻力较大的政策时，不妨创造宽松的舆论环境和营商环境，让媒体成为推动政策落地的动力源头之一。作为一项需要长期推动的政策，无论是政府还是媒体，均应该保持一定的热度和曝光频率。如果把2019年7月起的报道高潮拉分至其他年份其他月份，也许能让垃圾分类热潮更早且相对平均持续地在广州发生。

参考文献：

[1] 广州市城市管理和综合执法局.广州城市（市区）市容环境卫生（统计年鉴2011）[EB/OL].（2013-01-08）[2021-10-08].http：//cg.gz.gov.cn/zwgk/sjfb/sjxx/content/post_2801703.html.

[2] 腾讯视频.广州火烧岗垃圾填埋场滑坡[Z/OL].（2016-08-04）[2021-10-08].https://v.qq.com/x/page/g0318kckuo0.html

[3] 宜居广州生态环境保护中心.广州市生活垃圾分类管理成本调查报告（2016年）[EB/OL].（2019-11-30）[2021-10-08].https://max.book118.com/html/2019/1101/5100144122002144.shtm.

［4］梁怿韬.市长苦思三句顺口溜改变垃圾分类收与运.［Z/OL］.（2012-05-22）
　　　［2021-10-08］.http：//news.sina.com.cn/c/2012-05-19/005924440365.shtml.

［5］梁怿韬.穗再开垃圾处理座谈 陈扬：政府不能包打天下.［Z/OL］.（2012-05-22）
　　　［2021-10-08］.http：//news.sina.com.cn/o/2012-05-22/124424457521.shtml.

［6］谭畅，杨辉.调查｜广环投"塌方式腐败"窝案的症结在哪里［Z/OL］.（2016-
　　　06-23）［2021-10-08］.http：//static.nfApp.southcn.com/content/201606/23/c98512.
　　　html.

［7］梁怿韬，成广伟.卫生填埋焚烧发电综合利用40年悄然发生革命性的改变
　　　［Z/OL］.（2018-12-03）［2021-10-08］.http：//news.ycwb.com/2018-12/03/
　　　content_30144570.htm.

［8］梁怿韬.广州越秀区拟就近处理餐厨垃圾 或能年减量近万吨垃圾［Z/OL］.
　　　（2018-04-09）［2021-10-08］.https://www.sohu.com/a/227726579_119778.

［9］焦点访谈.垃圾分类 难在哪里.［Z/OL］.（2019-07-08）［2021-10-08］.http：//
　　　tv.cctv.com/2019/07/08/VIDEhEttGp9Fg61KgVA3ikhu190708.shtml.

［10］梁怿韬.最早推行垃圾分类，"国考"只考了第六名，广州垃圾分类输在哪？
　　　［Z/OL］.（2018-04-09）［2021-10-08］.http：//www.gz.gov.cn/xw/tzgg/content/
　　　post_6183299.html.

［11］广州市发展和改革委员会.广州市发展改革委关于印发广州市2020年重点项目
　　　计划的通知［EB/OL］.（2018-04-09）［2021-10-08］.http：//www.gz.gov.cn/
　　　xw/tzgg/content/post_6183299.html.

［12］新华网.习近平对垃圾分类工作作出重要指示.［Z/OL］.（2019-06-03）［2021-
　　　10-08］.http：//www.xinhuanet.com/2019-06/03/c_1124577181.htm.

［13］梁怿韬.初定下月广州全市推广"定时定点＋误时"扔垃圾.［Z/OL］.（2014-
　　　06-12）［2021-10-08］.http：//inews.ifeng.com/40710545/news.shtml.

［14］艾媒咨询."教罚并举"！北京垃圾分类新规明年5月实施，中国垃圾分类现状
　　　及投资机会分析［Z/OL］.（2019-11-28）［2021-10-08］.https://www.iimedia.
　　　cn/c1020/66959.html.

乡村振兴背景下广东县级融媒体对信息
扶贫的影响探究

朱　颖　杨心玥　刘　影　官雯珺　许焕枫①

一、研究概况

（一）研究背景

在 2018 年 8 月 21 日全国宣传思想工作会议中，习近平总书记明确提出"要扎实抓好县级融媒体中心建设，更好引导群众、服务群众"。融媒体中心的建设是县级媒体建设中具有里程碑意义的节点，可以一举这一春风般的改革之力，解决以往县级媒体的体制机制、资金资源、场地人员、编制机构等问题，提高媒体的传播力、引导力、影响力、公信力，更好地实现"引导群众、服务群众"的目标。

县级融媒体的建设不仅是新兴技术服务于媒介传播的道路，更是当下时代信息扶贫的必经之路和回归点之一。在乡村扶贫大旗高举的信息时代中，信息贫困是社会贫困的重要表现方式，信息扶贫的重要性不言而喻。在我国，信息扶贫的对象主要是农民，集中于较为落后的农村地区。我国的信息扶贫可以分为两个阶段：第一阶段为 20 世纪 70 年代末至 90 年代中期，借助于广播、电视等传统媒介传播信息，我国出台了《农牧渔业部电子计算机应用规划》等政策，此时主要注重科技发展及科技成果的普及；第二阶段始于 20 世纪 90 年代中期，依托于互联网日益腾飞的技术，信息扶贫工

---

① 朱颖，女，广东外语外贸大学新闻与传播学院副院长，教授；杨心玥，女，广东外语外贸大学新闻与传播学院本科生；刘影，女，广东外语外贸大学新闻与传播学院本科生；官雯珺，女，广东外语外贸大学新闻与传播学院本科生；许焕枫，男，广东外语外贸大学新闻与传播学院本科生。

作明显加强，我国出台了《农业科技发展纲要（2001—2010 年）》《2006—2020 国家信息化发展战略》等政策，着力治理数字鸿沟并将信息化发展作为国家重要战略。因此，县级融媒体中心的快速发展与信息扶贫的时代需求不谋而合。

（二）研究意义

2021 年 2 月 25 日，习近平总书记在全国脱贫攻坚表彰大会上宣布，我国脱贫攻坚战取得了全面胜利，现行标准下的 9899 万农村贫困人口全部脱贫，832 个贫困县全部摘帽，12.8 万个贫困村全部出列，区域性整体贫困得到解决，完成了消除绝对贫困的艰巨任务。尽管我国目前脱贫攻坚战取得伟大胜利，但乡村振兴之路仍道阻且艰。

1970 年，传播学家蒂奇诺等人依据实证研究提出的"知沟"理论，经济地位高者通常比经济地位低者能更快更多地获得信息，经济上的富人同时也是信息富人，经济贫困者也是信息贫困者，且两者之间差距呈扩大趋势。目前我国实现脱贫的地方县与经济较发达地区之间各方面发展水平仍存在着较大差距，民众的信息素养长期以来受限于经济、社会、技术等条件，与经济较发达地区的民众相比较低，亟须提高。信息时代下，媒介的多样化不断冲击着现有媒介格局，立足于当地的县级融媒体在信息传播中具有地缘链接、政策支持等优势，但也存在亟须改善的问题。

本研究计划通过对粤西、粤北地区 5 个县级融媒体进行深入调查，包括对融媒体本身的信息内容生产现状、信息化生活服务水平、所在区域的地域条件、历史文化背景、民众人口统计学特征等影响因素进行研究，探究在乡村振兴背景下广东信息贫困地区县级融媒体对信息扶贫的影响，并总结出各地县级融媒体的个性与共性、优势与短板等，提出可供广东省信息贫困区县级融媒体借鉴的信息扶贫建议，以期建立一套可供推广的广东省县级融媒体信息扶贫工作方案，助力广东省县级融媒体的发展以及广东省人民素养的提高，推动乡村振兴工作的开展。

（三）研究设计

基于上述背景，本研究关注的核心问题是：乡村振兴背景下广东县级融媒体对信息扶贫的影响。为了回答这一问题，我们将以广东粤西、粤北地区 5 个县级融媒体为研究对象，具体围绕以下三个问题展开：①广东县级融媒体信息扶贫实践是怎样的？②广东县级融媒体信息扶贫实践中存在哪些不足？③如何进一步提升广东县级融媒体信息扶贫实践？

本研究以粤北地区的韶关市翁源县和清远市阳山县，粤西地区的湛江市雷州市、云浮市郁南县及茂名市信宜市5地市县级融媒体为调研对象，通过一个月的田野调查，亲身参与县级融媒体的信息扶贫实践，深入了解县级融媒体的发展状况与实践流程；深入基层一线对县级融媒体工作人员和当地群众做半结构式访谈，调研县级融媒体信息扶贫的实践效果，总结广东县级融媒体建设总体情况、广东县级融媒体信息扶贫实践、相关经验总结和不足，并提出相应的发展建议。

二、广东县级融媒体建设总体情况

为更好地了解各县级融媒体的建设情况，本研究对各县级融媒体的机构建设情况与各媒体平台矩阵运营成效展开调研。以下数据截止至2021年8月1日。

（一）茂名信宜市

信宜市融媒体中心于2018年12月27日正式挂牌，内设10个机构，分别是综合部、人事部、安全物业部、策划调度部、全媒体采编部、新媒体制作部、广播节目部、电视节目部、平媒体编辑部、技术播出保障部。

信宜市融媒体中心平台矩阵有微信公众号、App移动客户端、抖音、电视、广播5个平台。具体情况见表1。

表1　信宜市融媒体中心平台矩阵

媒体平台	媒体名称	粉丝量（人）/下载量（次）
微信公众号	信宜发布	17500
	信宜新闻	17747
	文明玉都	17193
App移动客户端	云端信宜	7.5万+
抖音	信宜发布	4万
电视	信宜新闻	—
	粤菜师傅	
	周末去哪儿	
	玉都金土地	
广播	融媒全接触	—
	品质生活	
	Hi,989	
	漫步星空下	

（二）湛江雷州市

雷州市融媒体中心于 2019 年 9 月 20 日正式挂牌，内设 16 个机构，分别是负责行政管理的办公室、人力资源部、计划财务部、发射部门；负责新闻信息采集的总编室、全媒体采访部、外联部；负责信息编辑的全媒体编辑部、电视部、广播部、报刊部；负责产业发展的运营部、网络传输部、技术部、播出部、广播电视台。

雷州市融媒体中心平台矩阵有微信公众号、抖音、微博、快手号、App 移动客户端、雷州电台、电视、报纸。具体情况见表 2。

表 2　雷州市融媒体中心平台矩阵

媒体平台	媒体名称	粉丝量（人）/下载量（次）
微信公众号	雷州发布	10 万 +
App 移动客户端	名城雷州	10 万 +
抖音	雷州融媒	128
快手	雷州市融媒体中心	51
微博	雷州融媒	6
电视	雷州电视台	—
广播	雷州电台	—
报纸	《雷州新闻报》	—
	《湛江日报》区域报	

（三）云浮郁南县

郁南县融媒体中心于 2018 年 11 月正式挂牌，内设 6 个机构，分别是综合部、财务资产管理部、采编部、新媒体制作部、广播电视节目部、技术播出保障部。

郁南县融媒体中心平台矩阵有微信公众号、App 移动客户端、电视、广播。具体情况见表 3。

表 3　郁南县融媒体中心平台矩阵

媒体平台	媒体名称	粉丝量（人）/下载量（次）
微信公众号	郁南融媒	3 万 +
	郁南发布	1 万 +
App 移动客户端	绿色郁南	3.4 万 +
电视	郁南有线电视新闻	—
广播	郁南人民广播电台	—

（四）韶关翁源县

翁源县融媒体中心于 2019 年 5 月正式挂牌，内设 7 个机构，分别是办公室、总编室、新闻部、新媒体部、广播部、技术部、运营部。

翁源县融媒体中心平台矩阵有微信公众号、App 移动客户端、抖音、微博、电视、广播。具体情况见表 4。

表 4   翁源县融媒体中心平台矩阵

媒体平台	媒体名称	粉丝量（人）/ 下载量（次）
微信公众号	翁源发布	3 万 +
	翁源电视	3.5 万 +
App 移动客户端	兰韵翁源	4.6 万 +
抖音	兰韵翁源	5086
微博	翁源县融媒体中心	27
电视	翁源电视台	—
广播	翁源县人民广播电台	—
	"村村响"智慧应急广播	

（五）清远阳山县

阳山县融媒体中心于 2019 年 11 月 19 日正式挂牌，内设 5 个机构，分别是办公室、新闻中心、网络传输中心、网络中心、财务部。

阳山县融媒体中心平台矩阵有微信公众号、App 移动客户端、电视、广播。具体情况见表 5。

表 5   阳山县融媒体中心平台矩阵

媒体平台	媒体名称	粉丝量（人）/ 下载量（次）
微信公众号	阳山发布	3.6 万 +
App 移动客户端	今日阳山	5 万 +
电视	阳山新闻	—
广播	"村村响"智慧应急广播	—

粤北、粤西 5 个县级融媒体形成了包括微信公众号、App 移动客户端、抖音、快手、微博、电视、广播、报纸在内的媒体传播矩阵，在各个县级融媒体中均有新媒体的微信公众号、App 移动客户端和传统媒体的电视、广播。由于同一融媒体的

不同媒体平台粉丝之间存在重叠，因此这里对每个融媒体的媒体平台比较样本，选取粉丝量较高的一个账户。其中信宜市融媒体公众号粉丝量在 1.7 万左右，App 移动客户端粉丝量超 7.5 万；雷州市融媒体公众号粉丝量超 10 万，App 移动客户端粉丝量超 10 万；郁南县融媒体微信公众号粉丝量超 3 万，App 移动客户端粉丝量超 3.4 万；翁源县融媒体微信公众号超 3.5 万，App 移动客户端粉丝量超 4.6 万；阳山县融媒体微信公众号 3.6 万，App 移动客户端粉丝量超 5 万。总体而言，翁源县融媒体无论是微信公众号还是 App 移动客户端粉丝量均处于一个相对中间的位置（微信公众号粉丝量第 3，App 移动客户端第 4）；同时，翁源县也具有抖音（粉丝量 5086）、微博（粉丝量 27）等平台，新媒体传播矩阵较为齐全，具备一定的典型性，适合作为个案深入研究。

三、广东县级融媒体信息扶贫实践

本研究以 2021 年 5 月 1 日至 2021 年 10 月 31 日为时间段，对这 6 个月共计 184 天中样本广东县级融媒体的微信公众号和 App 发布的所有文章进行全样本分析。

统计后，翁源县级融媒体共发布内容 940 条，雷州县级融媒体共发布内容 1167 条，阳山县级融媒体共发布内容 813 条，信宜县级融媒体共发布内容 1054 条，郁南县级融媒体共发布内容 1170 条，共计 5144 条分析文本。本研究采用描述性统计法，对分析文本根据相关类目进行设计，从报道主题、报道形式、信息来源和表达特色 4 个部分进行分析。

（一）报道主题

根据已有文献以及乡村振兴战略总体要求，辅以研究人员在资料阅读过程中的观察与经验整理，本研究将 5 个广东县级融媒体的报道主题分为以下 5 类：党建引领、产业振兴、乡风文化、生态环境和民生新闻。具体数据见图 1 和图 2。

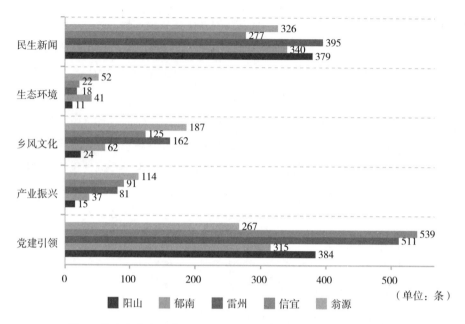

图 1　粤西、粤北五县 5.1—10.31 县融媒体新闻报道主题分布情况

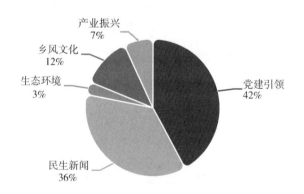

图 2　粤西、粤北五县 5.1—10.31 县融媒体新闻报道主题分布情况

1. 党建引领

加强基层党建引领，发挥堡垒作业促进乡村振兴。《乡村振兴战略规划（2018 — 2022 年）》指出，加强农村基层党组织对乡村振兴的全面领导。5 个广东县级融媒体在 6 个月内发布的党建引领类主题内容共 2016 条，发布数量在 5 个主题中排名第 1。可见广东县级融媒体重视加强主流舆论的宣传，把握舆论阵地。党建引领类的内容可

以细分为 4 类，分别是党史知识、机关会议、基层选举和政府公告。

在党史知识部分，"雷州发布"在微信公众号导引栏处就设置了"学党史"版块，对当地与"学党史"有关的活动或会议的新闻报道聚合，方便人民群众及时了解最新党史学习动态，参加学习教育活动，共享红色资源；并定期发布《学党史　党史上的今天》系列推文，用时间轴的形式将党发展历程中的"历史瞬间"串联，并用故事叙事的方式在推文中呈现，激发人民群众学习党史的兴趣，回顾党的发展历程中的重大事件。党史知识的发布内容，能让人民群众了解到中国共产党百年来开创和推进的伟大事业，从而更加深刻地认识全面推进乡村振兴的时代背景。

在机关会议部分，推文做到政务公开透明，及时发布本县内的扶贫工作动态、扶贫会议等信息，为社会各界参与脱贫攻坚事业提供服务。例如，"翁源电视"的推文《乡村振兴　龙仙镇召开驻镇帮镇付村工作推进座谈会》就报道了驻镇帮镇扶村工作队与镇党政班子成员关于探讨如何全面推进乡村振兴工作的会议，文中介绍了驻镇帮镇扶村工作队在龙仙镇下一阶段的工作规划，以及镇党政班子成员给出的建议。这类推文能够向人民群众传递上级扶贫政策，使其紧跟基层政府乡村振兴的工作规划，促进农业生产。

在基层选举和政府公告部分，广东 5 个县级融媒体均展现了选举现场的真实情况，传达了上级领导的相关指示；政府公告内容具有明显的后疫情特点，及时传递疫情信息，承担起了基层信息枢纽在重大突发公共卫生事件中的社会责任，在信息传递中回应、关照人民群众及其社会生活各方面的需求，提高县域党委和政府的沟通能力，在媒体融合层面上对"互联网＋政务服务"进行延伸与发展，推动人民群众协同参与到社会治理中。

2.民生新闻

民生新闻是指关注老百姓生活问题的新闻。5 个广东县级融媒体在 6 个月内发布在民生新闻类主题内容共 1717 条，发布数量在 5 个主题中排名第 2。广东县级融媒体发布的民生新闻的可以细分为 3 类：与人民切身利益相关的新闻报道，科普宣传类报道和答疑解困类报道。这类报道紧跟新农业、新农村的发展，弥补农村的数字鸿沟，及时解决农户问题，推动乡间发展。

例如，"雷州发布"的《台风肆虐，雷州北运菜种植遭重创》这一推文，及时报道了雷州台风对农业的恶劣影响，使农村群众能在很短的时间获取与切身利益相关的新闻信息，开展行动降低损失；"翁源电视"的《应急科普｜图说：强对流天气这些事儿，你该知道！》《健康科普｜新冠肺炎疫情常态化防控防护指南之托幼机构篇》《应急科普｜图说：汛期灾害性天气自救常识，请收好》等推文，对科学知识、防疫知识和安全常识进行科普，向人民群众传递便利生活的知识，提高农村群众的科学文化素养；《爱心助农　新江镇上坝村梅岩龙眼丰收，果农愁销售》这一推文，报道了上坝村龙眼滞销的问题，并提供购买渠道和方式，积极解决农户的问题，实现增收。这些民生新闻类的内容，及时向人民群众传递基层新闻，增长人民群众的知识与常识，通过情景化、生活化方式再现，用场景化的服务留住受众，积极为人民群众解决问题。

3. 其他主题

产业振兴、乡风文化和生态环境 3 部分内容聚焦于细分领域，聚焦于经济发展、精神文明和生态保护这 3 方面主题，此 3 方面是乡村振兴必不可少的重要内容。

产业振兴是乡村全面振兴的基础和关键。5 个广东县级融媒体对产业振兴的内容报道聚焦于优势产业的发展成就和上级政府对当地产业的发展规划与指示。这些报道内容能够展现乡村经济的发展成就，提振农民群众的信心；解读相关的产业政策，使当地群众对产业的发展趋势更为了解。例如，《雷州引种泰国蜜柚，金秋采摘上市》《乡村振兴　一村一品：富硒大米助新江镇太坪村以粮富农》等推文聚焦本地特色产业的发展，及时报道当地产业新闻，为本地经济发展提供信息支持和强有力的舆论支持。这些内容对当地产业发展进行了正确的引导和宣传，增强地区的内生动力。

乡风文明是党的十九大提出的乡村振兴战略的内容之一。5 个广东县级融媒体对乡风文明的内容报道聚焦在乡村的文化活动与文化比赛上。这些报道内容能够展现新时代农村的精神文明建设，培育文明乡风。例如，《文学创作　"绿韵青云山"文学创作大赛颁奖暨庆祝建党百年活动举行》等推文，能够及时报道本地基层的文化活动，激发人民群众的文化兴趣，提高人民群众的文化素养。

生态环境是乡村振兴的基础。5 个广东县级融媒体对生态环境的内容报道聚焦于环境治理上，这些报道能够弘扬环境文化，倡导生态文明。通过提高广大农民群众对生态建设意义的知晓率，提高对生态建设的参与度和满意度，逐步引导农民端正价值观念，增强资源危机意识，落实人与自然和谐相处的理念。例如，《跟着河长去巡河　江尾镇村级河长：细心呵护"家门口"每一条河》等特色专栏，通过视频、图片、新闻稿等全媒体形式场景化地引导人民群众保护绿水青山，珍惜生态资源，从而推动农民的乡村生活真正走上生产发展、生活富裕、生态良好的文明发展道路。

（二）报道形式

在新闻作品的形式上，除了翁源县融媒体中心，其余 4 个县级融媒体中心的报道都以图文形式为主，图文形式新闻占总体新闻数量的比例高达85%，视频形式和H5形式的作品较少，占总体新闻数量的比例不足15%。可以看出粤西、粤北5县在内容形式上呈现出单一化的特征，视频作品和H5作品的原创力不足。

粤西、粤北5县应该在新闻内容的生产中更注重形式的多元化，与现代视听媒介形成良性互动，以立体、联动的方式，形象地宣传和解读党和政府的乡村振兴战略和农业政策；通过文字、数据、图片、音视频等形式及时向农民及涉农从业人员提供资讯类信息和服务类信息，更好地利用融媒体平台完成信息扶贫工作。

表6　粤西、粤北5县融媒体作品图文占比

媒体	图文类总量（条）	视频类总量（条）	H5类总量（条）	总量（条）	图文占比（%）
翁源县融媒体中心	371	564	1	942	39.4
郁南县融媒体中心	996	174	0	1170	85.1
雷州市融媒体中心	1111	55	1	1167	95.2
信宜市融媒体中心	1048	6	0	1054	99.4
阳山县融媒体中心	801	12	0	813	98.5

（三）信息来源

根据数据统计，粤西、粤北5县县级融媒体中心在2021年5月1日至2021年10月31日期间所产出的原创新闻内容占总新闻量的比例均超过50%，信宜融媒体中心的原创新闻占比甚至高达90.9%。粤西、粤北5县在进行原创新闻生产时，都积极从民生新闻视角成为报道重要切入点，为新闻的创新性叙事提供了新的角度。例如，阳山县融媒体报道的《狠抓生产不放松，确保粮食丰收》《呵护舌尖上的安全，阳山多部门联合开展'双节'前食品安全大检查》《青莲一村民收到'天降横财'短信，派出所民警和网格员出手了》等新闻就用生动的叙事语言来报道民众所关心的农业生产、食品安全、网络诈骗、信息安全等问题。

表7 粤西、粤北5县融媒体作品原创占比

媒体	原创量（条）	转载量（条）	总量（条）	原创占比（%）
翁源县融媒体中心	654	286	942	69.4
郁南县融媒体中心	720	450	1170	61.5
雷州市融媒体中心	860	307	1167	73.7
信宜市融媒体中心	958	96	1054	90.9
阳山县融媒体中心	439	372	813	54

除了生产原创新闻作品，粤西、粤北5县县级融媒体中心还注重了多方信源的重要性，从不同等级的权威媒体平台进行新闻的转载。例如，粤西、粤北5县县级融媒体中心经常转载的国家级媒体平台有学习强国、新华社、共产党员网、中国政府网和人民日报等，体现出5县县级融媒体中心对党政信息引领的重视，积极响应国家重大政策，并将相关信息及时传播至基层；经常转载的省级媒体平台有《广州日报》、"南方+"客户端、《羊城晚报》和广东发布等，体现5县县级融媒体中心都重视同省范围内地区新闻信息的传播，具有强烈的省内媒体共同体意识。

县级媒体是基层媒体，信息接近性是县级融媒体的独特优势。粤西、粤北5县县级融媒体中心都比较重视地域性信息的采集、传播，会对市级媒体平台如各市级的政府网站、官方发布网站等和同级的县级媒体的报道进行转载，在新闻内容上力求贴近民众生活。比如，信宜市融媒体中心会对"茂名发布""信宜市疾病预防控制中心"所报道的新闻进行转载；郁南县融媒体中心会对"云浮发布""文明郁南粤西"所报道的新闻进行转载。同时，在疫情常态化防控时期，5县县级融媒体中心都特别强调疫情实时信息和疫情防控建议、重要提醒的及时报道，报道内容为各地新增病例情况、新增病例活动轨迹、新冠疫苗接种通知、各地疫情防控政策措施等，常用转载媒体包括广东疾控、国家卫健委官网、各县疾控中心等。

表8 粤西、粤北5县融媒体常用转载媒体

媒体	常用转载媒体
翁源县融媒体中心	广东疾控、韶关民生网、翁源天气、韶关发布、新华社、中国政府网
郁南县融媒体中心	学习强国、共产党员网、人民日报、广州日报、云浮发布、文明郁南
雷州市融媒体中心	人民日报、湛江日报、广东疾控、中央党史和文献研究院网站、南方+
信宜市融媒体中心	广东疾控、茂名发布、信宜市疾病预防控制中心、广东发布
阳山县融媒体中心	共产党员网、党史学习教育、中国政府网、新华社、央视新闻、国家卫健委官网、南方+、羊城晚报、广东天气、广东疾控、清远日报、清远发布、清远市疾控中心

（四）表达特色

粤西、粤北 5 县县级融媒体中心的微信公众号都设置了不同的特色栏目，体现了各县融媒体中心报道的重点、特色和倾向。如翁源县融媒体中心关注乡村振兴信息的报道，开设"乡村振兴"栏目；郁南县融媒体中心贴近受众生活，开设"我为民众办实事"特色栏目；雷州市融媒体中心注重"家乡感"和"归属感"的塑造，打造"乡愁"特色栏目，宣传雷州当地的风土人情；信宜市融媒体中心从小群体出发，打造"听代表候选人说"和"新时代人民好教师"特色栏目，引导民众对于这两个群体的关注；阳山县融媒体中心侧重服务类信息版块的打造，两个特色版块"道路交通安全"和"文明城市创建"及时给民众普及交通安全知识和文明城市创建的注意守则，服务民众的日常生活。

表 9　粤西、粤北 5 县融媒体特色栏目

媒体	特色栏目	栏目介绍	特色原因
翁源县融媒体中心	乡村振兴	包括翁源县脱贫攻坚、全面振兴、城乡融合、美丽乡村等方面的新闻内容报道	分类进行乡村振兴有关新闻报道且分类清晰，内容具体，满足了受众对于乡村振兴相关信息的需要
郁南县融媒体中心	我为群众办实事	报道郁南县内各个乡镇的政府、组织以及优秀个人等帮助乡镇居民们解决问题和困难，提升生活幸福感的优秀事迹	展现为群众奉献的人群的优秀事迹，营造良好的乡镇社会风尚
	网络中国节	在一些重要节日（尤其是中国传统节日）到来之际，进行网络宣传介绍	将中国传统节日与郁南县的乡风文化、民俗生活等相结合
	百年党史·郁南印记	介绍郁南县内的优秀共产党员和红色遗址	响应党史学习的号召，挖掘郁南县内的红色文化
雷州市融媒体中心	乡愁	主要介绍雷州旅游景点、雷州美食、雷州特产、雷州文化等雷州独具特色的旅游文化产业。在这里，用户能感受雷州的风土人情和浓浓的家乡味道	充分挖掘本地报道特色，结合本地优秀文化打造"乡愁"栏目，增强了本地民众对自己的家乡的感情
信宜市融媒体中心	听代表候选人说	向民众介绍今年的人大代表候选人	以 H5 形式呈现，画面精美，具有一定的互动性；嵌入了候选人的音频，拉近候选人与民众的距离
	新时代人民好教师	向民众介绍了人民教师的教学经历、个人故事等	颂扬教师职业，具有人文关怀，引导民众对教师群体进行关注

续表

媒体	特色栏目	栏目介绍	特色原因
阳山县融媒体中心	道路交通安全	进行道路交通安全方面相关信息的报道	该专题利用图文的形式提醒阳山民众注意交通安全，及时排查交通隐患、规避交通风险，为民众的生命安全保驾护航
	文明城市创建	进行一些和城市文明相关的公告、倡议书、活动安排的报道	该专题从旅游、城市环境与卫生、城市节日等方面指导民众的行为，富有针对性，让民众也参与到阳山文明城市的建设中来

除了特色栏目，粤西、粤北 5 县融媒体中心的标题、文章内容语言表达和形式都具有自己的风格和特色。在标题上，各县级融媒体中心会通过句式变化、谐音梗、网络用词使用、拟人比喻排比手法的使用等方式来使标题具有趣味性，突出报道重点，引起读者的阅读兴趣。比如，雷州市融媒体中心的一则新闻标题《惠众黑糯米水稻收获：稻亦有"道"》，运用了谐音梗，点出惠众黑糯米水稻不仅仅是普通的水稻，同时是雷州特色农产品的"发展之道"；阳山县融媒体中心的一则新闻标题《牛入牛群后如何确定归属？太平镇的网格员有办法》，运用了先问后答的方式，点出了新闻将要报道的事件问题的同时，也点出解决牛的归属问题的主体——太平镇网格员，形式令人眼前一亮又不失新闻要素的突出。

在文章内容语言表达和形式上，县级融媒体中心或利用条漫、手绘动画、海报等形式来进行新闻报道，或在语言表达上呼应当下热门用语来贴近受众心理，提升传播影响力。例如，郁南县融媒体中心在《超萌的无核黄皮自述来啦》新闻作品中运用了"手绘动画"的特色表达形式，生动具体地向读者介绍了郁南特色农产品无核黄皮的发展历史、外观、味道等特点；翁源县融媒体中心在《新冠肺炎疫情常态化防控防护指南之快递业篇》新闻作品中，以条漫的特色表达方式将快递业从业人员在不同工作场景中，应该注意的防控措施生动地呈现出来，富有趣味性。可见以上 5 县媒体中心在进行新闻作品的创作时，有注意去呈现出一定的特色风格和表达，选择独特的角度，为读者提供不一样的视野，来增强新闻的吸引力和感染力。

四、广东县级融媒体信息扶贫经验总结

县级融媒体中心的主体定位是引导人民和服务人民，通过提供高质量信息和数字化服务，对乡村地区进行信息扶贫。它能够打造意识形态主阵地，营造乡村振兴氛

围；传递解读"三农"政策，引导农民了解相关农业政策信息；通过信息数字化的优势，为农民提供农业生产知识，从而使他们更好地投入农业生产生活中去。

（一）打造主题宣传阵地，营造乡村振兴氛围

粤西、粤北5县融媒体中心积极传递党中央的声音，确保政务信息精确传达和政务服务精准落实，在乡村振兴方面加强正面舆论引导，形成舆论强势，营造乡村振兴氛围。

首先，从各个县级融媒体媒介矩阵的转载媒体信源来看，5县均从不同等级的权威媒体平台进行新闻的转载，积极地向县乡传递来自权威媒体和机构的信息，体现出各县级融媒体中心对党政信息引领的重视；其次，5县均开设了党建相关栏目，科普党史知识，引领思想文化。例如，"雷州发布"公众号特别开设"学党史"栏目，每日从"中共中央党史和文献研究院网站"转载在当天日期曾经发生的党史故事，标题为"党史上的今天"，积极向群众科普党史知识；翁源电视台开设了每周一播出的"主播说党史"栏目，由新闻主播向观众讲解党史故事，并配上音乐和画面，推动党史学习教育。这些种种举措巩固了县级宣传主阵地，为助力乡村振兴营造了良好的舆论氛围。

各个县级融媒体中心借助转载权威媒体及机构的报道信息，传播正能量弘扬主旋律的同时，有效拓宽了当地群众接收中央媒体信息的渠道，及时同步各方信息，打下了坚实的党建基础，是信息扶贫实践的重要举措。

（二）传递解读"三农"政策，增强农业知识培训

在乡村振兴背景下，粤西、粤北5县及时传递并解读"三农"政策，提高为农民办事的服务能力，同时挖掘本地在乡村振兴方面可借鉴的措施，充分报道和宣传乡村振兴相关内容，让人民群众了解乡村振兴的农业政策和措施，学习农产品种植生产经验。

"翁源电视"微信公众号发布推文《乡村振兴 省乡村振兴局：驻镇帮镇扶村行动需要妥善把握好几对关系》重点解读了解决"三农"问题需要把握的4对关系：把握好帮镇扶村与联县带户的关系，把握好发挥优势与凝聚合力的关系，把握好外部帮扶与增强活力的关系，把握好全面推进与差异发展的关系。推文通过对这4对关系的解读，进一步阐释了乡村振兴工作要做到"因地制宜、差异化发展，不能千篇一律"

的道理，使人民群众了解"三农"问题解决的规律。"雷州发布"微信公众号发布推文《雷州市杨家镇"小红薯"给群众带来甜生活》，推文介绍了雷州市杨家镇通过出租土地、入股分红等多种形式，大力发展种植红薯产业，拓宽收入渠道，带活了当地经济发展，能够为雷州市各镇发展特色农产品起到良好的借鉴作用。这类新闻均在其他各地县级融媒体大批报道，展现了人民群众参与农事的生动场景，传播了先进农业生产技术，让农户从中获取相关指导。

县级融媒体中心将"三农"政策带到基层，提升信息的到达率，打通乡村振兴的"最后一公里"，从而更有效地向农村和农民传播乡村振兴的工作重点，让助农扶农政策真正落实到每个农村，让每位农民能够便利地获取中央政策信息，学习到科学的种植技术，从而更好地投入生产生活中去。

（三）充分报道民生新闻，引导服务双线并行

引导用户、服务用户是县级融媒体的最终目的和最高宗旨。在乡村振兴战略背景下，县级融媒体相对于省市融媒体而言，具有更加贴近基层、更加贴近群众的天然优势，也更加清楚基层百姓的所需、所急、所盼、所要。综合内容分析数据来看，粤西、粤北5县的民生新闻报道数量仅次于党建引领，体现融媒体时刻关心群众生活，关注本地信息，广泛贴近群众。民生新闻的报道立足农村实际，反映农民问题，讲述乡村治理的"故事"。

以"郁南融媒"公众号为例，在 2021 年 11 月 12 日发布的新闻《我县"菜篮子"货源充裕 肉菜价格略有上升》中，郁南融媒体记者深入县城"好邻居超市"，观察群众日常消费的食品和用品价格，采访超市工作人员和菜场档主，最终发现郁南县各种物资商品供应都比较充足，除了肉菜价略有上升。回应群众深刻关心的"疫情之下生活物资足不足，市场价格稳不稳"的焦点问题；在 11 月 18 日发布的新闻《我为群众办实事　桂圩顺坦：解决用水难 为民解忧愁》中，记者走访顺坦村村民家中，观察政府工作是否已经解决群众饮水的"急难愁盼"问题，通过对村民和村干部的语言描写，生动表现了群众的获得感和幸福感。由此可见，民生新闻"接地气、聚人气"，能够在发挥监督基层治理工作的同时，在乡村治理过程中起到引导和沟通的角色，提高乡村治理水平，推动建设乡村共同体。

五、广东县级融媒体信息扶贫不足与建议

各个县级融媒体都建立了比较成熟的媒体传播矩阵，整合县级新闻资源同时发展了各种业务，努力发挥服务公众的作用实现。但从以上数据和研究结果来看，各个县级融媒体在发展中仍存在不足的地方，本部分将总结粤西、粤北5县县级融媒体普遍存在不足的地方，并对此提出发展建议。

（一）不足之处

1. 生态环境新闻报道较不足

"生态宜居"是习近平总书记提出的乡村振兴战略总要求的重要内容。良好的生态环境是乡村振兴的重要基础。从表面上看，环境问题是由某些自然的生产技术因素引起的，但从深层次上看，人们所追求的价值目标、社会所倡导的价值取向以及人对自然不断扩张的物质欲求，才是造成环境污染的真正的社会文化根源。因此，环境问题其本质是人的价值追求问题。摆脱乡村环境危机，不仅需要技术上的努力，更重要的在于充分调动人的环境责任意识，促使人们对自身价值观进行反思，对自身生产、生活方式进行调整，逐步树立起追求良好生态环境和优美生活环境的价值理念。

从统计数据来看，5家广东县级融媒体以生态环境为主题的新闻报道针对性强，聚焦于巡河、垃圾分类和生态旅游等细分领域，对于化肥包装袋回收等主题的报道具有乡村特色，契合农村群众的实际需要；宣传性强，注意将图文和视频相结合，且个别县级融媒体如翁源还开辟了《跟着河长去巡河》等专题栏目。但生态环境类内容，数量上只占到了总量的3%，报道的数量仍有很大的提升空间。现存报道主要存在两个问题：一为新闻多为对领导督查的报道，报道较为细致地展现了现场的生态情况和领导的发言，缺乏普通民众的视角，较少展现农村群众在日常生活中与自然的关系，报道的重点在"领导"而非"生态环境"，亲近性仍需提升；二为缺乏将生态环境的报道与乡村产业相结合的意识，5家县级融媒体的相关报道中，仅阳山和翁源的报道中有将生态与文旅相结合的宣传，并持续性地报道了当地的生态旅游发展，其余县级融媒体仍欠缺对当地特色生态文旅的宣传，需提升对生态环境资源挖掘的宣传意识。

2. 报道仍待提升本土化特色

县级融媒体是打通连接人民群众的"最后一公里"，具有本土性与在地性的特点。因此相比于其他媒体，县级融媒体具有挖掘本土资源和报道本土故事的天然优势。广东县级融媒体通过挖掘乡村本土优秀文化资源，能够激发优秀文化的生命力，使得农

村群众充分认识到乡村文化的价值，激发文化认同感和自豪感，自发自觉地尊重和传承优秀的本土文化。

从统计数据来看，5 家广东县级融媒体发布内容的原创比例是 69.9%，但媒体之间的差距较大，原创内容占比最低的"阳山发布"的数据仅为 54%，仍有进一步提升的空间。且在媒体细分的当下，人民群众会根据信息需求自主选择细分领域下的媒体查看新闻，因此广东县级融媒体应利用好"本土化"这一最大的特色。从目前的情况看，5 家广东县级融媒体对于本土文化的挖掘大多停留在对于当地文化活动、文化比赛的报道上，报道形式也多为消息稿，缺乏聚焦本土文化和本土故事的深度报道。对于传统建筑和红色地标的报道，往往只聚焦于在这一地点发生的当下的活动，没有对其背后的传统文化与红色文化做更多的延展。

3. 沉浸式互动性报道较欠缺

广东县级融媒体能否起到引导群众、团结群众、凝聚乡村振兴向心力的目的，其前提是县级融媒体中心能否有足够多的用户，能否得到县域人民群众的喜爱和支持。因此，提升内容的质量与吸引力，打造人民群众喜闻乐见的内容，是乡村振兴背景下广东县级融媒体信息扶贫实践的重要内容。

"沉浸式体验"能够以视觉、听觉为主要路径，以交互性为亮点，以音乐、图片等各种载体呈现。通过多媒体技术的运用，沉浸式新闻报道能够提高用户兴趣，使用户在潜移默化中接受引导。从统计数据看，5 家县级融媒体发布的内容中，传统图文形式的平均占比为 83.52%。视频类报道和互动性作品较少且形式较为单一，很难给予用户沉浸式的体验。

（二）发展建议

1. 宣传乡村生态文明，推动生态振兴

广东县级融媒体生态环境类报道存在着数量较少和主题较单一的问题，应增强乡村生态文明报道的宣传力度，从以下三方面进行报道内容的拓展。

一为增加环境治理的连续性报道。广东县级融媒体现阶段环境治理的相关报道往往聚焦于"治理后"的阶段，突出领导干部对环境治理的巡视与指导。但生态环境是乡村重要的组成部分，"污水整治、化肥处理、垃圾分类"等主题与农村群众的日常生活有着紧密的联系。连续性的报道呈现了环境治理的全过程，有利于加强环境治理的社会监督，提升人民群众治理环境的参与感，加深农村群众对于所处乡村环境的认识，提升其保护生态文明的意识，促进乡村人与自然的和谐相处。二为科普生态种植，减少农业污染。乡村的农业和养殖业发展，易造成水污染和土壤污染，运用生态种植的策略方法，能减少污染的产生。广东各县均有其特色产业，各县级融媒体应因地制宜地向当地科普生态种植的方法，使产业振兴与生态保护齐头并进。三为将生态保护与文旅发展相结合。广东县级融媒体应提升对当地生态美景的宣传意识，用新闻稿、图集和视频等形式全面展现特色美景，将生态保护与文旅产业发展相结合，促进生态保护的良性循环。

2. 挖掘本土文化资源，传播乡村文化

现阶段，广东县级融媒体不乏本土化报道，但主要是对于本土新闻的报道，报道形式以消息稿为主，仍欠缺对本土文化的挖掘和深度报道，以及对本土模范人物的宣传报道。

文化是乡风文明的重要内容。广东各县均有其特色传统文化与红色文化，如雷州的非遗文化遗产雷剧，翁源的客家文化，郁南的革命老区红色文化等。广东县级融媒体可以开辟文化专栏，对当地的传统文化进行深度报道，梳理传统文化的发展脉络，挖掘其独特性与魅力，展现其传承人在其中的坚守，讲述动人的本土故事，传承优秀的传统文化，并用多模态的新闻作品加以报道。发掘当地的红色基因，采访报道老红军与新时期党员的先进事迹，用本土化的故事做好乡风文明的宣传。

3. 制作多模态型报道，善于借船出海

现阶段较为单一的推文形式与拼凑化、程式化的编辑手法使内容的吸引力较低，广东县级融媒体应进一步探索新的报道形式，采用新的报道手法，努力做到不仅主题好，而且内容新；立足县域实际，利用新媒体传播的优势，生产出人民群众喜闻乐见的新闻作品。除了传统的图文形式外，发布内容应尝试加入条漫、视频、播客等多模态的报道，为用户带来沉浸式的体验；利用 VR、H5 等技术提升新闻作品的交互性，提升人民群众的参与感与获得感。

广东县级融媒体除了应在乡村内部团结人民群众，也可以在大流量的媒体平台为乡村争取更多关注度，提高乡村知名度，推动其与外部环境的沟通交流与文旅发展，吸引商机和投资助推乡村产业。目前，广东各县级融媒体都已入驻"学习强国"平台，通过在该平台上发布内容宣传本土文化，并为县级融媒体的新媒体平台引流。广东县级融媒体还可进一步借鉴成都、西安等"网红城市"在抖音、快手等媒体平台上的宣传策略，用优质的爆款作品宣传当地美景、美食与文化，利用天然优势挖掘乡村的个性化特点，"借船出海"对广东各乡村做个性化宣传。

4. 吸引全媒体化人才，建立本土团队

建设好县级融媒体的关键，是本土化人才团队的建立。此类人才需具备较高的政治素养，能深刻领会党的方针政策与社会主义核心价值观，用新闻报道进行主流舆论宣传，解读"三农"政策，提供服务类信息，缩小城乡信息差；具备本土化特点，对当地传统文化和红色文化有着深刻的了解和认知，善于挖掘当地的文化资源并对其进行深度报道。此类人才还应具备全媒体能力与素养，能熟练制作多模态新闻作品，并能不断创新适应新媒体时代的发展。

据统计，上述调查的 5 个广东县级融媒体中心的员工中，超过一半为 40 岁以上；本科学历以上的人数未达总量一半，过半人员并不擅长新媒体运营方式。因此，员工年龄偏大、学历偏低、专业偏弱是广东县级融媒体亟待解决的痛点。一方面，广东县级融媒体应增强招聘的吸引力，给予员工更多优惠与保障，吸引年轻化的优质人才；在政策制定上，给予县级融媒体员工更多学习机会、流动方向和晋升空间。另一方面，广东县级融媒体也应邀请更多媒体记者、新媒体大 V 和传播学专家开设会议，讨论制订个性化的本土文化宣传报道的计划安排，并开设内部培训课，对员工的选题方向和报道角度给予指导，提升其新媒体技能。

六、结语

现阶段，我国正处于全面推进乡村振兴之际，必须始终把解决好"三农"问题作为全党工作的重中之重，落实"产业兴旺、生态宜居、乡风文明、治理有效、生活富裕"乡村振兴 20 字总要求。在广东各县，"数字鸿沟"阻碍了乡村振兴政策的有效实施，削减了经济发展的动力，也不利于主流舆论的引导。因此，广东县级融媒体信息扶贫的实践，是推动乡村振兴的有效尝试。

广东县级融媒体信息扶贫的实践能够推动乡村振兴的发展，但仍有可提高之处。农村是我国诸多改革性政策的先试点，同时也是实践基层治理的重要区位，县级融媒体中心因其在地性优势，在信息扶贫发展方向仍有可为空间。

参考文献：

［1］中共中央 国务院.乡村振兴战略规划（2018—2022 年）[EB/OL].（2018-09-26）
　　［2022-09-01］.http://www.gov.cn/zhengce/2018-09/26/content_5325534.htm.

［2］吴平.产业振兴是乡村全面振兴的基础和关键［N］.中国经济时报，2021-04-08
　　（04）.

［3］谢新洲，杜燕.县级融媒体中心舆论引导的三个核心问题：对象、内容与方式
　　［J］.现代传播 (中国传媒大学学报)，2021（10）：26-30.

［4］樊拥军，张红光.我国县级融媒体中心的集成服务运维取向与发展进路——基于
　　全媒体时代群众路线的思考探索［J］.编辑之友，2021（12）：25-31.